KÄRNTEN

W0394580

DUMONT REISE-TASCHENBUCH

Walter M. Weiss

KÄRNTEN

LAND & LEUTE

Ein Urlaubsland wie im Bilderbuch

Die Qualität der Vielfalt 12
Steckbrief Kärnten 13
Landschaften und Naturraum 14
Die Erdgeschichte im Zeitraffer 14
Fauna und Flora 15
Thema: Staunend Wandern – die attraktivsten Themenpfade 16
Wirtschaft und Umwelt 19
Ein alpenländisches Ruhrgebiet 19
Forst- und Landwirtschaft 19
Lebensstandard und Zukunftschancen 19
Geschichte im Überblick 22
Thema: Auf den Spuren der Säumer 24

Kultur und Leben

Kärntner Lebensart 32
Mentalität und Sprache 32
Brauchtum und Feste 34
Kulturfestivals & Sportevents 38
Architektur und Bildende Kunst 40
Thema: Kärnten als eine Wiege der Literatur 42
Essen und Trinken 46
Kleines ABC der Kärntner Küche 46

Tipps für Ihren Urlaub

Kärnten als Reiseziel 52
Besondere Sehenswürdigkeiten 52
Kärnten Card 52
Pauschal oder individuell? 53
Urlaub mit Kindern 53
Szene- und Nachtleben 56
Sportliche Aktivitäten 57
Reisezeit / Reisekleidung 59

UNTERWEGS IN KÄRNTEN

Klagenfurter Becken und Mittelkärntner Seen

Klagenfurt 64
Geschichte 64
Stadtrundgang 65
Thema: Der Lindwurm – ein zahmes Ungeheuer 70
An der Stadtperipherie 73

Wörthersee 78
Krumpendorf – Pörtschach – Moosburg 78
Thema: Ein Eldorado für Zweirad- und Vierrad-Fans 80
Velden und Umgebung 82
Südufer 86
Keutschacher Seental 89

Villach 91
Geschichte 91
Stadtrundgang 92
Dobratsch – Warmbad – Bleiberg 98
Faaker See 99

Ossiacher See und Umgebung 103
Ossiach und Landskron 103
Thema: Günther Domenig und sein Steinhaus 104
Von Steindorf nach Annenheim 106
Das Gegendtal: von Treffen nach Radenthein 107
Feldkirchen und Umgebung 110

Das Zollfeld und Umgebung 111
St. Veit an der Glan 111
Maria Saal 116
Thema: Magdalensberg 118
Karnburg – Tanzenberg – Virunum 120
Burg Hochosterwitz 124

Inhalt

Unterkärnten

Metnitz-, Gurk- und Görtschitztal 128
Friesach 128
Das Metnitztal 132
Gurk und Oberes Gurktal 133
Entlang der Görtschitz 138
Thema: Kärnten – Tibet und retour 139

Rosental und Jaunfeld 142
Das westliche Rosental 142
Ferlach und Umgebung 143
Thema: Die Tradition der Ferlacher Büchsenmacher 144
Völkermarkt und Umgebung 148
Vom Klopeiner See nach Bleiburg 152

Lavanttal 157
Das Obere Lavanttal 157
Wolfsberg – St. Andrä – St. Paul 158

Oberkärnten

Mölltal und Hohe Tauern 166
Unteres Mölltal 166
Mallnitz und Fraganttal 168
Thema: Nationalpark Hohe Tauern 170
Oberes Mölltal 173
Heiligenblut und Glocknerstraße 175
Thema: Die Großglockner-Straße: ein mythisches Jahrhundertbauwerk 178

Liesertal, Maltatal und Nockberge 181
Gmünd und das Liesertal 181
Das Maltatal 183
Entlang der Nockalmstraße 185
Thema: Das Erdöl der Zukunft – Kärntens Wasserreichtum 187
Bad Kleinkirchheim 188

Spittal, Millstätter See und Obere Drau 191
Spittal an der Drau 191
Molzbichl – Fresach – Ferndorf 193
Thema: Wo Herzen schmelzen: über das Kärntner Lied 195
Millstätter See 196
Oberes Drautal 201

Weissensee, Gail- und Lesachtal 204
Gailtal 204
Thema: 1915–18: Die Hölle im Paradies 209
Weissensee 210
Lesachtal 212
Thema: Entwicklungsinitiative Lesachtal 214

REISEINFOS VON A BIS Z

Übersicht 218
Register 219

REISEATLAS 233

Abbildungsnachweis 240
Impressum 240

LAND & LEUTE

»Bergketten der buntesten Formen, hier zackig, zerrissen, dort sanft aufgewölbt, bis zur Höhe der Wolken überdeckt mit reichem Pflanzenleben, zwischen denselben die üppigsten Täler, besäet mit Dörfern und Herrensitzen, blühend in der reichsten Kultur des Bodens, umsäumt von Wald- und Felsenhöhen, von deren Scheitel überall stolze Burgruinen niederblicken. Zauberisches Kärnten. Mensch, das wäre ein Land für Deine Muse!«

Friedrich Simony an Adalbert Stifter, um 1850

Umzug beim Villacher Kirchtag

Ein Urlaubsland wie im Bilderbuch

Zu Gast auf der Ruine Finkenstein

DIE QUALITÄT DER VIELFALT

Eingebettet zwischen den Hohen Tauern im Nordwesten und den Karnischen Alpen beziehungsweise Karawanken im Süden, präsentiert sich Kärnten als ein Mosaik unterschiedlicher Landschaften, das in seiner Anmut und Vielfalt europaweit seinesgleichen sucht. Da liegt rund um Klagenfurt und Villach, den beiden urbanen Zentren mit südländischem Flair, gleichsam in Sichtweite ein Kranz von Seen, die makellos sauber, für ein Alpenland ungewöhnlich warm und mit einer perfekten touristischen Infrastruktur versehen, Badevergnügen par excellence garantieren. Zu den meistbesuchten zählen der über weite Uferstrecken sehr mondäne Wörthersee, der Klopeiner und der Faaker See. Deutlich ruhiger geht es am Ossiacher und Millstätter See, weiter westlich am Weissensee sowie an den vielen kleineren Gewässern, vom Afritzer bis zum Turner See, zu.

Den zweiten touristischen Hauptanziehungspunkt bildet Kärntens spektakuläre Bergwelt. Ob im Nordwesten die Dreitausender im Schatten von Österreichs höchstem Gipfel, dem Großglockner, oder die Kette schroffer Kalkspitzen entlang der südlichen Landesgrenze, ob die deutlich sanfteren Gras- und Waldkuppen der Gurktaler Alpen oder, ganz im Osten, der Kor- und Saualpe – die Möglichkeiten zum Wandern und Klettern sind schier unbegrenzt. Und Wintersportler geraten nicht nur beim Gedanken an Bad Kleinkirchheim, die Skiarena Nassfeld sowie die Skigebiete Großglockner/Heiligenblut und Mölltaler Gletscher ins Schwärmen. Wem nämlich der Skizirkus dort zu lebhaft ist, der findet Dutzende stillere Alternativen. Apropos Stille: Selbst ein so traditionsreiches und wohl vermarktetes Ferienland wie Kärnten besitzt noch viele vergleichsweise wenig entdeckte Ecken. Zu solchen mit besonderem Reiz zählen zum Beispiel das Rosen- und das Jauntal südlich der Drau, das obere Gurk- und Metnitztal oder, hart an der Grenze zu Osttirol, das landschaftlich atemberaubende Lesachtal. Zwei Zonen seien zuletzt ob ihrer grandiosen, besonders sorgsam vor allen Zumutungen durch den Menschen geschützten Natur eigens vor den Vorhang gebeten: die Nationalparke Hohe Tauern bzw. Nockberge.

Wie meinte der in Kärnten wohnhafte Schriftsteller Humbert Fink, als man ihn auf die Pracht seiner Heimat ansprach, augenzwinkernd? »Es gibt keinen ernst zu nehmenden Fremdenverkehrsprospekt über dieses Land, der nicht die klimatischen Vorzüge, das Idyllische der Natur, die traumverlorene reizvolle Schönheit der ›Badeseen‹, die Sanftheit stiller Almen oder den aufwirbelnden Schneestaub in den schillerndsten Farben und Worten schildert. Wenn man diesen Lobpreisungen lauscht, die alle natürlich einen materiellen Zweck haben, erkennt man allerdings sehr bald, dass zwischen der dargestellten Traumwelt auf den Prospekten und der Kärntner Wirklichkeit gar keine so große Lücke klafft.«

STECKBRIEF KÄRNTEN

Lage: Das Bundesland Kärnten liegt plus/minus auf dem 47. nördlichen Breitengrad sowie zwischen dem 13. und 15. östlichen Längengrad. Es grenzt an Osttirol, Salzburg, die Steiermark, an Italien und Slowenien. Maximale Ausdehnung in Nord-Süd-Richtung: 70 km, in Ost-West-Richtung: 160 km. Hauptfluss ist die Drau, höchster Gipfel mit 3797 m der Großglockner.
Fläche: 9533 km^2, das sind 11,4 % des österreichischen Staatsgebietes.
Klima: Übergangsklima mit atlantisch geprägten Einflüssen im Nordwesten und mediterranen in den Seen- und Beckenlandschaften. Dank der Lage südlich des Alpenhauptkamms und nahe der Adria generell wärmer und sonniger als das übrige Österreich, im Frühjahr und Spätherbst häufig Stauregen infolge von Adriatiefs. In den Hochgebirgsregionen raue Alpinverhältnisse. Lufttemperaturen in Klagenfurt (Tages-/Nacht-Mittel): Januar: -1/-8 °C, April: 3/15 °C, Juli: 14/25 °C, Oktober: 5/13 °C. Das ganze Jahr über im Durchschnitt zwischen sechs und elf Niederschlagstage pro Monat.
Bevölkerung: Land: gut 560 000 Ew., das sind um 2,1 % mehr als zehn Jahre zuvor, 7 % aller Österreicher und 59 pro km^2. Klagenfurt: 92 160 Ew. Weitere größere Städte: Villach (58 300), Wolfsberg (25 000), Spittal/Drau (16 000), Feldkirchen (14 000), St. Veit/Glan (12 800), Völkermarkt (11 400), St. Andrä (10 700); Religionszugehörigkeit: rund 86 % Katholiken, 9 % Protestanten, 5 % andere (alle Zahlen aus 2006).
Verwaltung: Das Land ist eines von neun Bundesländern der föderativen Bundesrepublik Österreich. Es ist in acht Bezirke unterteilt (lokale Verwaltung jeweils durch die Bezirkshauptmannschaft). Die Gesetzgebung übt der auf fünf Jahre gewählte Landtag mit 36 Abgeordneten aus. Bei den letzten Landtagswahlen am 7. März 2004 gewann überraschend der Kärntner Landeshauptmann Jörg Haider und kann dank einer Koalition mit der sozialdemokratischen SPÖ das höchste Amt im Land behalten.
Wirtschaft: Bruttoregionalprodukt: 12,7 Mrd. €, pro Einwohner 22 700 € (österreichweit: 27 400 €); mittleres Bruttomonatseinkommen: 1820 € (1901€); Steuerkraft pro Kopf: 989 € (1264 €); unselbstständig Beschäftigte insgesamt: 196 000, davon in der Land- und Forstwirtschaft ca. 1 %, im Dienstleistungssektor ca. 69 %, in Industrie & Gewerbe ca. 30 %; wichtigste Industriebranchen: Elektro und Elektronik (18,9 % am Produktionswert), Maschinen/Metall (18,8 %), Bau und Baustoffe (17,9 %), Chemie (15,3 %), Konsumgüter (10,5 %), Holz und Papier (10 %); Arbeitslosenquote: 8 % (alle Zahlen aus 2002–2004).
Tourismus: Die rund 2200 Nächtigungsbetriebe mit ihren 70 000 Betten verzeichnen jährlich über 13 Mio. Übernachtungen. Knapp zwei Drittel davon verdankt das Land ausländischen Gästen. Durchschnittliche Aufenthaltsdauer im Winter: knapp fünf, im Sommer knapp sechs Tage (alle Zahlen aus 2003).

LANDSCHAFTEN UND NATURRAUM

Die Erdgeschichte im Zeitraffer

Kärntens Schönheit und touristische Attraktivität rühren zu einem Gutteil von seiner ungemein vielfältigen Oberflächengestalt. Das knapp 10 000 km² große Land lässt sich zwar, grob gesprochen, in zwei etwa gleich große Hälften, das stark gebirgige Ober- und das auf deutlich geringerer Seehöhe gelegene Unterkärnten, teilen. Doch in sich ist jede wiederum stark in diverse Gebirgsketten und -stöcke, Becken und Täler gegliedert. Dem Formenreichtum ober Tag entspricht ein komplizierter geologischer Aufbau. Für erdgeschichtlich Interessierte hält Österreichs südlichstes Bundesland demnach überaus faszinierende Strukturen bereit.

Die Gesteine Kärntens entstanden im Erdaltertum, vor etwa 500 bis 400 Mio. Jahren, als der Alpenraum den Boden eines riesigen Meeres bildete. Nach einer sich über unvorstellbare Zeiträume hinziehenden Abfolge von Anhebungen, Verwerfungen, neuerlichen Absenkungen und Überflutungen falteten sich schließlich – hauptsächlich im späten Tertiär, vor rund 20 Mio. Jahren – die Alpen. In diesem tektonisch extrem unruhigen Zeitalter entstanden jene Spannungsrisse in der Erdkruste, denen das Land seine Thermal- und Mineralquellen verdankt. Vor ungefähr 1 Mio. Jahren begannen Eis- und Zwischeneiszeiten mit ihren bis zu 1000 m dicken Gletschern und Schmelzwässern Becken und Täler aus dem felsigen Boden zu schürfen und hügelige Moränenwälle aufzuhäufen, hinter denen sich Seen stauten. Ein Prozess, der, verstärkt durch die wetterbedingte Erosion, in extremer Zeitlupe bis heute anhält.

Grundsätzlich lassen sich in Kärnten zwei große, parallel angeordnete Gesteinszonen feststellen: Nördlich des Drautals erstrecken sich, von den Hohen über die Niederen Tauern, die Gurktaler und Seetaler Alpen bis zu Sau- und Koralpe, die kristallinen **Zentralalpen**. Sie bestehen aus einem Kern aus Granit und Gneis, der im Laufe der Äonen von Schichten aus Schiefern, Kalken und anderen Gesteinen überdeckt wurde, und enthalten Erze wie Gold, Silber, Kupfer, Eisen, Wolfram, Nickel oder Kobalt. An manchen Stellen, etwa im Großglocknergebiet, bei der Kreuzeck-Gruppe und am Katschberg, schufen die komplexen Gesteinsbewegungen ein Phänomen: die so genannten Tauernfenster. Durch sie lugt das alte Urgestein aus den jüngeren Deckschichten bis an die Oberfläche hervor.

Einen formalen Gegensatz zu diesem Alpenhauptkamm bilden, jenseits der Drau, die **Südlichen Kalkalpen**, bestehend aus Gailtaler Alpen, Dobratsch und Karawanken. Ihre schroffen, stark verkarsteten Felstürme und -wände sind aus rund 150 Mio. Jahre altem Kalk, Mergel und Tonschiefer und vergleichsweise spärlich bewachsen. Charakteristisch sind hier die rei-

Die Karnischen Alpen am Wolayer See

chen Lagerstätten für Blei und Zink. Geschätzte 200 bis 300 Mio. Jahre älter sind die südlich der Gail entlang der Grenze zu Italien verlaufenden Karnischen Alpen. Wobei sich auch hier Formationen aus dem Erdaltertum streckenweise über jüngere Schichten geschoben haben. Hobbygeologen pilgern aus halb Europa über die eigens angelegten ›Geo-Trails‹, um sich an dem faszinierenden Durcheinander von Gesteinen und Meeresablagerungen zu delektieren, und auch, um nach – reichlich vorhandenen – Fossilien zu suchen.

Fauna und Flora

Dank der Grenzlage am Südrand Mittel- und Nordrand Südeuropas sowie dank der sehr unterschiedlichen Landschaftsformen und (Mikro)Klimate bietet Kärnten überdurchschnittlich vielen

STAUNEND WANDERN – DIE ATTRAKTIVSTEN THEMENPFADE

Gletscherweg Pasterze: Auch wenn Österreichs größter Gletscher in den vergangenen Jahren gehörig dahingeschmolzen ist – auf seinem Eispanzer zu stehen, ist nach wie vor ein unvergessliches Erlebnis. Dieser trotz seines hochalpinen Ambientes einfach zu begehende und auch für Familien bestens geeignete Naturlehrpfad beginnt beim Glocknerhaus unmittelbar an der Panoramastraße, führt, vorbei am Speicher Margaritzen und über den Elisabethfelsen, auf die Pasterze und, nach kurzer Fahrt mit der Gletscherbahn, bis zur Hofmannshütte und von dort retour zum (Bus)Parkplatz auf der Franz-Josefs-Höhe. Ca. 5,5 Std.; Info: Tel. 048 24/27 00.

Dreischluchtenweg: Ins Obere Mölltal führt diese landschaftlich atemberaubende, aber gehörig Ausdauer fordernde Rundwanderung. Sie verbindet die attraktivsten Klammen und Wasserfälle nördlich und westlich von Obervellach. Als da sind: der 30 m hohe Groppensteiner- und der Zechnerfall, die Rabischschlucht sowie, als wildromantischer Höhepunkt, die Raggaschlucht, die man auf einem bestens gesicherten, 800 m langen Steig durchquert. 6,5–7 Std.; Info: Tel. 047 84/290.

Feuchtwiesenwanderweg am Weissensee: Kaum mehr als 1 Std. benötigt man für diesen Lehrpfad in der Westecke des höchstgelegenen Badesees des Landes. Es sei denn, die Idylle der Uferlandschaft verleitet, was nur allzu leicht geschehen kann, zum längeren Verweilen. Übersichtlich gestaltete Schautafeln beschreiben an fünf Stationen die örtlichen Besonderheiten: das Wesen des Sees, Flora, Fauna, die Eigenheiten der Mooswiesen und des Moores. Info: Tel. 047 13/22 20-0.

Enzian-Granatsteig auf der Millstätter Alm: Von der Lammersdorfer Hütte über Almwiesen, die zur Zeit der Enzianblüte (Mai/Juni) besonders prächtig anzusehen sind, führt diese Tour hoch über dem Millstätter See, vorbei am Almkreuz, zum Ruheplatz Stana Mandl auf 2063 m. Auf dem Rückweg quert man eines der reichsten Fundgebiete für Granatsteine im Alpenraum. 3–3,5 Std.; Info: Tel. 047 66/37 00-0.

Arriacher Hofwanderweg: Durch das Herz der sanft ondulierenden Region der Nockberge führt dieser ausgesprochen familientaugliche, 15 km lange Wanderweg. Unterwegs warten allerlei unterhaltsame Überraschungen, Zeugnisse uralter bäuerlicher Kultur sowie Labestationen mit einheimischen Spezialitäten. Ca. 5 Std.; Info: Tel. 042 47/81 93.

Mühlenwanderweg in Kaning ob Radenthein: Holzwassertröge, Kneippbecken und sechs Exemplare der um 1800 entstandenen Flodermühlen säumen diesen gemütlichen Pfad durch den Rossbachgraben. In der Rannermühle wird heute noch im Sommer täglich Korn vermahlen, aus dem die Bäuerin dann das knusprigste Brot weit und breit backt. Dieses darf am Grillplatz am Ende der 3 km langen Wanderung mit einer Frigga, einem deftigen Eintopf aus Käse, Speck, Eiern und Mais, verspeist werden. 1–2 Std.; Info: Tel. 042 46/78 78.

Lavanttaler Mostwanderweg: Als ›Tal der Mostbarkeiten‹ bezeichnet sich der fruchtbare Landstrich rund um die Gemeinde St. Paul. Tatsächlich ist der idyllische, 18 km lange Pfad durch die Region rund um das berühmte Kloster immer wieder von Apfel- und Birngärten gesäumt. Und in zahlreichen Schenken und Gasthöfen bekommt man zu deftigen Köstlichkeiten, einer Brettljause zum Beispiel, das süffige Lebenselixier der Region kredenzt. 4,5–5 Std.; Info: Tel. 043 57/20 17-22.

Erlebniswanderweg Kraftquelle Radegund: Dieser Rundgang im Herzen des Lesachtales führt von St. Lorenzen bachaufwärts zum Kirchlein St. Radegund, das, 1085 geweiht, das älteste Bauwerk des Tales ist. Am Weg, dem man besondere energetische Kraft nachsagt, liegen ein altes Kraftwerk, eine liebevoll restaurierte Mühle und eine sehr alte Schmiede. Ca. 2 Std.; Info: Tel. 047 16/242 12.

Mühlenweg Ma. Luggau: Und ein weiterer Tipp für das prächtige Lesachtal. Diesmal steuert man den ganz im Westen gelegenen Wallfahrtsort an, um in ca. 2 Std. insgesamt 19 intakten Getreidemühlen die Parade abzunehmen. Zum ›Drüberstreuen‹ gibt's eine schöne Basilika und authentische Produkte der örtlichen Landwirtschaft sowie handwerkliche Arbeiten. Info (auch für Führungen): Tel. 047 16/269.

Geo-Trail: Insgesamt fünf Lehrpfade führen die Besucher mit Hinweistafeln, geologischen Karten sowie 25 Panoramatafeln durch die etwa 500 Mio. Jahre lange, extrem turbulente Entstehungsgeschichte des Karnischen Alpenkammes. Hoch über dem Lesach-, dem Gail- und dem Gitschtal über ein insgesamt 350 km^2 großes Gebiet verstreut, führen sie: durch die Garnitzenklamm, auf das Nassfeld, zum Zollner See, auf den Plöckenpass und, landschaftlich besonders atemberaubend, von der Valentinalm zum Wolayersee. Für jeden Abschnitt zwischen 2,5 und 4 Std.; Info: Tel. 042 82/31 31.

Karnischer Höhenweg 403: Der Superlativ für alle – trittsicheren und konditionsstarken – Bergfexe. Beginnend nahe der Grenze zu Italien bei Sillian in Osttirol führt dieser 155 km lange ›Friedensweg‹ am Karnischen Grenzkamm entlang ostwärts bis Thörl Maglern. Neun Tagesetappen zu je 3–7 Std. Fußmarsch, jedoch keine alpine Höchstleistungen oder Klettereien sind dafür erforderlich. Den landschaftlich und historisch interessanteren Abschnitt bildet der von schroffen Kalkformationen geprägte Westteil bis zur Sonnenalpe Nassfeld. Zahlreiche bewirtschaftete Hütten und kleine Biwaks bieten Schlaftmöglichkeiten. Info: Tel. 047 15/85 16.

Tierarten ein Zuhause. In den Tälern und stark bewaldeten Mittelgebirgen tummeln sich Reh, Hirsch, Hase, Fuchs, Dachs, Marder und Wiesel, aber auch Birk- und Auerhahn, viele Wald- und Raubvögel wie Bussard, Sperber oder Habicht. Im Hochgebirge kann man, Umsicht und Glück vorausgesetzt, Gemsen, Murmeltieren, Schneehasen und -hühnern und seit neuestem vermehrt auch wieder Steinböcken, Steinadlern und Bartgeiern begegnen. Wasser- und Zugvögel, unter ihnen etwa Fisch- und Purpurreiher, finden ihr – teilweise temporäres – Paradies an den Seeufern, in den Flussauen und Feuchtgebieten. In den Seen, den Flüssen und Bächen wimmelt es von Fischen. Die Bestände umfassen vor allem Forellen, aber auch Huchen, Äschen und Zander, Hechte, Saiblinge und Schleien. Der Wolf hingegen wurde schon im 19. Jh. ausgerottet. Zumindest gelegentlich über die Karawanken zu Besuch kommt indes der Braunbär, dessen Gefährlichkeit übrigens ebenso gerne überschätzt wird wie die der wenigen ähnlich scheuen, giftigen Vipern und Ottern.

So groß wie in der Tierwelt ist die Artenvielfalt auch bei der **Vegetation**: Kärnten ist gesegnet mit einer Überfülle von Grün. Wälder, Wiesen, Weiden und Almen bedecken rund 78 % der Landesfläche. Wobei der Wald zu gut zwei Dritteln aus Nadelbäumen, vorwiegend Fichten, aber stellenweise zum Beispiel auch aus seltenen Zirbelkiefern besteht und, je nach örtlicher Gegebenheit, auf eine Seehöhe von 1600 bis 2000 m reicht. Im klimatisch begünstigten Lavanttal tragen Obstbäume reiche Ernte, darunter für diese Breitengrade eher ungewöhnliche wie Quitten, Nussbäume und Edelkastanien. Den Weinbau, den die Kärntner in früheren Jahrhunderten sehr wohl betrieben, hat man wegen der qualitativ unbefriedigenden Ergebnisse vor längerer Zeit schon eingestellt.

Kärnten besitzt etliche Flecken Erde, auf denen botanische Raritäten ersten Ranges gedeihen. So sind etwa die Almwiesen der Mussen im östlichen Lesachtal der Lebensraum für eine Fülle seltener Enziane, Lilien- und Orchideenarten. Hobbybotaniker schwärmen auch von der Trögener Klamm am Fuß des Hochobir, wo alpine und subalpine Pflanzen in nächster Nähe zu Arten des illyrischen Karstwaldes wachsen. In den Hohen Tauern, eine Gehstunde von der Franz-Josef-Höhe entfernt, versammelt die Gamsgrube ein Sortiment arktischer Pflanzen, die in Europa sonst nur auf Island und Spitzbergen gedeihen.

Die wohl berühmteste Blume des Landes ist die Wulfenia. Die unter strengsten Naturschutz gestellte, im Hochsommer blau blühende Pflanze aus der Familie der Braunwurzgewächse findet sich nur an ganz wenigen Standorten dieser Erde: in Montenegro, Südanatolien, dem Himalaya – und auf einem eng begrenzten Gebiet unter dem Gartnerkofel in den Karnischen Alpen. All diese Raritäten – und viele mehr – lassen sich im Alpengarten auf dem Dobratsch, im Botanischen Garten auf dem Klagenfurter Kreuzbergl und entlang der zahlreichen, im ganzen Land angelegten Naturlehrpfade aus der Nähe bewundern.

WIRTSCHAFT UND UMWELT

Ein alpenländisches Ruhrgebiet

Der Schein trügt: Medial wird Kärnten im In- und Ausland vor allem als Tourismusland wahrgenommen. Doch vom gesamten jährlichen Bruttoregionalprodukt von derzeit rund 12 Mrd. Euro fallen 17 % auf den Fremdenverkehr. Was zwar einerseits recht viel sein mag, andererseits aber weniger, als man wohl gemeinhin annimmt.

Wer würde vermuten, dass dieses Land über Jahrhunderte hinweg eine Art alpenländisches Ruhrgebiet war, aus dessen Schmelzöfen und Eisen verarbeitenden Hammerwerken Waffen und Pflugscharen, Sensen, Nägel und später Eisenbahnschienen nach ganz Europa exportiert wurden? Doch nicht nur das Hüttenberger Eisen machte Kärnten zu einem Brennpunkt des Bergbaus am Kontinent: Aus den Tiefen der Tauern etwa wurden in der frühen Neuzeit alljährlich hunderte Kilogramm Gold und Silber geschürtt. Aus dem Mölltal kam Kupfer und aus den Kalkstöcken der Karawanken und der Villacher Alpe en masse Blei. Der montanistische Glanz ist verblasst, daran ändern auch einzelne bis heute ertragreiche Abbaustätten wenig.

Forst- und Landwirtschaft

Auch der einst ähnlich bedeutsamen Holzwirtschaft hat der Strukturwandel zugesetzt: Zwar ist nach wie vor ungefähr die Hälfte des Landes mit Wald bedeckt, und der Anteil am österreichweiten Einschlag und Holzexport ist überproportional hoch. Doch von den mehr als 2500 Holz verarbeitenden Betrieben, die noch in der Zwischenkriegszeit existierten, sind zwei, drei Groß- und ungefähr hundert Kleinbetriebe übrig geblieben, von denen freilich einige – in den Sparten Fertighaus- und mehrgeschossiger Holzbau zum Beispiel – sehr erfolgreich Marktnischen besetzen. Dramatisch gewandelt haben sich die Strukturen auch in der Landwirtschaft: In ihr verdiente vor 90 Jahren noch mehr als die Hälfte der Bevölkerung ihr täglich Brot. Heute tun dies nur mehr ein paar zehntausend Kärntner – ein gutes Drittel von ihnen als Bergbauern, mehr als die Hälfte im Nebenerwerb. Und die Zahl der Betriebe schrumpft kontinuierlich weiter.

Lebensstandard und Zukunftschancen

Kärntens Wirtschaftsdaten wirken am Beginn des dritten Jahrtausends generell nicht über alle Maßen robust. Die Arbeitslosenrate lag Ende 2006 mit 5,3 % um fast einen Prozentpunkt über dem Österreichschnitt. Mit einem Nullwachstum bildete es das Schlusslicht unter den Bundesländern. Und in der Einkommensstatistik rangierte es mit einem Monatsdurchschnitt von 1820 € brutto pro Person, beinahe 100 € weniger als im Bundesdurchschnitt, an vorletzter Stelle. Wobei das krasse Gefälle zwischen den größeren Städten und ländlichen Regionen – im Bezirk Hermagor etwa verfügen Frauen über ein mittleres Bruttoeinkommen von 1285 € besonders zu denken gibt.

Ist also Kärntens Ökonomie zum chronischen Schwächeln verurteilt? Nicht unbedingt. In manchen Bereichen wird Erstaunliches geleistet. Auf dem Technologiesektor beispielsweise: Der Anteil der Bereiche Elektronik sowie Software-Entwicklung und -Dienstleistungen an der Gesamtwirtschaft liegt deutlich über dem Österreichschnitt. Der im Technologiepark Villach angesiedelte ›me2c [micro]electronic cluster‹ startete im Jahr 2000 mit 46 Mitgliedern. Drei Jahre später umfasste er bereits 90 Unternehmen, darunter Kaliber wie den Konzern Infineon, der hier als größter privater Arbeitgeber des Landes Hightech-Bauteile für die Telekommunikation und die Autoindustrie fabriziert. Traditionell einen hohen Stellenwert haben weiters Bau- und Elektrizitätswirtschaft, letztere dank ihrer leistungsstarken Stau- und Laufkraftwerke in den Tauern und entlang der Drau.

Auch Anlagenbau, Energie- und Umwelttechnik sowie Kunststoffindustrie bilden Schwerpunktbranchen, in denen Kärnten reüssiert. Besonders großes Zukunftspotential sprechen Experten dem im Industriepark St. Veit angesiedelten ›Netzwerk Umwelt‹ zu. Es hat sich die Förderung von Klein- und Mittelbetrieben zum Ziel gesetzt, die den Ausbau erneuerbarer Energieträger – von Solarenergie über Erdwärme bis Biomasse und Biogas – vorantreiben. Diesbezügliche Vorzeige-Initiativen sind das Holzforschungszentrum W3C und das Programm ›Nawaros‹ (steht für ›nachwachsende Rohstoffe‹), das im Alpen-Adria-Raum grenzüberschreitend Biogasprojekte verwirklichen will. Europas größte An-

Die Idylle trügt: Bergbauern fristen seit jeher ein hartes Dasein

lage dieser Art wurde kürzlich in St. Veit eröffnet. Sie kostete 2,5 Mio. € und verwandelt im Vollbetrieb pro Jahr bis zu 150 000 t in der Region angebauter Pflanzen, vorwiegend Mais und Getreide, in saubere Energie, sprich Fernwärme und Ökostrom.

Generell große Chancen stellen Volkswirtschaftler den Kärntnern im Zusammenhang mit der EU-Erweiterung in Aussicht. Bereits in den neunziger Jahren habe das Land, so ihr Tenor, von der schrittweisen Ostöffnung profitiert. Nun, nach dem Beitritt der Nachbarn im Süden, schaffe deren großer Bedarf an Konsum- und Investitionsgütern zusätzliches Wachstumspotential. Dabei verfüge Kärnten mit seiner slowenischsprachigen Minderheit im (mittel)europäischen Wettbewerb über einen nicht zu unterschätzenden Startvorteil.

GESCHICHTE IM ÜBERBLICK

Früh-, Römer- und Slawenzeit

Alt- bis Jungsteinzeit	In einer Tropfsteinhöhle des Griffener Burgberges gefundene Steingeräte belegen die Anwesenheit von Menschen in der Region bereits für die Zeit um 40 000 v. Chr.
3. u. 2. Jt. v. Chr.	Funde von Tongefäßen, Steinwerkzeugen und -schmuck auf dem Maria Saaler Berg, dem Kanzianiberg bei Villach und im Lavanttal weisen auf Siedlungstätigkeit und Ackerbau hin. Aus der frühen Bronzezeit (1900–1500 v. Chr.) stammen im Keutschacher See entdeckte Reste von Pfahlbauten.
750–400 v. Chr.	Metallbearbeitung von hoher Qualität ist verbreitet. Eindrucksvolle Belege: die im Bestattungsfeld von Frög bei Rosegg frei gelegten, im Landesmuseum zu besichtigenden figürlichen Beigaben aus Blei, allen voran der von zwölf Tieren gezogene Plattenwagen.
ab 250 v. Chr.	Nachdem schon gut 100 Jahre zuvor Veneter aus Oberitalien ins obere Gailtal eingewandert sind, dringen nun keltische Stämme im Raum des heutigen Kärnten ein, vermischen sich mit den ansässigen Illyrern und begründen ein norisches Königreich, dessen Hauptstadt auf dem Magdalensberg entsteht.
1. Jh. n. Chr.	Nachdem die Römer das dank seiner Bodenschätze reiche Noricum erst gegen durchziehende Germanenstämme unterstützt (120 v. Chr.), es später aber besetzt haben (15 v. Chr.), degradieren sie es 45 n. Chr. zur Reichsprovinz. Sitz des Statthalters wird die am Fuße des Magdalensberges eigens begründete Stadt Virunum.
4.–6. Jh.	Christianisierung des Landes. Virunum und Teurnia, das heutige St. Peter in Holz, werden Bischofssitze des Patriarchats von Aquileia. Im Zuge der Völkerwanderung bedrängen Ostgoten das Gebiet. Wenig später wird es von den letzten Römern geräumt und hierauf erst den Germanenreichen Odoakers und Theoderichs, später dem oströmischen und schließlich dem langobardischen Reich angegliedert.
nach 590	Endgültiges Ende des antiken Kärnten. Durch das Drautal eingedrungene Slawen errichten ein Fürstentum mit Karnburg im Zollfeld als Mittelpunkt. In der ersten Hälfte des 7. Jh. gehört das Gebiet zu einem von den Awaren emanzipierten, von einem König namens Samo regierten Slawenreich. Die im Gailtal ansässigen Slawen hingegen sind den langobardischen Herzögen des Friaul tributpflichtig.
1. Hälfte des 8. Jh.	Erstmals taucht in Quellen für die Bevölkerung der Region die Bezeichnung ›Carontani‹ (Karantanen) auf. Ein Geschichtsschreiber am Hof Karls des Großen nennt das Land ›Carantanum‹. Um 740 ruft

der karantanische Slawenfürst Boruth die Baiern unter Herzog Odilo gegen die Awaren zu Hilfe. Er ebnet damit den Weg für die bairische – und ab 788 fränkische – Oberherrschaft, unter der freilich weiterhin slawische Fürsten über das Land regieren.

2. Hälfte des 8. Jh. Bereits vor 765 schickt der Salzburger Erzbischof Virgil auf Bitten der Karantanen Missionare nach Kärnten. Zentrum dieser nach der Römerzeit zweiten und endgültigen Christianisierung wird das Chorbistum Maria Saal mit seiner 767 geweihten Marienkirche. 772 begehren die karantanischen Slawen gegen ihre bairischen Herren auf. Herzog Tassilo III. schlägt den Aufstand jedoch nieder.

Mittelalter – von der deutschen Kolonisation bis zu den Türkeneinfällen

Frühes 9. Jh. Karl der Große erklärt die Drau zur Grenze zwischen den Missionsbereichen von Salzburg bzw. Aquileia (811). Nach einem weiteren erfolglosen Aufstand der Karantanen (819–823) werden die slawischen Teilfürstentümer aufgelöst. Die Verwaltung übernehmen fränkische Reichsbeamte. Im Zuge der bairisch-fränkischen Kolonisation werden Aquileia sowie die Bistümer Salzburg, Passau, Freising, Säben/Brixen und kurz nach 1000 auch Bamberg nach und nach mit kärntnerischen Ländereien reich beschenkt.

876 König Karlmann überträgt Karantanien seinem Sohn Arnulf, der in der Folge zum König des oströmischen Reiches und 896 gar zum römisch-deutschen Kaiser aufsteigt. 888 feiert er das Weihnachtsfest in der karolingischen Pfalz Karnburg.

976 Nachdem Kärnten den bairischen Luitpoldingern (bis 947) und hierauf Verwandten der Ottonen unterstanden hat, wird es zusammen mit den Marken Krain, Istrien, Verona, Friaul und mehreren Gebieten im heutigen Ostösterreich selbstständiges Reichsherzogtum.

11./12. Jh. Eine Reihe wichtiger Klöster und Stifte, etwa die Nonnenklöster St. Georgen an Längsee (um 1010) und Gurk (1043), die Benediktinerklöster von Ossiach (vor 1028), Millstatt (1086), St. Paul (1091) und Arnoldstein (1106), Eberndorf (nach 1132; Augustiner-Chorherren) und Viktring (1142; Zisterzienser), werden gegründet. Parallel entwickeln sich an Handelswegen und Straßenknotenpunkten Burgflecken zu wichtigen Märkten. Das bambergische Villach, das salzburgische Friesach, aber auch St. Veit, Völkermarkt, Wolfsberg und Klagenfurt erhalten in der Folge das Stadtrecht.

1077 Nach diversen bairischen, schwäbischen und fränkischen Geschlechtern erlangt die einheimische kaisertreue Familie der Eppsteiner die Herzogswürde.

AUF DEN SPUREN DER SÄUMER

Die erste ausschließlich für den motorisierten Verkehr konzipierte Nord-Süd-Transversale über den Hauptkamm der Tauern bildete die 1935 eröffnete Großglockner-Hochalpenstraße (vgl. S. 178f.). Der Weg freilich, dem ihre Trasse folgt, ist – mindestens – 2000 Jahre alt. Und nur einer von mehreren, die ehedem von der Alpensüdseite in die damals noch ungerodeten Täler des Nordens führten. Immerhin lassen Funde wie die im Gasteiner Tal entdeckte Lochaxt aus Serpentin oder diverse Steinbeile vom Nassfelder Tauern vermuten, dass sich schon in der Mittel- und Jungsteinzeit Menschen in die Hochtäler und sogar Passregionen vorgewagt haben. Als schließlich die Römer 15 v. Chr. Noricum besetzten und wenig später ihrem Imperium einverleibten, erweiterten sie, ihrem Ruf als Meister der Straßenbaukunst folgend, die bisherigen schmalen Fußpfade über das Gebirge zu Saum- und teilweise regelrechten Fahrwegen. Die wichtigste Verbindung in der neuen Provinz bildete dabei die Reichsstraße von Teurnia nahe dem heutigen Spittal an der Drau über den Radstädter Tauern nach Iuvavum, Salzburg. Doch überstiegen sie mit den schwer beladenen Norikern – den stämmigen, eigens für diesen Zweck gezüchteten Zugpferden – auch regelmäßig den Heiligenbluter Tauern. Eindrucksvollstes Relikt ihrer Präsenz im Hochgebirge: die bronzene Herkules-Statuette aus der Zeit um Christi Geburt, die Arbeiter 1933 beim Bau der Scheitelstrecke am Hochtor aus einem Steilhang pickelten.

Tief in die vorchristliche Vergangenheit reichen im Übrigen auch die etymologischen Wurzeln des Namens ›Tauern‹. Eine der Theorien führt die Silbe ›Taur‹ auf das indogermanische Wort für ›Stier‹ zurück, der bei Totenkulten im Alpinraum eine große Rolle gespielt haben soll; eine andere auf das illarische Synonym für ›Erhebung‹ oder ›Berg‹. Fest steht jedenfalls, dass der griechische Astronom und Geograph Ptolemäus um 150 n. Chr. von den »Tauriskern, die am Fuße des Gebirges Alpes leben«, geschrieben hat und auch in römischen Schriften der Ausdruck ›Taurisci‹ zu finden ist. Sind also die ansässigen Kelten die Taufpaten der Hohen Tauern? Zu beachten ist bei all diesen Mutmaßungen freilich, dass mit dem Begriff ›Tauern‹ die längste Zeit über nicht eigentlich die Berge, sondern vielmehr die dazwischen befindlichen Sättel gemeint waren. Erst um die Mitte des vorigen Jahrhunderts übertrug Karl von Sonklar, ein namhafter Naturforscher, die Bezeichnung verbindlich auf den gesamten, rund 125 km langen Gebirgszug zwischen der Birnlücke im Westen und dem Katschberg im Osten.

Seine große Blüte erlebte der transalpine Handel freilich im Mittelalter. Da die Route zwischen Kärnten und dem Salzburger Kirchenstaat die einzige Möglichkeit zur Querung des Gebirgsriegels zwischen Deutschland und Italien abseits habsburgischen Bodens bot, wurde eine ganze Kette von Passübergängen ausgebaut, die Regensburg, Nürnberg und die anderen Wirtschaftszentren des Nordens mit dem Friaul und vor allem Venedig verbanden. Zugleich baute man beiderseits des Alpenhauptkamms jene knorrigen, schindelgedeckten Häuser, von denen einige Prachtexemplare nun schon seit sechs Jahrhunderten erfolgreich dem unwirtlichen Wetter trotzen.

Ihre Pächter hatten sich um erschöpfte Wanderer zu kümmern, arme Reisende für eine Nacht gratis zu verköstigen, zu beherbergen und die Saumwege instand zu halten.

Die wichtigsten für den Süden bestimmten Handelsgüter waren Salz, Leder, Wolle, Leinwand, Holz, Eisen, diverse andere Metalle und, zum Ausgleich der stets negativen Handelsbilanz, große Mengen Tauerngoldes. In die Gegenrichtung wurde – vornehmlich im Winter, weil viele Säumer im Nebenerwerb Bauern und deshalb den Rest des Jahres auf ihren Höfen unabkömmlich waren – die so genannte Venedigerware geschleppt: Olivenöl, Glas, Südfrüchte, Seife, Baumwolle, Seide, Gewürze und der besonders begehrte ›welsche Wein‹. Zur Blütezeit, um 1500, wechselten pro Jahr bis zu 5000 t Güter die Seiten. Wobei die Normlast für Pferde, die ›Roßsaum‹, mit knapp 170 kg, die ›Mannsaum‹ hingegen mit 60 bis 80 festgelegt war.

Gut zwei Drittel des Warenumschlages wurden über die ›Untere Straße‹ abgewickelt, die von der Adria über Gemona, Villach, Gmünd, den Katschberg und die Radstädter Tauern nach Werfen und Salzburg verlief. Rang zwei, was die Frequenz betraf, nahm die ›Obere Straße‹ von Winklern über das Hochtor, Taxenbach, Saalfelden und Berchtesgaden ein. Es folgten der ›Untere‹ und der ›Obere Weg‹ über den Krimmler beziehungsweise Felber Tauern. Doch gelegentlich benützte man auch weiter abseitig gelegene Pässe wie den Mallnitzer und den Krimmler Tauern, die Arlscharte zwischen Maltatal und Hüttschlag, das Hollersbacher Tauernschartl, das Sandebenthörl oder die um 1500 von den Fuggern auf eigene Kosten angelegte, damals angeblich 4 m breite Privatstraße über den Korntauern hinüber ins Gasteiner Tal.

In den Hohen Tauern wurde es im späten 17. und frühen 18. Jh. merklich stiller, als man nach und nach die Wege über die niedrigeren Alpenpässe – den Radstädter, den Katschberg und den Brenner – zu Kunststraßen ausbaute und sich die Hauptströme des Fernhandels überhaupt in andere Weltgegenden zu verlagern begannen. Was nicht heißt, dass nicht immer noch Menschenkolonnen die Übergänge passierten – Männer und Frauen aus Osttirol und Kärnten zum Beispiel, die sich, erstere im Winter als Weber, letztere im Sommer als Feldjäterinnen, auf salzburgischen Höfen verdingten; oder Pilger, die vom Norden herüber nach Heiligenblut wanderten, um von den himmlischen Mächten im Allgemeinen Gnade und im Speziellen den Schutz der Haustiere vor Wölfen, Luchsen und Bären zu erbitten; oder verurteilte Übeltäter aus dem Salzburgischen, die, wie zahlreiche Urkunden belegen, von den dortigen Erzbischöfen scharenweise im Marschkonvoi nach Venedig überstellt wurden. Auf dass sie als Ruderer von Kriegsgaleeren die Macht der Markusrepublik mehren halfen.

1122 Das Gebiet der späteren Steiermark wird von Kärnten getrennt. Ab nun stellt das ursprünglich rheinfränkische Geschlecht der Spanheimer die Herzöge. Dessen bedeutsamster Vertreter, Bernhard II. (1202–1256), hält in St. Veit an der Glan, der ersten Hauptstadt des Landes, glanzvoll Hof. Der im Mai 1224 von ihm zwecks Bereinigung der Konflikte mit Bamberg und Aquileia einberufene Friesacher Fürstentag geht, von Ulrich von Liechtenstein in dessen Versepos »Frauendienst« ausführlich beschrieben, als gesellschaftliches Großereignis in die Annalen ein.

1269–1276 König Przemysl Ottokar II. von Böhmen vereinigt vorübergehend Österreich und die Steiermark mit den spanheimischen Ländern Kärnten und Krain. 1275 lässt er Friesach zerstören.

1286–1335 Die ›Meinhardiner‹ aus dem Hause Görz-Tirol regieren, von König Rudolf von Habsburg eingesetzt, als Herzöge über Kärnten.

1335 Ludwig der Bayer belehnt als deutscher König die habsburgischen Brüder Albrecht und Otto mit Kärnten. Das Herzogtum zählt ab nun – meist gemeinsam mit der Steiermark und Krain – zum Verband der habsburgischen Hausmacht.

1348 In diesem ›Jahr der Katastrophen‹ wird das Land von Heuschreckenschwärmen, der Pest und einem Erdbeben heimgesucht. Letzteres zerstört große Teile von Villach und löst am Dobratsch einen verheerenden Bergsturz aus.

1473–1483 Fünfmal fallen Türken plündernd und brandschatzend in Kärnten ein. Von den Eindringlingen aus dem Osten und den adeligen, ausbeuterischen Grundherren in ihrer Existenz bedroht, erhebt sich die Bauernschaft des Landes. Die Aufstände werden jedoch, wie in jenen Jahren vielerorts in Mitteleuropa, erbarmungslos niedergeschlagen.

Reformation, Reformen, Revolution

1514 Ein Großbrand vernichtet weitgehend Klagenfurts Baubestand. Vier Jahre später schenkt Kaiser Maximilian I. die Stadtruinen den Landständen und bürdet diesen so die Last des Wiederaufbaus auf. Die im Renaissancestil erneuerte Stadt wird neuer Sitz der Landesregierung.

ab 1520 Luthers Lehre fällt landesweit auf fruchtbaren Boden. Bald bekennt sich ein Großteil der Bevölkerung, darunter auch der Adel, zu ihr.

1578 Um die Unterstützung der Stände im Krieg gegen die Türken zu gewinnen, gewährt Erzherzog Karl II. als Landesfürst dem Adel beschränkte Religionsfreiheit. Eine Generation später jedoch hält, angeführt von den Jesuiten, die Gegenreformation in Kärnten machtvoll Einzug. Das protestantische Kirchen- und Schulwesen wird aufgelöst. Die Anhänger Luthers müssen ihre Heimat verlassen oder weichen von sich aus der Repression. Die Auswanderungswelle schwächt nachhaltig die Wirtschaft und die Macht der Stände. Der Dreißigjährige Krieg tut zum Niedergang ein Übriges.

1690 Ein Erdbeben verwüstet weite Landstriche. 25 Jahre danach grassiert in Kärnten ein letztes Mal die Pest. Immerhin jedoch ist Kärnten dank dem Sieg über die Türken vor Wien endgültig vor der jahrhundertelangen Bedrohung durch die Osmanen befreit.

1728 Im Klagenfurter Landhaus huldigen die Stände Kaiser Karl VI. Handel und Verkehr erfahren in diesen Jahren eine deutliche Belebung.

1740–1780 Kaiserin Maria Theresia bindet das Land eng an die Zentralbehörden in Wien. Verwaltung, Justiz und Steuerreform werden reformiert, Bergbau, Eisen- und Textilindustrie im Sinne des Merkantilismus gefördert, Schulen gegründet. Die Bauernschaft erhält das Recht, Boden zu erwerben und frei zu vererben. Der Staat kauft dem Bistum Bamberg dessen Kärntner Besitzungen, beispielsweise Villach und Wolfsberg, ab. Der Jesuitenorden wird aufgelöst, sein Besitz verstaatlicht.

1780–1790 Joseph II. schafft Folter und Leibeigenschaft ab. Sein Toleranzpatent ermöglicht den Protestanten, ihre Religion wieder frei auszuüben und Pfarren zu gründen. Das Gros der Kärntner Klöster wird im Zuge der josephinischen Reformen aufgehoben.

1797–1813 Kärnten wird durch die Franzosenkriege schwer in Mitleidenschaft gezogen und zwischenzeitlich geteilt. Dreimal, 1797, 1805 und 1809, besetzen und verheeren napoleonische Truppen das Land. 1805 fallen Salzburgs Besitzungen in Kärnten – u. a. Friesach, Althofen und Maria Saal – an den österreichischen Staat.

1800 Einer Expedition unter Leitung des Fürstbischofs Graf Salm-Reifferscheidt gelingt am 28. Juli die Erstbesteigung des Großglockners.

1815–1848 Der Wiederaufbau verleiht Handwerk, Handel und Industrie neuen Schwung. Ein frischer geistiger Wind belebt Wissenschaften und Künste. Volksbildung und Zeitungswesen florieren. Romantisches und nationalistisches Ideengut lässt – insbesondere in Südkärnten – den Volksgedanken erwachen.

1848/49 Im Zuge der Revolution, die den Bauern die endgültige Enthebung von der Abgabenpflicht beschert, wird Kärnten selbstständiges Kronland und Klagenfurt wieder unabhängige Landeshauptstadt.

1860er Jahre Der Verlust Venetiens (1866) macht Kärnten zum Grenzland, die Fertigstellung der Eisenbahnlinien nach Marburg, Leoben und Tarvis verstärkt zum Durchgangsland. Die leichtere Erreichbarkeit lässt am Wörther- und Millstätter See zaghaft ersten Fremdenverkehr knospen.

Kärnten im 20. und 21. Jahrhundert

1914–1918 Erster Weltkrieg: Im Kanaltal und in den Karnischen Alpen fordert ein zweijähriger Stellungskrieg mit den Italienern einen immensen Blutzoll. Nach dem Zusammenbruch der Front und des habsburgischen Vielvölkerstaates erklärt die provisorische Landesregierung am 11. November 1918 den Beitritt Kärntens zum neuen Staat Deutsch-Österreich. Nachdem noch im selben Monat slowenische Verbände mit der Besetzung von Teilen Südkärntens beginnen, beschließt die Landesregierung am 5. Dezember den bewaffneten Widerstand gegen die eindringenden ›Südslawen‹. Eine überparteiliche ›Heimwehr‹ wird gebildet.

1919 Nach einem ersten Waffenstillstand (14. Januar) und mehreren Monaten weiteren gewaltsamen Ringens um den Grenzverlauf verliert Kärnten durch den Friedensvertrag von St. Germain (10. September) das Kanaltal mit Tarvis an Italien, die Gemeinde Seeland und das Mießtal mit Unterdrauburg an das Serbisch-kroatisch-slowenische Königreich.

20er Jahre Am 10. Oktober 1920 votieren die Bewohner der von Jugoslawen besetzten Zone in einer unter interalliierter Aufsicht stattfindenden Volksabstimmung zu knapp 60 % für den Verbleib Kärntens bei Österreich. Die Landeseinheit bleibt damit gewahrt. Wirtschaftskrise und politische Radikalisierung prägen in den Folgejahren das Land. Verhandlungen um eine kulturelle Autonomie der slowenischen Minderheit verlaufen im Sand.

12. März 1938 Kärnten wird mit Österreich von Deutschland annektiert und gemeinsam mit Osttirol zum Reichsgau, in dem nun für sieben Jahre, wie im gesamten Reich, der NS-Terror wütet.

1945 Nach schweren Bombardements vor allem Klagenfurts und Villachs (Januar bis November 1944) und der Kapitulation Deutschlands besetzen britische Truppen das Land. Jugoslawische Partisanenverbände stoßen kurzfristig bis Klagenfurt vor. Es kommt zur Bildung einer provisorischen Landesregierung und zur unrühmlichen Auslieferung der Domobrancen-Verbände und Kosaken an die Jugoslawen bzw. Sowjets. Die neuerlichen Gebietsforderungen des nunmehr kommunistischen Jugoslawien werden auf diplomatischem Weg definitiv abgelehnt.

1955 Österreichs Staatsvertrag sichert die Südgrenze völkerrechtlich ab und legt in Artikel 7 die Rechte der Minderheiten fest. Zwei Jahre später kommt es in Klagenfurt zur Gründung des Slowenischen Bundesrealgymnasiums.

70er Jahre 1970 wird in Klagenfurt der Grundstein zur Hochschule für Bildungswissenschaften gelegt. 1972 kommt es wegen der Aufstellung zweisprachiger Ortstafeln zu heftigen Konflikten, deren Beilegung mehrere Jahre dauert. 1976 verheert ein Erdbeben die Nachbarregion Friaul und verursacht auch in Kärnten beträchtliche Schäden. 1978 wird die gewaltige Kraftwerksgruppe im Maltatal eröffnet, in Hüttenberg zugleich der auf eine 3000-jährige Tradition zurückblickende Eisenerzabbau endgültig eingestellt. Im selben Jahr wird die ›Alpen-Adria‹, die Arbeitsgemeinschaft der östlichen Alpenländer, gegründet.

1983 Der Landtag schafft die gesetzlichen Grundlagen zur Gründung des Nationalparks Hohe Tauern. Ein zweiter Nationalpark wird vier Jahre später in den Nockbergen entstehen.

1986 Die Tauernautobahn wird von Salzburg bis zum Knoten Villach durchgehend dem Verkehr übergeben.

1987 Landeshauptmann Leopold Wagner wird bei einem Attentat schwer verletzt. Zwei Jahre später wird ihn der politische Senkrechtstarter Jörg Haider, 39-jährig, in seinem Amt beerben.

1992 Die Arbeiten an der Karawankenautobahn nach Slowenien sind fertig gestellt.

1998 Ende Oktober geben einander für zwei Tage beim EU-Gipfel in Pörtschach 15 Staats- und Regierungschefs aus ganz Europa ein Stelldichein.

1999 Kärnten bewirbt sich gemeinsam mit Slowenien und Friaul – ohne Erfolg – um die Austragung der Winterolympiade 2006.

2002 Der Naturpark Villacher Alpe wird ins Leben gerufen.

2004 Der EU-Beitritt Sloweniens am 1. Mai eröffnet Kärnten wirtschaftlich, kulturell und geistig neue, zusätzliche Chancen.

Bei den Landtagswahlen am 7. März erhält der bisherige, im In- und Ausland heftig umstrittene Landeshauptmann Jörg Haider erneut die Stimmenmehrheit. Dank einer Koalition mit der sozialdemokratischen SPÖ kann er das höchste Amt im Land behalten.

2005 Aufstellung der letzten zweisprachigen Ortstafeln in Umsetzung der Topographieverordnung aus den 70er Jahren.

Jörg Haider gründet nach FPÖ-internen Streitigkeiten eine neue Partei: das BZÖ (Bündnis Zukunft Österreich).

2008 Klagenfurt rüstet sich als einer der Spielorte für die im Juni des Jahres stattfindende Fußball-EM.

Kultur und Leben

Marienwallfahrt im Lesachtal

KÄRNTNER LEBENSART

Mentalität und Sprache

»Umgeben von einer landschaftlichen Kulisse, der Mediterranes, Mitteleuropäisches und Nordländisches auf faszinierende Weise eigen sind, verwöhnt von einem Klima, das die Lebenslust eines beinah übertrieben gefühlsbetonten Menschenschlags bis zur Frivolität zu steigern vermag, geht der Kärntner mit sich selbst und den Dämonen in seinem Blut äußerst behutsam um. Wie kaum ein anderer Österreicher ist er imstande, selbst unter Tränen zu lächeln ... Und des Lebens Tollerei, manchmal bis zum Exzess gesteigert, genießt er seufzend, gleichsam mit einem melancholischen Augenaufschlag.«

Was der Publizist und Kärnten-Kenner Humbert Fink über das Wesen der Bewohner von Österreichs südlichstem Bundesland formulierte, erspürt auch der feinfühlige Urlauber recht rasch. Die Kärntner seien leichtblütig, offenherzig, sentimental, fest- und feierfreudig, musisch und tolerant, so lauten generationenalte Gemeinplätze. Und wie bei vielen Klischees steckt auch in diesen mehr als nur ein Körnchen Wahrheit.

Von der außerordentlichen Musikalität und Empfindsamkeit zum Beispiel wird jeder schwärmen, der zwischen Gurk-, Jaun- oder Lesachtal schon einem der aberhundert Chöre lauschen durfte. Mit gutem Grund schrieb der Wahl-Wörtherseer Johannes Brahms seinerzeit begeistert nach Hause, »hier fliegen einem die Melodien nur so zu«. Von der ungezwungenen Offenherzigkeit kann ein Lied singen, wer beispielsweise einen langen Wirtshausabend unter Einheimischen verbracht oder auch nur an der Straße nach dem Weg gefragt hat. Sie äußert sich auch in einer sprichwörtlichen – und beileibe nicht nur von Tourismusvermarktern beschworenen – Gastfreundschaft. Dem Kärntner als Bewohner eines Transitlandes sind Fremde von alters her nicht fremd. Ein Wesenszug der sich, so besagen fröhliche Gerüchte, auch in einem Hang zur unkomplizierten Liebe zeigen soll.

Neben der Leichtlebigkeit, um die manch Nordländer sie wohl beneidet, haben die Kärntner auch einen besonders starken Freiheitsdrang, den man vielleicht ebenso als widerspenstige Individualität bezeichnen könnte. Die meisten ihrer Ahnen hatten seit dem Mittelalter ihr Leben als Bauern und Knappen, sprich: als agrarische und industrielle Fronarbeiter, unter der Knute von Adel und Kirche gefristet. Die Folgen – Instrumentalisierung des Luthertums im politischen Kampf, Türkenkriege, blutige Bauernrevolten, die kompromisslose Unterdrückung durch die Gegenreformation – prägten sich tief ins kollektive Bewusstsein ein. Dazu kommt, vor allem im 20. Jh., die ethnische Frage: Kärnten liegt an der Nahtstelle des germanischen, slawischen und romanischen Kulturraums und wird, wie bei alten Grenzländern üblich, diesbezüglich von mancherlei

Widersprüchen und verkrampften Mythen geplagt. Insbesondere das Verhältnis zwischen der deutschsprachigen Mehrheit und der slowenischsprachigen Minderheit erlebte Phasen tiefer gegenseitiger Aversionen und Ängste. Germanen und Slawen leben in Kärnten (Koroska) seit beinahe 1500 Jahren mit- und nebeneinander und kannten zunächst weder Sprach- noch Volkstumsgrenzen. Unzählige slawische Orts- und Flurnamen, Sagen und Volkslieder zeugen davon. Den echten Kärntner, solches bekommt der Fremde denn auch bis heute kokett erklärt, zeichne eine ›windische‹ (slowenische) Großmutter oder ein friulanischer Ahnherr aus. Und doch gibt es in Europa wohl nicht viele Regionen, in denen zwei ansässige Bevölkerungsgruppen mittels historischer Argumente ihre politische Anwartschaft so lange und hartnäckig für sich reklamieren. Dabei wurde – sei es im Rahmen des politischen Spiels, sei es, weil der Mensch eben im Allgemeinen dazu neigt – das erlittene Unrecht jeweils gerne gebrandmarkt, das begangene hingegen in seiner Bedeutung verkleinert oder gar geleugnet.

Die schleichende Dominanz der bairisch-christlichen Kolonisatoren über die slawischen Karantanen (ab dem 8. Jh.), die Vorherrschaft alles Deutschen im Zuge der habsburgischen Gegenreformation (im 16./17 Jh.), der auf beiden Seiten erwachende Nationalismus, vor allem jedoch, im 20. Jh., die jugoslawische Besatzung, der Abwehrkampf, die Volksabstimmung und die seither alljährlich am 10. Oktober absichtsvoll inszenierten Gedenkfeiern, die Herrschaft der Nazis und ihr Eindeutschungswahn, Titos Spaltungsversuch, die Minderheitendebatte, der Schul- und Ortstafelnstreit sowie diverse Volkszählungen, die in Anbetracht steten Anpassungsdrucks die zahlenmäßige Stärke einer Minderheitengruppe naturgemäß nur sehr ungenau widerspiegeln ... All dies schuf einen lange Zeit für unentwirrbar gehaltenen Knoten aus gegenseitigen Vorhaltungen und Ressentiments.

Tatsache ist jedenfalls, dass das Hauptsiedlungsgebiet der Kärntner Slowenen, die Bezirke südlich der Drau und des Wörthersees, noch vor gut 100 Jahren kompakt slowenisch war, heute hingegen fast durchwegs gemischt-zweisprachig ist. Und dass bei der letzten Volkszählung (2001) als Folge dauerhafter Assimilierung gerade noch 12 586 Kärntner, das sind zweieinviertel Prozent der Bevölkerung, Slowenisch als ihre Umgangssprache angaben und nur noch in zwölf Gemeinden ihr Anteil zehn Prozent überstieg. Tatsache ist freilich auch, dass sich seit den siebziger Jahren, als bei einigen hundert Deutschkärntnern wegen der vom Gesetz geforderten Aufstellung zweisprachiger Ortstafeln noch einmal eine törichte und rabiate Abart vermeintlicher Heimatliebe hervorbrach, die Meinung der allermeisten Kärntner zur Zweisprachigkeit und damit zum respektvollen Zusammenleben der beiden Volksgruppen grundsätzlich zum Positiven gewandelt hat. Nun, da Slowenien zum 1. Mai 2004 der EU beigetreten ist, hat die ehemals so argwöhnisch beäugte Grenze zum Nachbarn im Süden ihre Bedeutung ohnedies weitgehend verloren. Und das Hadern mit der von Misstrauen belasteten Vergangenheit ist auf beiden Seiten endgültig dem gemeinsamen Streben nach einer gedeihlichen Zukunft gewichen.

Brauchtum und Feste

Bei einem Land, das im Laufe der Jahrhunderte Sitz eines keltischen Königreiches, weströmische Provinz, slawisches Fürstentum, deutsches Herzogtum und schließlich habsburgisches Kronland war, darf es nicht verwundern, dass es ein extrem vielfältiges Brauchtum entwickelt hat. Dies umso mehr, da sich seine Bewohner, vor allem in den alpinen Regionen den Erscheinungen und Gefahren der Naturgewalten ausgesetzt, von Geistern und Göttern abhängig wähnten und sie mit Riten, Opfern und Prozessionen günstig zu stimmen trachteten. Ihre insbesondere in kleineren Ortschaften bis heute ungebrochene Lebendigkeit verdanken jedoch viele der ursprünglich keltischen, später ›christianisierten‹ Mythen und Gebräuche der überdurchschnittlich ausgeprägten Freude der Kärntner am Festefeiern.

Diese Munterkeit, gepaart mit unbändigem Humor, tritt besonders auffällig zur **Faschingszeit** zutage: Zwischen dem 11.11. um 11 Uhr 11 und Faschingsdienstag sind dem närrischen Treiben Tür und Tor geöffnet. Unzählig sind in diesen Wochen über das ganze Land verstreut die Kostümfeste, Faschingssitzungen und Maskenumzüge. Hochburg des kollektiven Scherzens ist dabei unbestritten Villach, wo am Faschingssamstag zehntausende maskierte Passanten unter heftigem Gejohle und ›Lei-Lei‹-Rufen den prächtigen Umzug durch die Stadt geleiten.

Intensiv werden landauf landab auch diverse **Osterbräuche** gepflegt – von der Palmbuschweihe (bei der man in der Kirche Segen bringende Weidenruten für den ›Herrgottswinkel‹ daheim weihen lässt) über das Karfreitagsratschen (bei dem Kinder mit dem ohrenbetäubenden Geräusch hölzerner Zahnräder die Richtung Rom fliegenden Kirchenglocken ersetzen) bis zum Ostermarsch und -feuer, dem Räuchern von Haus und Hof mit den österlichen Palmzweigen samt einem Büschel von Speik und Wacholder, der Fleischweihe und Osterjause. Eine Tradition, die sich im deutschsprachigen Raum seit Reformation und Aufklärung im Wesentlichen auf Kärnten (und auf Westfalen) beschränkt, ist das Verhängen des Hochaltars während der Fastenzeit mit einem Fasten- oder Hungertuch. Dieses ist in der Regel bemalt und zeigt die Lebens- und Leidensgeschichte Christi. Besonders schöne Exemplare sind u. a. in Baldramsdorf, Sternberg, Haimburg, Millstatt und Gurk erhalten geblieben (zu Letzterem vgl. S. 135).

Und auch **Weihnachten** duftet es hierzulande noch stärker als vielerorts sonst nach Lebkuchen, Weihrauch und Tannenzweigen. Der Krampus- und Nikolausbrauch, der Umzug der – in Feistritz und Oberdrauburg angeblich besonders Furcht erregenden – Perchtgloba, die den Winter vertreiben sollen, das Sternsingen am Dreikönigstag – all dies verleiht der Advents- und Weihnachtszeit vielerorten ein besonderes Gepräge.

Zu den berühmtesten **ortsspezifischen Bräuchen** zählen (in chronologischer Abfolge):

Ante Pante Populare am 1. Februar in Bad Eisenkappel: Am Vorabend zu Maria Lichtmess (1. Februar) gedenken die Kinder des Ortes eines rechtzeitig verhinderten Hochwassers, indem sie hunderte selbstgebastelte, mit Kerzen illuminierte Holzkirchlein die Vellach hinabtreiben lassen.

Striezelwerfen in Stein: Am Agathentag (5. Februar) werfen die Kirchensänger in dem kleinen Ort im Jauntal in Erinnerung an Hildegard von Stein, eine selbstlose Gräfin, Brotstriezel unter die Gläubigen. Sie sollen das Jahr über das Haus vor Feuer und Dieben und seine Bewohner vor Irrsinn und Epilepsie bewahren.

Vierbergelauf: Am Dreinagelfreitag, dem zweiten Freitag nach Ostern, findet einem in keltischen Riten wurzelnden Brauch gemäß eine der wohl merkwürdigsten Wallfahrten des Alpenraumes statt. Dabei ziehen – seit einigen Jahren übrigens wieder tausende – Pilger in rund 17 Stunden 50 km weit über jene vier seit alters als heilig geltenden Berge, die das Zollfeld umstehen. Zu Beginn, um Mitternacht, wird auf dem Gipfel des Magdalensberges eine Messe gehalten, werden in der Hoffnung auf reiche Ernte geweihte Getreidekörner getauscht. Dann geht es unter Glockengeläute, mit Fackeln, Kreuzen und gegen missgünstige Dämonen mit ›Berglerlaub‹ geschützt, hinab in die Ebene, vorbei am Prunnerkreuz, auf den Ulrichsberg, dann über das Glantal auf den Veits- alias Göseberg und schließlich auf den Lorenziberg oberhalb von St. Veit/Glan. Würde dieses für das spirituelle Selbstverständnis der Kärntner so elementare Ereignis jemals unterbleiben, hätte dies, so der Volksglaube, unweigerlich Hunger und Elend zur Folge.

Kranzlreiten in Weitensfeld: Beim Jahrmarkt der kleinen Gurktaler Gemeinde am Pfingstmontag laufen unter großer Anteilnahme der ganzen Bevölkerung und verfolgt von bunt geschmückten Reitern, drei verwegene Burschen um die Wette. Der Sieger darf eine hölzerne (und in jedem 50. Jahr eine echte) Jungfrau küssen. Dem Brauch zugrunde liegt die Sage, nach der einst eine Pestepidemie den Ort ausrottete. Nur drei Burschen und ein Adelsfräulein überlebten. Ein Wettlauf entschied, wer die Hand der Schönen gewann.

Kufenstechen in Feistritz/Gail: Ebenfalls am Pfingstmontag wird, angeblich in Erinnerung an die Türkeneinfälle im 15. Jh., auf einer mannshohen Stange ein Fass (Kufe) befestigt. Dieses versuchen die Burschen des Ortes von ungesattelten Pferden aus mit Eisenkeulen zu zerschlagen. Auf den Sieger wartet das mit Tracht und Blumenkranz herausgeputzte, schönste Mädchen des Ortes. Im Anschluss wird zum Tanz unter der Linde geladen.

Reiftanz in Hüttenberg: Dieser tief in der 2000-jährigen Bergbaugeschichte des Norischen Eisens verwurzelte Schaubrauch findet alle drei Jahre (das nächste Mal am 30. Mai 2010)

am Sonntag nach Pfingsten statt. Dabei vollführen die – mittlerweile ehemaligen – Knappen im Gedenken eines im 18. Jh. erfolgreichen einjährigen Streiks ihrer Zunft in historischen Kostümen einen komplizierten Gruppentanz. Wichtigstes Requisit: gebogene, mit bunten Bändern geschmückte Haselruten, so genannte Reife.

Als österreichweit größtes Brauchtumsfest gilt der **Villacher Kirchtag**, bei dem am ersten Samstag im August über 60 000 Besucher aus dem In- und Ausland mit den Einheimischen feiern. An ihren Kirchtagen pflegen die Kärntner seit alters für die Ernte zu danken oder dem jeweiligen Ortsheiligen an seinem Namenstag zu huldigen. Im

Gut besucht: der Villacher Kirchtag

Vordergrund stand und steht dabei stets das Zelebrieren der ›Kärntner Kuchl‹. Was das bunte Treiben in Villach auszeichnet, ist der riesige farbenprächtige Umzug, an dem unzählige Musik- und Trachtengruppen aus aller Herren Länder teilnehmen. Ein wichtiger Bestandteil der traditionellen Landeskultur sind bis heute auch die großen **Wiesenmärkte**, die alljährlich in **Bleiburg** (letztes Aug.-Wochenende) und **St. Veit/Glan** (letztes Sept.-Wochenende) stattfinden. Beide haben ihre Wurzeln im 14. Jh., üben für die ländliche Bevölkerung durchaus bis heute auch eine Versorgungsfunktion aus und locken, angereichert mit historischen Kostümen und Zeremonien, jährlich mehrere hunderttausend Besucher an.

Zumindest in ihrer heutigen Form deutlich neueren Datums – obgleich um keinen Deut weniger kurzweilig – sind jene mittelalterlichen Stadtfeste, die man alljährlich in **Spittal (Salamancafest,** Ende Juni), in **Friesach (Spectaculum,** Ende Juli) und auf **Burg Sommeregg** am Millstätter See **(Ritterspiele,** zwei Aug.-Wochen) inszeniert.

Und dann wären da noch die zahlreichen **kulinarischen Feste:** Kaum ein Nahrungsmittel, das den Kärntnern nicht Anlass zum geselligen Beisammensein und Schlemmen gereichte. So begehen die Lesachtaler alljährlich ihr Brotfest (Anfang Sept.), die Millstätter ihr Schinkenfest (Ende Juli), die Gailtaler ein Speck- (Anfang Juni in Hermagor), ein Polenta- (Anfang Okt. in Nötsch) und auch ein Käsefest (Ende Sept. in Kötschach) und die Lavanttaler neben der ›Mostbarkeiten-Kostbarkeiten-Messe‹ (Anfang Mai), ein Kürbisfestival (Sept.) und ein Fest rund ums Huhn in Gackern (1. Aug.-Hälfte); gar nicht zu reden von diversen Nudel-, Gulasch-, Suppen-, Wild-, Rindfleisch-, Erdäpfel-, Buchweizen-, Rosskastanien-, Wein-, Speck- und Spargelfesten.

Kulturfestivals und Sportevents

Kärnten weiß nicht nur Feste zu feiern und sein Brauchtum zu pflegen. Es weist auch – vor allem während der Sommermonate – eine extrem hohe Dichte an künstlerischen und sportlichen Veranstaltungen auf. Dabei mag es vielleicht an ihrer über viele Jahrhunderte gesammelten Erfahrung als Kulturträger liegen, dass bis heute die großen Stifte vier der wichtigsten Musikfestivals beherbergen: So geben einander seit 1969 von Mitte Juli bis Ende August im Rahmen des **Carinthischen Sommers** weltberühmte Orchester, Chöre und Solisten in der Stiftskirche Ossiach (und im Villacher Congress Center) ein Stelldichein. Schon von Mitte Mai bis Anfang Oktober gastieren vornehmlich Organisten, Solisten und Kammerensembles bei den **Internationalen Musikwochen Millstatt**. Mit hochkarätig besetzten Konzerten und Meisterkursen in den Bereichen Klassik und Jazz wartet das **Musikforum Viktring** bei Klagenfurt auf (Mitte Juli–Anfang Aug.). Speziell als Sprungbrett für Nachwuchsmusiker sowie als Treffpunkt für Künstler des gesamten Alpen-Adria-Raumes versteht sich hingegen der **Kultursommer** auf Stift St. Paul (Anfang Juni–Mitte Aug.).

Das Gebiet rund um das Zollfeld, genauer: die Gemeinden St. Veit/Glan, Maria Saal und St. Georgen/Längsee, werden dank dem noch jungen, aber äußerst ambitiösen **Festival Trigonale** von Mitte Juni bis Mitte Juli zum Mekka der Alten Musik. Johannes **Brahms**, der mehrere Sommer am Wörthersee verbracht hat, ist den ganzen Sommer über in Pörtschach und Velden eine **Konzertreihe** und ein Solistenwettbewerb gewidmet. Anfang Juli lockt das Festival **Jazz over Villach** Freunde exquisiter Jazz-, Swing-, Blues-, Latin-, Soul-, Groove- & Electronic-Klänge auf die Genottehöhe nahe der Draustadt. Etwa zur gleichen Zeit singen beim **Fest der Stimmen** in Spittal/Drau Chöre aus ganz Europa und Übersee in den Kategorien Volks- und Kunstlied um die Wette. Der leichten Muse frönt man auf der Klagenfurter **Wörtherseebühne** in Form aufwendiger Musical-Inszenierungen (Mitte Juli–Mitte Aug.) und mit Promi-Auftritten bei der alljährlichen **Starnacht am Wörthersee** in Pörtschach (Anfang Juli). Verschiedenen Kunstgattungen, von Operette über Orchester- und Popkonzert bis zu Liederabend und Kabarett, dient die **Burgarena Finkenstein** hoch über dem Faaker See als romantische Kulisse.

Apropos mittelalterliches Ambiente: Alljährlich von Ende Juni bis Mitte August stehen sowohl bei den **Friesacher Burghofspielen,** Kärntens ältestem Sommer-Freilichttheater, als auch bei den **Südkärntner Sommerspielen** im ehemaligen Stift Eberndorf klassische Komödien à la Molière auf dem Programm. Inhaltlich ähnlich ausgerichtet, jedoch gewürzt mit Lustspielen des 20. Jh. und Gastauftritten namhafter Zeitgenossen, sind die **Komödienspiele Porcia** im prachtvollen Renaissancehof des gleichnamigen Schlosses in Spittal/Drau (Mitte Juli–Ende Aug.). Mit zeitgenössischem

Theater vom Feinsten plus Konzerten von Klassik bis Pop, Jazz und Avantgarde wartet man, ebenfalls im Hochsommer, beim **Kärntner Burgtheater** alias **k.l.a.s.** auf der Heunburg bei Völkermarkt auf. Und Texte von Gegenwartsautoren stehen auch jeweils Ende Juni in Klagenfurt bei den schon traditionellen **Tagen der deutschsprachigen Literatur** im Mittelpunkt, an deren Ende der begehrte Ingeborg-Bachmann-Preis vergeben wird.

Grellfarbig-Erotisches, mit Pinsel und Airbrush auf nackte Haut gemalt, gibt es beim **Europäischen Bodypainting Festival** in der Region Millstätter See zu begutachten (Ende Juli). Und ziemlich sinnlich geht es um die gleiche Zeit schließlich auch beim **Villacher Straßenkunstfestival** zu, wenn mehr als 100 Künstler und Ensembles aus aller Herren Länder, darunter Gaukler, Jongleure, Akrobaten und Feuerschlucker, über die ganze Fußgängerzone die Passanten in Publikum verwandeln. Vergleichbares bietet der **Altstadtzauber** der Stadtrichter **zu Clagenfurth** (Ende Aug.).

Ähnlich groß wie im Kulturbereich ist landesweit die Fülle an Sportveranstaltungen. Einige besonders spektakuläre Events seien herausgegriffen: der **Ironman Austria** etwa, bei dem sich im Klagenfurter Strandbad mehr als 1000 Menschen in den See stürzen, um 3,8 km zu kraulen, danach 180 km zu radeln und zuletzt die Marathonstrecke von gut 42 km zu laufen, oder der **Weissensee Triathlon** (beide Anfang Juli). Ende Juli/Anfang August machen die weltbesten **Beach Volleyballer** auf ihrer **Worldtour** in Klagenfurt und Velden Station. Gleichfalls in der Landeshauptstadt findet Ende August der **Stadtmarathon** (inkl. Halb-, Staffel-, Minimarathon und Kinderlauf) statt. Radsportfreunde notieren sich u. a. die **Lavanttaler Radsporttage** (Anfang Mai), das **Bikerfestival** in Villach (Ende Mai) und das **Internationale Bike Select Donwhill-Rennen** in Afritz (Ende Juni) in den Kalender.

ARCHITEKTUR UND BILDENDE KUNST

Kein anderes Bundesland Österreichs besitzt im Verhältnis zu Größe und Einwohnerzahl eine solche Fülle von Kunstschätzen wie Kärnten. Auf gut 9500 km² stehen hier über 600 romanische und gotische Kirchen, erinnern unzählige Burgen respektive deren Ruinen an ritterlich-feudale Zeiten. Auch Relikte aus der **Antike** haben sich vielerorts und in ungewöhnlich großer Menge erhalten: Die reichen römischen (und auch spätkeltischen) Funde vom Magdalensberg und aus Teurnia sind weit über die Landesgrenzen hinaus berühmt.

Für Archäologen kaum minder spannend: die Spuren älterer Siedlungsepochen, wie sie etwa in Frög bei Rosegg und auf dem Gracarca-Hügel über dem Klopeiner See ans Tageslicht kamen, oder auch die frühchristlichen Denkmäler, sei es das Pilgerheiligtum auf dem Hemmaberg bei Globasnitz, die Bischofskirche auf dem Holzerberg (Teurnia) bei Spittal oder die Fundamente von Kirchen auf dem Ulrichsberg, dem Grazer- und dem Kathreinkogel.

Wehrhafte Sakralbauten

Im 9. Jh., als Karantanien unter den Karolingern neuerlich und endgültig missioniert wurde, verbreitete sich, vermutlich von der Königspfalz in Karnburg ausgehend, das Phänomen der so genannten **Flechtwerksteine.** Sie waren Bestandteil in Chorschranken der Kirchen jener Zeit und sollten mit ihren Bändern und Knoten das Böse abwehren. An die 30 dieser merkwürdigen, angeblich auf langobardischen Traditionen fußenden Symbole finden sich landesweit in Kirchen eingemauert, beispielhaft etwa in St. Peter am Bichl oder Molzbichl.

Auf Schritt und Tritt stößt man in Kärnten auch auf **Wehrkirchen** und **Kirchenburgen**. Schon im Früh- und Hochmittelalter hatte der Klerus, um das Allerheiligste vor dem Zugriff der längst noch nicht vollständig bekehrten Heiden zu bewahren, Chorturmkirchen gebaut. Darin stand der Altar im Erdgeschoss eines Turmes geschützt. Als im 15. Jh. marodierende Türken und Ungarn, die berüchtigten ›Senger und Brenner‹, das Land verheerten, ließ der Klerus zahlreiche auf Anhöhen gelegene Kirchen befestigen. So hatte nicht nur die bäuerliche Bevölkerung einen Zufluchtsort, es wurden auch die Kirchenschätze gesichert. Deshalb – und weil das gebirgige Land im Gegensatz zu den flacheren Nachbarregionen im Osten Eindringlinge generell eher abschreckte – finden sich hierzulande zum Beispiel noch zahlreiche alte Fresken und über 60 großteils prachtvolle **gotische Schnitzaltäre** erhalten, mehr als im gesamten übrigen Österreich.

Romanik und Gotik in Reinkultur

Überhaupt verdankt das Land seiner turbulenten Geschichte einen außerordentlichen Reichtum an mittelalterlicher Baukunst. Denn während anderswo Kirche und Adel den endgültigen Sieg über Türken und Reformation mit einem Feuerwerk barocker (Um)Bauten feierten, hatte man in dem durch die politischen Wirren verarmten Kärnten – nicht zuletzt auch aus Ermangelung höfischen Mäzenatentums – bescheiden zu bleiben. Zwar entstanden auch hier einige repräsentative Schlösser und Klostererweiterungen. Auch wurden Fassaden und, wie etwa in Ossiach, Wernberg und im Klagenfurter Dom, Kirchenräume barockisiert. Ein Meister wie Joseph Ferdinand Fromiller fand für seine Freskierkunst sehr wohl ein reiches Betätigungsfeld. Doch viele großartige Monumente der Romanik und Gotik blieben weitgehend unversehrt, man denke an die Stiftskirchen von Millstatt und Viktring, die Dome von Gurk und Maria Saal, die Dominikanerkirche in Friesach oder die Leonhardikirche in Bad St. Leonhard, aber auch die zahlreichen Kleinode – Kirchen und Karner in entlegenen Dörfern.

Reiches Volkskunst-Erbe

Intakt präsentiert sich zumindest an manchen Orten auch noch die **bäuerliche Architektur**. Zwar haben Plantypen, Aluminium und Eternit flächendeckend ihren Tribut gefordert. Einst typische, aus Holz errichtete Hofformen wie etwa der im Nockgebiet übliche Ringhof oder der Norische Gruppenhof im Oberen Lavanttal sind aus dem Landschaftsbild gänzlich verschwunden. Andere jedoch, wie der Paar-, der Ein- oder der Haufenhof, sind mitsamt den traditionellen Bauelementen wie der Rauchstube, der Labn (Erdgeschossflur) oder dem mit Brettern verschalten Gang (Balkon), auf dem man Feldfrüchte und Wäsche trocknet, noch landauf landab zu finden.

Vor allem für das Mittel- und Unterland charakteristisch sind die mit roten Ziegeln phantasievoll gestalteten Mauergitter an den Stallscheunen und Getreidekästen. Sie sind stilistisch möglicherweise von der Nachbarschaft zum einst osmanischen Balkan beeinflusst, sorgen für eine gute Durchlüftung und verhindern, dass Hitzestau im Sommer zum Brand des gelagerten Getreides oder Heus führt.

Von der Frömmigkeit der Bauern zeugen die mehr als 1500 über das Land verstreuten **Bildstöcke**. In vielfältigen Formen, als Säulen, Pfeiler, Kreuze, Kapellchen, mit oder ohne Schindeldach, dienten sie als Weg- und Grenzzeichen, Andachtsstätten für Wallfahrer oder markierten Gerichts- und Prangerorte. Die so genannten **Marterln** hingegen erinnern als eine Art dreidimensionale Votivtafel am Straßenrand an ein Unglück oder religiöses Gelübde.

Gegenwartskunst

Unübersehbare Spuren hinterlässt im Land auch die moderne und zeitgenössische Kunst: Als einer ihrer Doyens darf **Giselbert Hoke** (* 1927) gelten, der bald nach dem Krieg mit

KÄRNTEN ALS EINE WIEGE DER LITERATUR

In Klagenfurt hat Robert Musil, der Schöpfer des Jahrhundertromans »Der Mann ohne Eigenschaften«, nur kurz gelebt. Um genau zu sein lediglich die ersten elf Monate seines Erdendaseins, vom November 1880 bis zum darauf folgenden Oktober. Dennoch trachtete der Dichter später in Klagenfurt seine Wurzeln zu finden. Als etwa Fünfzigjähriger versuchte er, den Lauf seines Lebens auf den Beginn seines Lebens zurückzuführen: »Ich bin am ... geboren, was nicht jeder von sich behaupten kann. Auch der Ort war ungewöhnlich: Kl. in K.; verhältnismäßig wenig Menschen kommen dort zur Welt. In gewissem Sinn deutet sich in beidem schon meine Zukunft an.« Eine Zukunft, zu der eine gewisse örtliche Unbeständigkeit gehört, auch dies ein Erbe seiner Kindheit. Denn die Eltern, Alfred und Hermine Musil, leben ebenfalls nur kurz, sieben Jahre, am Wörthersee, ziehen dann, 1881, nach Böhmen, Oberösterreich und schließlich nach Brünn in Mähren.

Auch Robert Musil wird Zeit seines Lebens ein Wandernder sein, dessen Weg u. a. über Wien und Brünn nach Stuttgart, Berlin und schließlich nach Zürich und Genf führt. In die Stadt seiner Geburt ist er, außer auf Reisen, nie wieder zurückgekehrt. Was die Klagenfurter freilich nicht daran hinderte, in jenem Haus, in dem der weltberühmte Romancier das Licht der Welt erblickte, ein Robert-Musil-Museum einzurichten.

War Musil gleichsam Zufallskärntner, so sind andere berühmte Dichter, Ingeborg Bachmann etwa, Peter Handke, Gert Jonke, Christine Lavant und Peter Turrini, sozusagen waschecht. Dauerhaft im Land gehalten hat es freilich auch sie nicht alle: Ingeborg Bachmann zum Beispiel. 1926 kommt sie als erstes Kind von Olga und Mathias Bachmann in Klagenfurt zur Welt. Und im Gegensatz zu Musil spielt bei ihr die kleine Landesmetropole wenigstens einmal topographisch in ihr Werk hinein. Ihre Erzählung »Jugend in einer österreichischen Stadt« sei zwar keine autobiographische Geschichte, meinte sie später, »obwohl die Stadt K. Klagenfurt ist«. Und Klaus Amann, Leiter des Robert-Musil-Instituts für Literaturforschung, merkt an, dass Bachmanns Erzählung als »Bruchstück ihrer Autobiographie« gelesen werden kann.

Obwohl Bachmann Kärnten als Neunzehnjährige verlässt, erst in Graz, dann in Wien studiert und später in Italien lebt, arbeitet und schließlich 1971 auch stirbt, bleibt sie der Stadt auf vielfältige Weise verbunden. Nachgehen kann man diesem Netz von Schauplätzen und Beziehungen, das sich vom Wörthersee im Westen bis zum Friedhof Annabichl (auf dem sie ruht) erstreckt, übrigens vom Bachmann-Raum im erwähnten Musil-Museum aus.

Kärnten ihr Leben lang aufs Engste verbunden, blieb hingegen Christine Lavant, die 1915 in St. Stefan im Lavanttal geboren wurde. Bereits im Alter von ein paar Wochen erkrankt sie an Skrofulose, einer Haut- und Lymphknotenerkrankung, die sie später an einem über die Bürgerschule reichenden Schulbesuch hindern wird. Die Schöpferin so subtiler Gedichtsammlungen wie »Die Bettelschale« und »Der Pfauenschrei« stirbt 1973 im Krankenhaus Wolfsberg, ohne ihr Heimatland jemals für einen längeren Zeitraum verlassen zu haben.

Wie Lavant wird auch Peter Handke 1942 auf dem Land, in Griffen, geboren, wo er auch einen Teil seiner Kindheit verbringt. Doch wie Bachmann nimmt auch er schon mit 19 Reißaus. Er übersiedelt zum Studium nach Graz, findet Anschluss an die Schriftstellergruppe um das ›Forum Stadtpark‹ und publiziert in der Zeitschrift »manuskripte«. Und wie Lavant kehrt auch er nie wieder in seine Heimat zurück. Vielmehr wechselt er, der mit dem »Wunschlosen Unglück« in frühen Jahren eine unerbittliche Beschreibung der kleinhäuslerisch-tristen Alltagswelt seiner Mutter liefert und spätestens seit Veröffentlichung der »Publikumsbeschimpfung« zu den europaweit bekanntesten Autoren seiner Generation zählt, fortan seine Wohnsitze häufig zwischen Deutschland, Österreich, den USA und Frankreich.

Außerhalb Kärntens leben auch die Autoren Peter Turrini (»Rozznjogd«, »Da Ponte in Santa Fe«) und Gert Jonke (»Der Ferne Klang«, »Redner rund um die Uhr«). Wobei Letzterer zumindest zeitweise in Klagenfurt sein Domizil aufschlägt, um hier zu arbeiten. Josef Winkler (»Natura Morta«) wiederum, der in Kamering geboren wurde, hat Kärnten nie für einen längeren Zeitraum verlassen. Wohingegen der gebürtige Oberösterreicher Alois Brandstetter (»Groß in Fahrt«) nach Stationen in Wien und im Saarland seit 1974 seine Wahlheimat in Klagenfurt gefunden hat.

Robert-Musil-Museum: Literatur-Museum der Landeshauptstadt Klagenfurt, Bahnhofstr. 50, 9020 Klagenfurt, Tel. 00 43/463/50 14 29, www.musil museum.at.

In **Stift Griffen**, nördlich des Jauntals, ist eine Dauerausstellung dem Leben und Werk Peter Handkes gewidmet. Stift Griffen, 9112 Griffen, Tel. 00 43/42 33/ 23 45.

Diverse Literaturtipps: s. S. 223.

seinen Fresken im Klagenfurter Hauptbahnhof einen Skandal hervorrief und sich seither, von seinem abgeschiedenen Atelier auf Schloss Saager aus, vor allem mit Wand- und Glasbildern, Metallarbeiten und Tapisserien international einen Namen gemacht hat. Einen bleibenden Beitrag zu Kärntens Renommee als fruchtbarer Boden für höchste bildnerische Kreativität leisteten anfangs des 20. Jh. schon die Mitglieder des **Nötscher Kreises**, namentlich Sebastian Isepp, Franz Wiegele und Anton Kolig, die in dem gleichnamigen Dorf am Fuße des Dobratsch eine sehr eigenständige, expressionistische Farben- und Formensprache entwickelten. In ihrer wegweisenden Bedeutung vergleichbar: der gebürtige Klagenfurter **Herbert Boeckl** (1894–1966), der u. a. im Dom von Maria Saal ein Wandbild schuf, sowie, etwas später, der gebürtige Rheinländer **Werner Berg** (1904–81), der in seiner Wahlheimat bei Bleiburg Mensch und Natur des Jauntales so faszinierend wie eigenwillig auf Leinwand bannte.

Zu den namhaftesten Vertretern der heutigen Seniorengeneration zählen neben Hoke u. a. **Maria Lassnig** (*1919) mit ihrem umfangreichen, vom Surrealismus über Informel bis zu ›Körpergefühlsbildern‹ reichenden Œuvre, **Hans Staudacher** (* 1923), ein vor allem dem Abstrakten verpflichteter Graphiker und Maler, sowie **Valentin Oman** (* 1935), dessen Werk man u. a. in der Kirche von Schloss Tanzenberg, in der Klagenfurter Egydikirche und in der Pfarrkirche von St. Jakob im Rosental begegnen kann. Viel zu früh verstorben ist die stark von ihrer langjährigen Wahlheimat New York beeinflusste Pop-Art-Künstlerin **Kiki Kogelnik** (1935–97). Sie hinterließ u. a. zwei witzige Brunnen (in ihrer Heimatstadt Bleiburg und auf dem Klagenfurter Heiligengeistplatz) und Wandbilder im Karner oberhalb von Stein im Jauntal.

Mehr als 1500 Bildstöcke sind über das ganze Land verstreut, hier bei Egg

Cornelius Kolig (*1942) ist einer breiten Öffentlichkeit für die äußerst kontrovers aufgenommene – und verschiedenerseits bewusst missverständlich gedeutete – Neugestaltung des Jahrzehnte früher von seinem Vater Anton bemalten Kolig-Saales im Kärntner Landhaus bekannt. Kunstkenner schätzen ihn für seine ebenso konsequente wie subtile, Genregrenzen sprengende Auseinandersetzung mit der menschlichen Wahrnehmung von Körperlichkeit und Sinnlichkeit.

Lange ließe sich die Liste der in In- und Ausland erfolgreichen Kärntner fortsetzen. Aus der ›mittleren‹ Generation zu nennen wären etwa auch **Max Gangl, Raimo Wukonig** und die für ihre sozialkritisch-feministischen Graphiken geschätzte **Elisabeth Kmölinger,** unter den Jüngeren u. a. **Tomas Hoke, Suse Krawagna** und **Heimo Zobernig.**

ESSEN UND TRINKEN

Kleines ABC der Kärntner Küche

Wenn man beginnt, sich durch die Kärntner Küche zu kosten oder gar zu kochen, merkt man sehr rasch, dass es sich um eher schlichte, meist recht simpel zuzubereitende Gerichte handelt. Der Grund dafür liegt in der Geschichte des Landes: Das bäuerliche Volk war hier von Adel und Klerus stets unter ein besonders schweres Joch gezwungen und musste mit dem Vorlieb nehmen, was der Boden des jeweiligen Tales hergab. Außerdem hätte ihm wohl auch die Zeit für aufwendige Rezepte gefehlt. Auf ihrem von Bedürftigkeit diktierten Menüplan standen dementsprechend überwiegend Milch und Milchprodukte, Gemüse und Kräuter, weiters Getreide in Form von Brot, Sterz, Polenta sowie allerlei Knödel, Nockerln und Nudeln. Fleisch, gleich ob aus Stall oder freier Wildbahn, war prinzipiell an den Grundherren abzuliefern. Lediglich ›wertlose Dinge‹ wie Schweinsköpfe, Innereien, Haxen und Hirn war den Zehntpflichtigen erlaubt zu behalten und zu Speck, Würsten und Verhackertem zu verarbeiten. Echte Braten landeten, wie auch süße Mehlspeisen, höchstens an Festtagen auf dem Tisch.

Natürlich haben Kärntens Köche inzwischen mit viel Phantasie und Raffinement die ursprünglichen Rezepte ihrer Heimat angereichert, verfeinert und zeitgenössischen Essgewohnheiten angepasst. Die bäuerlich-bodenständige Herkunft ihrer Schöpfungen lässt sich jedoch in den meisten Fällen bis heute gut erschmecken.

Von Kärntner Nudeln ...

Unbestritten die ›Nationalspeise‹ Nummer eins ist die Kärntner Nudel, im gebirgigen Oberland auch Krapfen genannt – ein Nudelteig, dünn ausgewalzt, zu einer eigroßen Tasche geformt, in Salzwasser gekocht, mit verschiedenerlei Köstlichkeiten gefüllt und der passenden Beilage, vom Sauerkraut bis zum süßen Kompott, genossen. Wobei Kenner nach der Zubereitungsart zwischen Faust-, Kranz- und ausgeradelten Nudeln unterscheiden (Details bitte bei eingeweihten Hausfrauen oder Küchenchefs erfragen). Als Klassiker, den die frommen Einheimischen gerne als Freitagsmahl verzehren und der längst seinen Weg von den Bauernküchen in die Gourmetlokale gefunden hat, gilt die mit einem Gemisch aus Kartoffeln, Topfen, Lauch und Zwiebeln gefüllte Kasnudel. Zu den gefragtesten Alternativen zählen Fleisch-, Pilz-, Spinatnudeln oder die mit gedörrten Birnen versüßte Kletzennudel. Beliebte Suppeneinlagen sind die ›Schlickkrapferl‹, eine mit Innereien und Kräutern gefüllte Miniaturvariante. Entscheidungsschwache Feinspitze müssen angesichts der Qual der Wahl nicht verzagen: Viele Kärntner Wirte haben der Nudelvielfalt Tribut gezollt und servieren ihren Gästen ein ›Nudl-Kudl-Mudl‹.

... Kirchtagssuppen ...

Eine unverzichtbare Spezialität ist auch die Kirchtagssuppe, für die sich die Bäuerinnen alljährlich zum Fest des örtlichen Kirchenpatrons (Kirchtag) ihrer höchsten Kochkünste besinnen, stehen doch der Reichtum an Zutaten – nämlich Fleisch vom Rind, Huhn und Lamm samt Eiern und Rahm – und die Schmackhaftigkeit in direktem Verhältnis zum Status des Hofes, in dem man sie auftischt. Apropos Suppe: Erwähnung verdient auch die ›Gelbe Rahmsuppe‹, der Muskatblüten, Fenchel, Anis und vor allem Safran einen mediterranen Touch verleihen.

Überhaupt kennt in Kärnten guter Geschmack keine Grenzen. Je näher an den Karawanken oder Karnischen Alpen man sich zu Tische setzt, desto unverkennbarer schmeckt man die Einflüsse der südlichen Nachbarn, wird man etwa der engen Verwandtschaft

Almkäse in allen Variationen

Am Ufer des Millstätter Sees kann man sich die ›Schmankalan‹ so richtig schmecken lassen

von Kärntner Nudel und Ravioli, von Reindling und Gibanica gewahr oder findet Ingredienzien wie Olivenöl, Radicchio, Polenta und Lorbeer. Um diesen Austausch kulinarischer Traditionen mit dem friulanischen und slowenischen Raum zu fördern, hat übrigens Hans Tschemernjak, der längst legendäre ›Tschebull-Wirt‹ vom Faaker See, schon in den 1980er Jahren eine grenzüberschreitende Wirtekooperation ins Leben gerufen, in deren Rahmen jeweils eine Woche im Jahr ein Koch im Wirtshaus der Partner kocht. Und als Initiator der Aktion ›Kärntner Wirte für Kärntner Produkte‹, der saisonales Kochen liebt und Tiefkühlkost hasst, trägt er auch mit die Hauptverantwortung dafür, dass das Land inzwischen jeden Frühling in einen regelrechten Spargel-, jeden Herbst in einen Gänsebratenrausch verfällt und sich 15 der besten Köche zum Verbund der Kärntner Spargelwirte (www.spargelwirte.at) zusammengetan haben.

... und anderen ›Schmankalan‹

Im Windschatten von Wegbereitern wie ihm sind in den letzten Jahren landauf landab die kulinarischen Aktivitäten wie Pilze aus dem Boden geschossen: Im Gailtal etwa vermarkten 18 Käsereien ihren nach alter Sennertradition produzierten, würzigen Almkäse. In Döllach im Mölltal gewinnt man von den laichenden Saiblingen und Bachforellen den Rogen und verkauft ihn, konserviert und in Glasdosen gefüllt, als ›Mölltaler Kaviar‹. Auf den Hochweiden des Mölltales, der Sau- und Koralpe und der Nockberge ist der Almochs zuhause – mittlerweile ein Markenbegriff. In den Hohen Tauern und im Lesachtal werden Lämmer und Schafe gezüchtet, deren Biofleisch Kenner als Offenbarung rühmen. Die Bauern des Lavanttales sind insbesondere für ihre zarten Spargel und köstlichen Kürbisse bekannt. Im Jauntal, im äußersten Südosten, betreibt man schwungvoll die Renaissance des hier Had'n genannten Buchweizen. Und die speichelflussfördernde Liste ließe sich fast beliebig lang fortsetzen.

Was aber wäre ein einschlägiges Kulinarium ohne Erwähnung der zünftigen Kärntner Jause? Sie pflegte – zumindest in der guten alten Zeit – gemäß Bauernregel um 10 und um 16 Uhr schnabuliert zu werden. Und zwar häufig auf dem Feld, weshalb man sie statt auf einem Teller auf dem Holzbrett kredenzte. Kernstück einer solchen ›Brettljause‹ ist ein großes Stück geräucherten Specks. Die Bauern hätten, so weiß es die Überlieferung, die Konservierungsmethode des Räucherns zufällig erfunden, als sie das Schlachtgut vor dem gierigen Landesherren eines Tages im Kamin versteckten. Mittlerweile reichert man diese Zwischenmahlzeit mit Almkäse, Trockenwürsten und allerlei weiteren Zutaten an. So unterscheidet man zwischen Rettich-, Zwiebel-, Kasjausn (oft mit Sauerkäse), Öljausn (Schwarzbrot mit diversen Kernölen) und – als Königin im Jahreslauf – der Osterjausn, die das Cholesterin unter anderem mit Eiern und Geselchtem (Rauchfleisch) lustvoll in lichte Höhen treibt.

All diese Deftigkeiten muten freilich recht harmlos an im Vergleich mit so exotisch benamsten Gerichten wie dem Ritschert, einem Eintopf aus Speck, Bohnen, Graupen alias Rollgerste und Petersilie, dem Maischl, einem in ein Darmnetz gebundenen und knusprig braun gebratenen Gemisch aus Rollgerste und verhackten Innereien, oder der Frigga, einem Pfannengericht aus Speck, Eiern, Käse und Türknsterz, einer Maispolenta. Wobei letztere freilich auch früher in erster Linie von Holzfällern gegessen wurde, deren Schwerstarbeit solche Kalorienbomben wirklich erforderte.

Und was gönnt sich der Kärntner, wenn ihm nach sündhaft-süßen ›Schmankalan‹ gelüstet? Sehr häufig einen Reindling – einen aus Hefeteig gekneteten, mit Zucker, Zimt und Rosinen versetzten, in einer großen Kasserolle (= Rein) gebackenen Kuchen. Aber auch die eingangs erwähnte Kletzennudel, den Bauernkrapfen, den Grantschleck (aus gezuckertem Rahm und Preiselbeeren), den ›süßen Schmarren‹ (abgebröselten Pfannkuchen) mit frischen Schwarzbeeren oder die Dampfnudeln mit Honigschmalz. Und zur Vorweihnachtszeit die Potitze, ein mit Honig und Wasser aufgekochtes, mit Nüssen oder Mohn gefülltes und mit Schnaps verfeinertes Gebäck.

Tipps für Ihren Urlaub

Kärnten – eine Idylle für Wanderer

KÄRNTEN ALS REISEZIEL

Besondere Sehenswürdigkeiten

Ob es die Naturschönheiten sind, die das Gros der Gäste nach Kärnten lockt? Oder doch auch seine Kunst und Kultur? Schwer zu sagen. Vermutlich eine Kombination von allem. Auf der Liste der Attraktionen ohne Zweifel ganz oben stehen Bergwelt und Badeseen (s. S. 56). Verstärkend wirken sich auf die Anziehungskraft ganz gewiss spektakuläre Naturdenkmäler aus, seien es Tropfsteinhöhlen wie die bei Griffen und Bad Eisenkappel oder Schluchten wie die Tscheppa- und Raggaschlucht, Panoramastraßen wie jene Richtung Großglockner, auf den Dobratsch, durch die Nockberge und das Maltatal oder per Bergbahn erreichbare Aussichtsberge wie Gerlitze, Goldeck, Reisseck, Kreuzeck und Petzen.

Über das ganze Land verstreut haben sich geschichtsträchtige, mit jahrhundertealten Baudenkmälern gespickte Städte erhalten. Paradebeispiele: Friesach, St. Veit, Spittal, Gmünd, Althofen oder Wolfsberg. Weithin strahlen weiters die großen kirchlichen Zentren des Mittelalters: Klöster wie Millstatt, Ossiach, Viktring, St. Paul und auch Dome wie jene von Gurk und Maria Saal. Hinzu kommen kleinere Juwele, die anderswo mangels Konkurrenz Fünf-Sterne-Bedeutung verliehen bekämen – Kirchlein mit einzigartigen Altären und Fresken oder mit einer bis zu den Wurzeln der Landesgeschichte

Kärnten Card

Für Unternehmungslustige und Wissbegierige empfiehlt sich der Erwerb der **Kärnten Card:**

Mit dieser Chipkarte, die man zwischen Mitte April und Mitte Oktober bei fast allen Tourismusbüros bzw. in vielen Gemeindeämtern erwerben kann, kann man bis zu zwei Wochen lang im ganzen Land beliebig oft nahezu alle Bergbahnen und Schifffahrtslinien kostenlos und die öffentlichen Verkehrsmittel zum halben Preis benutzen. Vor allem aber hat man zu über 100 der wichtigsten Ausflugsziele – Museen, Erlebniswelten, Höhlen, Schluchten, Tierparks, Bädern, Panoramastraßen u. v. m. – freien Eintritt.

Beim einmaligen Besuch aller Attraktionen würde man über 600 € sparen. Sie kostet für Erwachsene 34 €, für Kinder von 7 bis 15 Jahren 14 €, für jüngere Kinder bzw. ab dem jeweils dritten Kind ist sie gratis. Weitere Informationen unter Tel. (00 43-0) 463/90 88 88 bzw. www.kaerntencard.co.at.

Das Gegenstück für Winterurlauber ist der **Top-Ski-Kärnten-Pass.** Ihn gibt es für verschiedene Zeiträume, von eineinhalb bis 14 Tage, für alle Skigebiete des Landes.

zurückreichenden Vergangenheit, wie sie etwa, um nur einige von aberdutzenden zu erwähnen, in Thörl, Gerlamoos, Heiligenblut, in Karnburg, Diex, Stein, Metnitz oder gleich daneben, in Grades, stehen. Wer ein Faible für Relikte aus Römer- (und Kelten)zeit hegt, wird u. a. in Teurnia, auf dem Magdalens- und dem Ulrichsberg fündig, ein frühchristliches Denkmal von europäischem Rang findet sich auf dem Hemmaberg bei Globasnitz. Ritterromantik wird in gewaltigen Burgen, etwa jener von Landskron, von Straßburg, von Griffen oder, als Musterexemplar schlechthin, auf Hochosterwitz lebendig. Bleiben – keineswegs nur als Schlechtwetter-Alternative – die unzähligen Museen: die großen, repräsentativen wie das Landes- und das Diözesanmuseum in Klagenfurt, die Freilichtmuseen wie jene in Maria Saal (Bauernhöfe), in Heft (Bergbau) und auf dem Plöckenpass (Kriegsgeschichte) oder die kaum minder faszinierenden Kleinode wie die Werner Berg-Galerie in Bleiburg, das Heinrich-Harrer-Museum in Hüttenberg, das Musil-Bachmann-Museum in Klagenfurt oder das Ferlacher Büchsenmachermuseum.

Pauschal oder individuell?

Ob man seinen Urlaub in Kärnten im Voraus bucht oder erst vor Ort selbst ein Quartier sucht, ist wohl eine Frage des persönlichen Geschmacks. Außer vielleicht in der Hochsaison (Juli/Aug. und zu Weihnachten) wird man fast immer, auch für eine Nacht, kurzfristig ein Hotelzimmer ausfindig machen. Es empfiehlt sich, den örtlichen Tourismusverband anzusteuern. Für Ferienwohnungen gilt im Prinzip das Gleiche, doch werden sie in der Regel bloß für eine Mindestaufenthaltsdauer von mehreren Tagen vermietet. Mancherorts, vor allem im Winter, ist überhaupt nur eine wochenweise Buchung möglich.

Sämtliche Fremdenverkehrsverbände und viele Hotels haben spezielle Pauschalangebote für Ausflüge, Freizeitaktivitäten, Kulturabende etc. im Programm, die jedoch für gewöhnlich nur im jeweiligen Ort oder in der Region Geltung haben. Einen umfassenden Überblick auf das diesbezügliche landesweite Angebot geben diverse Broschüren und die Website der Kärnten Information (s. S. 222).

Urlaub mit Kindern

Generell erweist sich die touristische Infrastruktur des Landes als überaus kinder- und familienfreundlich. So finden sich in fast jeder Urlaubsgemeinde Spielplätze, vielerorts auch Gastkindergärten, Babysitterservice und spezielle Kinderprogramme (Auskünfte in den jeweiligen Fremdenverkehrsämtern). Das Gros der Gastronomiebetriebe hält eigene Speisekarten, Sitzgelegenheiten und oft auch Spielplätze für die Kleinen bereit. 72 Übernachtungsbetriebe bemühen sich besonders um das Wohl der kleinen Gäste und ihrer Eltern. Sie präsentieren sich, analog zum gängigen Sterne-

WINDELWANDER
MEILE

System je nach Ausstattungsstandard mit drei, vier oder fünf Bären-Logos versehen, im Katalog ›Familienland‹ (erhältlich über die Kärnten Information). Etliche haben sich zur Gruppe der **Familien- und Kinderhotels** (www.kinderhotels.at) zusammengeschlossen. Diesbezüglich besonders engagiert und ideal ausgestattet ist die Region Lieser-Maltatal, die sich zu Recht als **Familiental** bezeichnet (www.familiental.com), und dort ganz speziell die Gemeinde Trebesing als **Europas erstes Baby- und Kinderdorf** (www.babydorf.at).

In Kärnten brauchen Eltern keine Bange haben: Das speziell auf die Bedürfnisse des Nachwuches angepasste Kultur- und Freizeitangebot ist riesengroß. Schon die vielfältigen Landschaften an sich mit ihren Bächen und Seen, Bergen, Wäldern und Wiesen garantieren jede Menge Kurzweil und Abenteuer. Ein intensives Naturerlebnis versprechen die als eigene Produktgruppe angebotenen **Ferien auf dem Bauernhof**, wobei sich vierzig Betriebe ganz speziell den Bedürfnissen von Familien verschrieben haben (www.urlaubambauernhof.com). Möglichkeiten zu hautnahen Begegnungen mit Tieren bieten etwa auch der Tierpark Rosegg, der Alpenwildpark in Feld am See, Affenberg und Greifvogelschau in Landskron, das Fischereimuseum in Seeboden am Millstätter See oder die Reptilienzoos Nockalm (in Patergassen) bzw. Happ (in Klagenfurt). Die seltene Möglichkeit, mit einem leibhaftigen Braunbären am Mittagstisch zu sitzen, gibt es in Villach/Müllern (www.kenny-bear.com, Tel. 042 57/44 08). Mit märchenhaften Erlebnissen warten u. a. der Zwergenpark im Gurktal, der Zauberwald am Rauschelesee, die Heidi-Alm am Falkert, die Pilz-Wald-Naturwunderwelt in Treffen und die Märchenwandermeile in Trebesing auf. Auf sinnliche Weise die Hochgebirgsnatur erkunden, können Jung und Alt im Nationalparkzentrum BIOS in Mallnitz. Ebenfalls in den Hohen Tauern sorgt das Goldwaschen im Mölltal für besondere Spannung. Bei Schlechtwetter ein Hit sind Bergwerks- und Höhlenbesuche – z. B. der Terra Mystica und Humoristica in Bad Bleiberg, des Schaubergwerks Knappenberg oder der Tropfsteinhöhlen von Griffen und im Obir –, aber auch Österreichs größte Modelleisenbahn (in Spittal) und, in Klagenfurt, das Planetarium. Letzterem benachbart ist Minimundus, das mit seinen 170 Modellen weltberühmter Bauwerke stets großen Eindruck hinterlässt.

Windelwandermeile in Trebesing

Für besonders sportiven Nachwuchs hat man u. a. am Faaker See eine Kleinkinder-Golfschule, am Dienstl Gut in Launsdorf ein Jugend-Reitercamp und auf der Sonnenalpe Nassfeld für ›Rockkids‹ einen Klettergarten eingerichtet. Die Region Millstätter See bietet vier- und siebentägige **Outdoor-Camps für Familien** an. Und die drei Regionen Rosental, Südkärnten und das Lavanttal haben gemeinsam mit dem prominenten Kinderbuchautor Thomas Brezina ein Abenteuerpaket entwickelt, bei dem man gemeinsam mit Kultfigur **Tom Turbo** 23 Attraktionen, von Bienenstöcken, Höhlen, Schluchten und Mooren bis zu Halfpipes und Streichelzoo, besucht und erforscht.

Ein Hinweis noch zur Schonung des Urlaubsbudgets: In fast allen Sehenswürdigkeiten, aber auch bei Bootsrundfahrten, Seilbahnen und Skiliften etc. genießen in der Regel Kinder bis zu sechs Jahren freien und bis zu 14 Jahren stark ermäßigten Eintritt.

Szene- und Nachtleben

Den Kärntnern mit ihrem sonnigen Gemüt sagt man zu Recht ein ausgeprägtes Talent zum geselligen Beisammensein nach. Dementsprechend groß ist die Zahl der Clubs und Discos, Bars, Beisln und Gourmettreffs, in denen sich die Nacht lustvoll zum Tag machen lässt. Unbestrittene Epizentren des schicken Highlife mit hoher Dichte an Prominenten samt Entourage sind seit Jahrzehnten schon und immer noch die Wörthersee-Gemeinden Pörtschach und Velden. Rund um den Monte-Carlo-Platz und entlang dem Corso geht in der warmen Jahreszeit noch um drei Uhr morgens die Post ab. Starke Magnetkraft auf hungrige und durstige Nachtschwärmer üben auch die Altstadt von Klagenfurt und – in etwas geringerem Maße – jene von Villach aus. Und auch an den viel frequentierten Ufergemeinden der anderen Badeseen, insbesondere dem Faaker-, Klopeiner- und Millstätter See, muss man nicht lange nach ›Tankstellen mit Gesprächsanschluss‹ suchen. Wo wann was angesagt ist – darüber informiert u. a. das an jedem besseren Zeitschriftenkiosk erhältliche Szeneblatt »Monat« (www.monat.at).

Sportliche Aktivitäten

Feriengäste, die eine Passion für Hochseefischen oder Elefantenpolo hegen, werden vergeblich nach einem Betätigungsfeld suchen. Sonst jedoch wird man schwerlich eine Sportart finden, der man in Kärnten nicht frönen kann. Mit seinen zahlreichen Seen, den Dreitausendern und vielfältigen Tal-, Hügel- und Berglandschaften ist Österreichs südlichstes Bundesland ein Paradies für alle nur erdenklichen Sportarten, die sich zu Wasser, zu Lande und in der Luft praktizieren lassen. Im Besonderen gilt dies für den **Wasser-** und den **Wintersport**. Die Gelegenheiten zum Baden, Segeln, Surfen, Kanufahren, Angeln usw. sind dank der vielen kleinen und großen warmen Gewässer mannigfach. Nahezu alle Fremdenverkehrsorte an den größeren Seen haben Segel- und Surfschulen sowie Verleihstellen für Boote und Bretter. Wasserski ist am Wörther-, Ossiacher und Millstätter See populär. Zentren des Tauchsports sind u. a. Millstatt, Seeboden und Annenheim.

Ob Bad Kleinkirchheim/St. Oswald, die Ski- und Naturarena Nassfeld oder die Region Großglockner/Heiligenblut, ob Innerkrems, Mallnitz, das Goldeck bei Spittal, die Kanzelhöhe oder Gerlitzen – die Möglichkeiten zum Alpinski- und Langlaufen, zum Snowboarden,

Paraglider, Gerlitzen-Ossiach

Eislaufen und Schlittenfahren sind schier ungezählt. Und mit dem Mölltaler Gletscher oberhalb von Flattach bietet sich sogar sommers, zumindest am Vormittag, die Chance zum Skifahren (einschlägige Kataloge und Übersichtskarten erhältlich bei der Kärnten Information).

Selbstverständlich ist Kärnten auch eine **Wanderregion** par excellence mit einem riesigen, hervorragend instand gehaltenen Wegenetz, das alles vom gemütlichen Spazierweg bis zum Klettersteig auf eisige Gipfel umfasst. Dutzende, größtenteils von Alpenverein bzw. Naturfreunden unterhaltene Hütten bieten in allen Gebieten Einkehr- und Übernachtungsmöglichkeiten. Für **Radwanderer** erweist sich das touristische Angebot im ganzen Land ebenfalls als riesengroß. In den letzten Jahren ist das Wegenetz enorm ausgebaut, sind neue Routenvorschläge und geführte Touren sonder Zahl ausgearbeitet worden. Verleihstellen gibt es mittlerweile in fast jeder größeren Gemeinde. Zu den beliebtesten Strecken zählen der Drau-, der Lavant- und der Mölltal/Glockner-Radweg, der Karnische Radweg, die Routen rund um den Wörther- und den Millstätter See. Auch **Mountainbiker** finden überall speziell auf ihre Bedürfnisse zugeschnittene Angebote. Um den Ehrgeiz zu stillen und die Waden zu stählen, sind die Nockberge und die Hohen Tauern besonders geeignete Regionen. Spannende Routen sind der Bike-Cross-Carinzia und der Alpe-Adria-Bike. Alle relevanten Informationen gibt es im Katalog ›Radlland‹, auf der ›Raderlebniskarte‹ (beide erhältlich über die Kärnten Information) sowie unter www.kaernten-radreisen.at. Für all jene, die gern auf eigene Faust unterwegs sind, bietet der ›Stop over Rad Pass‹ Übernachtungen in den Partnerbetrieben von ›Kärnten Radreisen‹.

Auch **Reiter** kommen in Kärnten voll auf ihre Rechnung. Über 80 Betriebe, Gestüte, Guts- und Reiterhöfe, Jugend-Reitercamps und Pferderaststationen, freuen sich auf den Besuch von Zwei- und Vierbeinern. Mehrtägige Pferdetrekking-Touren in die Hohen Tauern veranstaltet der Schlosswirt in Großkirchheim, Poloturniere das Dienstl Gut in Launsdorf. Insgesamt warten 1400 km gut beschilderter Reitwege darauf, beritten zu werden. Alle weiteren Informationen in den Gratiskatalogen ›Reitererlebnisland‹ bzw. ›Urlaub am Reiterbauernhof‹ unter Tel. 042 12/288 80-69 39 oder 06 64/283 15 64 bzw. www.reit-eldorado.at.

Mehr als 80 Orte haben sich auf **Reiterferien** spezialisiert. **Wanderreiten** wird vor allem im Nationalpark Hohe Tauern und in der Sportwelt Amadé praktiziert.

Ein breites Betätigungsfeld finden im Kärntner Land auch **Golfer**. Sie haben die Wahl zwischen sechs 18-Loch-Plätzen, einem 27-Loch-Areal sowie zwei 9-Loch-Kompaktanlagen. Golfer-Hochburg ist der Wörthersee mit Plätzen in Velden, Pörtschach, Klagenfurt und Dellach. Darüber hinaus finden sich Plätze in Bad Kleinkirchheim, in Wolfsberg-Hattendorf, Berg im Drautal, am Millstätter und am Klopeiner See/Turner See.

Ein feuchtfröhliches Unterfangen mit einer Portion Nervenkitzel versprechen

Rafting- oder Canyoning-Touren u. a. auf der Möll, Lieser, Lavant, Gurk und Gail, durch die Tscheppa- und Malta-Schlucht. Die Angebote reichen (aus Sicherheitsgründen aussschließlich bei konzessionierten Unternehmen) von gemütlichen Fahrten im Schlauchboot für Kids oder Familien bis zu deutlich turbulenteren Touren – auch im Kanu und Kajak – für Fortgeschrittene. Dazu gibt es vielerorts Einführungs- und Perfektionskurse, Flusswanderungen, Floßfahrten und Uferpicknicks.

Wer es liebt (oder vom Arzt empfohlen bekommen hat), sich in warmem, heilkräftigem Wasser zu suhlen und sich rundum verwöhnen zu lassen, kommt in den zahlreichen **Kurorten** voll auf seine Rechnung. Zu den renommiertesten zählen Warmbad Villach, Bad Bleiberg, Bad Kleinkirchheim, Bad St. Leonhard und Bad Eisenkappel; immer noch ein Geheimtipp ist St. Lorenzen im Lesachtal.

Reisezeit

Kärnten kennt, grob gesprochen, zwei Hauptsaisonzeiten. Die **Sommersaison** dauert von Juni bis Oktober mit dem ferienbedingten Saisonhöhepunkt im Juli und August, wenn das touristische Angebot am umfangreichsten und Luft- und Wassertemperaturen sowie Hotelpreise am höchsten sind. Die **Wintersaison** beginnt mit dem ersten ergiebigen Schneefall (meist im Lauf des Novembermonats) und endet, je nach Höhenlage, zwischen Anfang April und Mitte Mai. Während die Wochen von ca. Anfang April bis Mitte Mai im Tal eher besucherschwach sind, locken von Anfang September bis Ende Oktober, wenn sich die Natur von ihrer farbenprächtigsten Seite zeigt, abertausende Kilometer Wanderwege und 150 ausgesuchte Gastbetriebe in allen Regionen zum Genuss der Herbstzeit. Als überaus stimmungsvoll erweist sich in Stadt und Land auch die **Adventszeit**. Dann werden an zahlreichen Orten Advents- und Christkindlmärkte abgehalten, Adventssingen veranstaltet und vielerlei alte Bräuche gepflegt.

Reisekleidung

Von ungefähr Mitte Mai bis Ende September ist es mehr oder weniger warm, ja manchmal sogar richtig heiß. Dann empfiehlt es sich, leichte Kleidung plus einige wärmere Sachen für die eher kühlen Abende im Gebirge oder am Seeufer bzw. für die durchaus immer wieder hereinbrechenden Kälte- und Regenperioden dabei zu haben. Im Winterhalbjahr ist massiver Kälteschutz angebracht.

Im touristischen Alltag genügt für gewöhnlich **Freizeitkleidung.** Wobei allzu legeres Outfit Marke Shorts, Plastiksandalen oder Super-Mini in Kirchen, Museen, gehobenen Lokalen usw. unangebracht ist. Bei festlicheren Anlässen wie klassischen Konzerten, Theaterabenden, Galabällen etc. zelebrieren auch die Kärntner gerne das Ritual der bürgerlichen Repräsentation. **Elegante Garderobe** (im Zweifel samt Schlips) ist dort für gewöhnlich obligat.

UNTERWEGS IN KÄRNTEN

Ein Leitfaden für die Reise und viele Tipps für unterwegs.

Genaue Beschreibungen von Städten und Dörfern, Seen und Sehenswürdigkeiten, Ausflugszielen und Reiserouten.

Kärnten erleben: Ausgesuchte Familienhotels und Pensionen, Gasthöfe und Buschenschanken, Wanderungen und Bootstouren.

Badespaß am Faaker See

Klagenfurter Becken und Mittelkärntner Seen

Beliebt: die Buschenschanken

Reiseatlas S. 236/237 und 238/239

KLAGENFURT

In der Wörthersee-Metropole schlägt Kärntens politisches und kulturelles Herz. Hinter ihren teilweise baulich recht schnöden Außenbezirken verbirgt sich eine entzückende, sorgfältig renovierte Altstadt, in der sich wunderbar flanieren lässt. Angesehene Museen, eine quirlige Lokal- und Einkaufsszene sowie das grüne Umland garantieren einen abwechslungsreichen Aufenthalt.

Reiseatlas: S. 237, D/E 3

Kärntens Landeshauptstadt haftet im österreichweiten Vergleich immer noch ein wenig der Ruf von Provinzialität und Nüchternheit an. Zu Unrecht, wie ein Lokalaugenschein offenbart. Denn in Klagenfurt erblühen Lokalszene und Museumslandschaft, zeitgemäße (Bau)Kunst und Kultur mittlerweile viel bunter, als man einer Stadt mit nicht einmal 100 000 Einwohnern und nur wenig mehr als 7000 Studenten zutrauen würde. Am offenkundigsten wird der Erfolg dieser Verjüngungskur jeden Sommer während des Open-Air-Festes namens Altstadtzauber.

Der historische, vom Autoverkehr wohltuend befreite Kern mit seinen idyllischen Gassen und Plätzen und über 50 Innenhöfen verströmt vor allem sommers geradezu südländisches Flair. Und die Stadt präsentiert sich mustergültig gepflegt – eine Leistung, für die die Wörthersee-Metropole als einzige Stadt des Kontinents bereits dreimal das begehrte Europa-Nostra-Diplom einheimsen konnte.

Geschichte

Die Wurzeln Klagenfurts reichen in keltische und römische Zeit zurück. Allerdings befand sich die Ursiedlung auf einem Waldrücken, dem heutigen Spitalberg, nördlich der Glan. Erst in der zweiten Hälfte des 12. Jh. ließ Herzog Hermann aus dem Geschlecht der Spanheimer unten an der Flussfurt einen Markt anlegen – wohl um gegenüber den damals mächtigen Bischöfen von Bamberg und Salzburg seine landesfürstliche Macht zu unterstreichen, aber auch wegen der Mauteinnahmen. Dieses älteste Klagenfurt wurde freilich durch den sumpfigen Boden und Überschwemmungen in seiner Entwicklung stark gehemmt. Zudem sollen, so die legendenhafte Überlieferung, »Klaga«, mystische Totenfrauen, an der Furt gehaust und häufig Opfer gefordert haben. Also gründete Hermanns Sohn Bernhard bereits Mitte des 13. Jh. auf Erfolg versprechenderem Gelände, nämlich um den heutigen Alten Platz, ein neues Klagenfurt. Dieses umfasste ein Areal von rund 400 x 250 m und lag an der Kreuzung wichtiger Fernwege – der Nord-Süd-Straße, die, entlang der Achse der Wiener- und Kramergasse verlaufend, von der Adria beziehungsweise Laibach über den Loiblpass in die damalige Landeshauptstadt St. Veit führte, und der West-Ost-Route von Villach nach Völkermarkt und Marburg. Die Stadt lebte dementsprechend vom Handel, wurde 1514 jedoch durch eine Feuersbrunst vollkommen eingeäschert. Vier Jahre später gab Kaiser Maximilian I. den Bitten der Landstände nach und überließ ihnen die Brandruinen zum Wiederaufbau als Bollwerk gegen die aufständischen Bauern und die stets drohenden Türken. Die Pläne für die wehrhafte Stadt mit massiven Mauern, den vier Eckbasteien und dem in streng gerasterten Straßennetz erstellte der berühmte Festungsbaumeister Domenico dell'Allio. Er konzipierte auch den über 5 km langen Lendkanal, der die Wehrgräben mit Wasser aus dem Wörthersee versorgen und zugleich als Transportweg dienen sollte.

In der Folge erlebten die Stände, also Adel und Klerus, eine wirtschaftliche und politische Blütezeit. Sie ließen sich im Umland einen ganzen Kranz von Schlössern bauen und innerhalb der Stadtmauern prachtvolle Häuser mit Innenhöfen nach italienischer Manier. Als Zeichen ihres Machtbewusstseins schufen sie im manieristischen Stil Repräsentativbauten wie das Landhaus, den Dom samt zugehörigem Spital und die so genannte Burg, die als protestantische Bildungsstätte fungierte.

Napoleon, dessen Truppen erstmals 1797 und hernach noch zweimal Klagenfurt besetzten, ließ die Befestigungen schließlich schleifen. Die Gräben wurden zum Straßenring. Der alte Kern begann mit den neuen Vororten zu einem größeren Ballungsraum zu verschmelzen. Mitte des 19. Jh. erhielt Klagenfurt dank der Eisenbahn verkehrstechnisch Anschluss an die weite Welt – eine Pioniertat, vergleichbar übrigens mit jener im Mai 1925, als man den örtlichen Flughafen Annabichl und zugleich Österreichs erste Fluglinie, nämlich zwischen Wien und Klagenfurt, eröffnete.

Besonders dramatische Momente hatte die Stadt am Ende der beiden Weltkriege zu durchleben: 1919 wurde sie von Truppen des Serbisch-Kroatischen-Königreiches besetzt und erst durch die Volksabstimmung am 10. Oktober 1920 endgültig der Republik Österreich zugesprochen. 1945 fand sie sich, nach dem nationalsozialistischen Wahn, ziemlich zerbombt und völlig verarmt, für zehn Jahre wie ganz Kärnten unter Verwaltung der britischen Besatzer. Zehn Jahre, in denen freilich die Weichen zur demokratischen Entwicklung und zur heutigen Blütezeit als Landeshauptstadt gelegt wurden.

Stadtrundgang

Die überwiegende Zahl von Klagenfurts Sehenswürdigkeiten befindet sich in der Altstadt, in der 1961 Österreichs erste Fußgängerzone eingerichtet wurde, oder lässt sich von dort problemlos

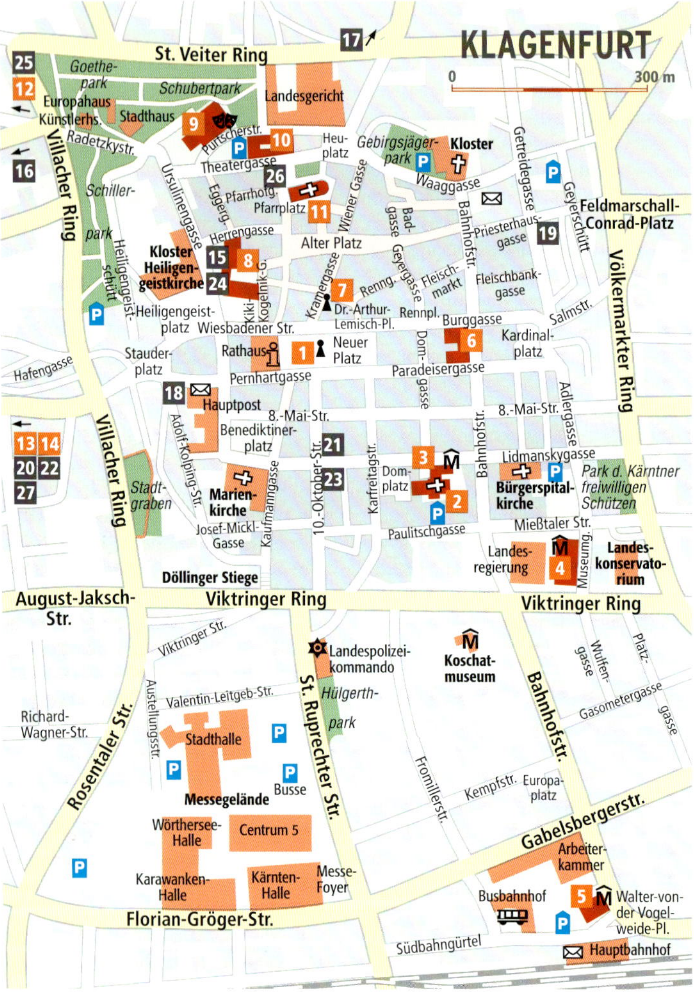

per pedes erreichen. Für den im Folgenden beschriebenen Erkundungsgang sollte man – Museumsbesuche ausgenommen – zwei bis drei Stunden veranschlagen. Diverse Innenbesichtigungen, Einkaufsbummel und die eine oder andere Rast bei Imbiss oder Kaffee und Kuchen eingeschlossen, lässt

Sehenswürdigkeiten

1 Lindwurm
2 Domkirche St. Peter und Paul
3 Diözesanmuseum
4 Landesmuseum
5 Literatur-Museum
6 Museum Moderner Kunst
7 Wörthersee-Mandl
8 Landhaus
9 Stadttheater
10 Stadtgalerie
11 Pfarrkirche St. Egyd
12 Kreuzbergl
13 Schloss Loretto
14 Europapark mit Minimundus und Reptilienzoo

Übernachten

15 Palais Hotel Landhaushof
16 Dermuth
17 Schlosshotel St. Georgen
18 Sandwirth
19 Geyer
20 Schattenhof
21 Blumenstöckl

Essen und Trinken

22 Maria Loretto
23 Pumpe
24 Gasthaus im Landhaushof
25 Schweizerhaus
26 Bierhof Zum Augustin
27 Morle Eis Truppe & Café Carmen

er sich ohne weiteres zu einem abwechslungsreichen Tagesprogramm erweitern.

Neuer Platz, Dom und die südliche Altstadt

Es gibt mehrere Gründe, den Stadtspaziergang auf dem Neuen Platz zu beginnen. Zum einen bildet dieses 150 x 75 m große Geviert, das im frühen 16. Jh. im Zuge des Wiederaufbaus nach der Brandkatastrophe angelegt wurde und anfangs als Richtstätte, später als Exerzierplatz diente, das Zentrum der Altstadt. Zum Zweiten befindet sich unter seinem Pflaster eine Tiefgarage (in der motorisierte Besucher praktischerweise ihren fahrbaren Untersatz parken sollten). Und an seiner Westseite, hinter der dreigeschossigen, klassizistischen Fassade des ehemaligen Palais Rosenberg, das seit 1918 das Rathaus beherbergt, unterhält der städtische Tourismusverband ein Informationsbüro (in dem man sich mit erstklassigem und kostenfreiem Prospektmaterial eindecken kann). Außerdem liegt hier auf dem Neuen Platz seit nunmehr schon über 400 Jahren das unumstrittene Wahrzeichen der Stadt, der **Lindwurm** 1, auf der Lauer. Gegenüber diesem Drachen, der an die Gründungssage der Stadt erinnern soll (s. Exkurs S. 70, Abb. S. 69), schwingt ein steinerner **Herkules** (1636; von Michael Hönel) seine Keule – bereit, das Untier beim kleinsten Muckser erneut zur Strecke zu bringen. Das **Maria-Theresia-Denkmal** an der Ostseite des Platzes wurde – angeblich als erste Statue der Kaiserin in ganz

Österreich – 1765 anlässlich der Durchreise Ihrer Hoheit aus Blei gegossen (und später durch ein Exemplar aus Bronze ersetzt). Die den Platz umstehenden stattlichen Häuser, darunter das ehemalige Palais Porcia (Nr. 13), das Longo-Haus (Nr. 10) und Nr. 9 mit einer schönen Apotheke, stammen mehrheitlich aus dem 17. Jh. und besitzen teilweise sehenswerte Arkadenhöfe.

Im Südwesten gelangt man durch die kurze Postgasse auf den **Benediktinerplatz**, wo von montags bis samstags jeweils vormittags ein malerischer Viktualienmarkt abgehalten wird. Hier stehen der ›Steinerne Fischer‹, die ziemlich derbe Mahnfigur eines betrügerischen und deshalb auf ewig erstarrten Fischhändlers, sowie die äußerlich schlichte, innen mit schönem Stuck und einer Rokokokanzel dekorierte Marienkirche.

Zwei Häuserblöcke östlich, in der Karfreitstraße, erhebt sich, von den modernen Häusern der Umgebung ein wenig ihrer ursprünglichen Wirkung beraubt, die **Domkirche St. Peter und Paul** [2]. Sie wurde um 1580 von den Landständen als protestantisches Gotteshaus in Auftrag gegeben, gleich zu Beginn der Gegenreformation jedoch den Jesuiten überantwortet und brannte in der Folge gleich zweimal aus. Die Ausstattung dieser ›frühesten Wandpfeilerkirche Österreichs‹, ihr zarter Stuckdekor, die prächtigen Decken- und Wandmalereien und das Mobiliar stammen fast zur Gänze aus den ersten Jahrzehnten des 18. Jh., also dem Hochbarock. Hervorhebenswert sind der imposante, fast 18 m hohe Hochaltar mit zwei Meistergemälden von Daniel Gran (Apostel Petrus und Paulus sowie Hl. Dreifaltigkeit), weiters die reich geschmückte Kanzel, vis-à-vis die geschnitzte Johannes-Nepomuk-Apotheose sowie die Seitenkapellen. Deren Altäre zieren ein vom Südtiroler Paul Troger in Öl verewigter Ignatius von Loyola und zwei Bilder Joseph Ferdinand Fromillers.

Um die Ecke (Lidmanskyg. 10) lohnt das mit einer reichhaltigen Sammlung sakraler Kunst von der Romanik bis zum Spätklassizismus ausgestattete **Diözesanmuseum** [3] eine Visite (Mitte Juni–Mitte Sept. Mo–Sa 10–12, 15–17 Uhr, erste Junihälfte und Mitte Sept.–Mitte Okt. nur vormittags).

Interessant ist das auf dem Domplatz aufgestellte Modell der Stadt, an dem sich ihr Festungscharakter samt der vom Lendkanal gespeisten Wassergräben im Zustand des Jahres 1591 studieren lässt.

Von hier sind es nur zwei Gehminuten zum großen **Landesmuseum** [4], dessen gut 30 Schauräume Aufschluss über mannigfache Aspekte der Landes-, Kunst-, Naturgeschichte und Volkskunde, der Zoologie, Mineralogie, Botanik und Urgeschichte geben. Zu den hervorragendsten Exponaten zählen diverse prähistorische Funde aus der Höhle von Griffen, der Bleiwagen aus dem hallstattzeitlichen Gräberfeld bei Frög/Rosegg, Skulpturen und Freskenfragmente aus Virunum und vom Magdalensberg sowie der Fürstenstein, jener römische Säulenstumpf, auf dem Kärntens Bauern jahrhundertelang, bis ins Jahr 1414, ihre

Herzöge rituell ins Amt einführten (Museumg. 2, Tel. 050/ 536-305 52, www.landesmuseum-ktn.at, Di, Mi, Fr 10–18, Do 10–20, Sa, So, feiertags 10–17 Uhr).

Fünf weitere Gehminuten, in der Bahnhofstraße 54, steht Robert Musils Geburtshaus, in dem ein **Literatur-Museum** 5 nicht nur den persönlichen Nachlass des großen Romanciers präsentiert, sondern auch Leben und Werk der beiden großen Kärntner Schriftstellerinnen Ingeborg Bachmann und Christine Lavant dokumentiert (Tel. 04 63/50 14 29, www.musilmuseum.at, Mo–Fr 10–17, Sa 10–14 Uhr; s. auch Exkurs S. 42f.). Und gleich gegenüber, in der **Bahnhofshalle,** verdienen die nach der Fertigstellung in den 1950er-Jahren ungemein kontrovers aufgenommenen Fresken Giselbert Hokes Beachtung.

Geht man wieder zum Dom zurück, gelangt man durch die Domgasse und, links ab, durch die Burggasse. Hier kommt man an etlichen schönen Palais und Bürgerhäusern des 16. und 17. Jh. vorbei und schließlich zurück auf den Neuen Platz. Zuvor noch verdient das **Museum Moderner Kunst** 6 Beachtung. Es wurde im Sommer 2003 in dem weitläufigen, einst als protestantisches ›Collegium‹ errichteten Eckkomplex (Burgg. 8) eröffnet und bietet seither spannende Wechselausstellungen zeitgenössischer Künstler (Di–So 10–18, Do bis 20 Uhr).

Nächste Station ist der **Dr.-Arthur-Lemisch-Platz**. Über ihn wacht lebensgroß, als marmorne Brunnenfigur,

Auf dem Neuen Platz: Der Klagenfurter Lindwurm wird von Herkules bewacht

DER LINDWURM – EIN ZAHMES UNGEHEUER

Bereits auf den beiden ältesten erhaltenen Klagenfurter Stadtsiegeln aus dem Jahr 1287 ist das Untier abgebildet. Die Sage berichtet, dass sich auf dem Gebiet der heutigen Stadt einst ein weites Moorgebiet erstreckte, in dem ein geflügelter Drache hauste – ein schrecklicher Lindwurm, der sich auf alles Leben stürzte, das dem Sumpf zu nahe kam und es mit Haut und Haar verschlang. Um dem blutigen Treiben Einhalt zu gebieten, ließ der Herzog von Kärnten einen Turm bauen, von dem aus das Untier erlegt werden sollte. Darin verschanzten sich ein paar beherzte Männer, nicht ohne vorher einen Stier und einen gewaltigen Widerhaken an dem Turm zu befestigen. Als der Drache sich auf den Köder stürzte, bohrte sich der Haken in seinen Rachen. Nun konnten die Männer das grausige Wesen erschlagen. An der Stelle des Turms wurde ein Schloss gebaut, und nach und nach entstand darum die Stadt Klagenfurt.

Als die Brüder Ulrich und Andreas Vogelsang in den Jahren 1582–90 im Auftrag des Magistrats aus einem monolithischen Block aus Chloritschiefer den steinernen Lindwurm meißelten, benutzten sie übrigens den Schädel eines im 14. Jh. nördlich von Klagenfurt gefundenen echten Monstrums, eines prähistorischen Wollnashorns, als Modell. Das 124 Zentner schwere Standbild soll 1593 von 300 weiß gekleideten Jünglingen auf seinen Standplatz am Neuen Markt gezogen worden sein. Seit 1636 wacht zur Sicherheit ein Keulen schwingender Herkules über das nunmehr zahme und nur noch Wasser speiende Ungeheuer – um es, sollte es sich je bewegen, umgehend in Stücke zu schlagen.

assistiert von vier kauernden Löwen, der Stadtgründer Herzog Bernhard von Spanheim. Beachtung verdienen auch die beiden Fassaden in seinem Rücken: jene alt-deutsche, von einem Barockgiebel bekrönte des Gutenberghauses (Nr. 2) und, nebenan (Nr. 1), die historisierende im Stil der Wiener Sezession. Im Westen des Platzes erinnert das 1962 aus Bronze gegossene **Wörthersee-Mandl** 7 an die Legende um die Entstehung von Kärntens größtem See (s. S. 178). Ihm zu Füßen bezeugen, als Mosaike in den Boden eingelassen, über ein Dutzend Wappen von Klagenfurts Partnerstädten, welch vielfältige Bande die Landeshauptstadt mit ganz Europa und darüber hinaus geknüpft hat.

Alter Platz, Landhaus, Stadtpfarrkirche

Durch die verkehrsbefreite **Kramergasse** bummelt man eine Reihe reizvoller Barock-, aber auch Jugendstilfassaden entlang Richtung Norden zum Nabel des historischen Stadtkerns

– dem **Alten Platz**. Das leicht gekrümmte Geviert ist, wie die umliegenden Gassen, Fußgängerzone und mit hübschen Läden und Boutiquen gespickt. Die Dreifaltigkeitssäule wurde ursprünglich zum Dank für das Ende einer Pestepidemie errichtet und bekam nach dem Sieg über die Türken bei Wien (1683) Kreuz und Halbmond aufgesetzt. Das Haus Nr. 1 (Ecke Wienergasse), das Palais Orsini-Rosenberg, diente früher als Rathaus. Um 1600 erbaut, trägt es ein Fromiller-Fresko (s. u.) der Justitia und besitzt einen doppelstöckigen und besonders prächtigen Arkadenhof. Das um 1490 errichtete, an seiner gefiederten Namenspatronin über dem Portal sofort erkennbare ›Haus zur Goldenen Gans‹ an der westlichen Stirnseite (Nr. 31) gilt als ältestes erhaltenes Haus der Stadt.

Ähnlich repräsentativ: das Palais Goess (Nr. 30) und das Palais Stampfer (Nr. 31). Wie sie, stammen die meisten Gebäude hier aus dem 16. und 17. Jh., besitzen barocke Fassaden, in den Innenhöfen Renaissance-Arkaden und wurden in den vergangenen Jahren allesamt liebevoll restauriert. Insbesondere in der warmen Jahreszeit empfiehlt es sich daher, in diesem charmanten, fast mediterran anmutenden Labyrinth aus Gässchen, Plätzen, Laubengängen und insgesamt rund 50 Innenhöfen eine Zeit lang ohne Ziel zu flanieren, in einem der Open-Air-Cafés Rast einzulegen, vielleicht auch der einen oder anderen ›konsumistischen‹ Verlockung zu erliegen …

Eines der wichtigsten Baudenkmäler Klagenfurts wartet in unmittelbarer Nähe: Das **Landhaus** [8], ein zweiflügeliger, von zwei Türmen überragter Renaissancekomplex, wurde 1574–94 im Auftrag der Stände anstelle der ersten Burg erbaut und ist heute Sitz der Kärntner Landesregierung.

Seine Hauptattraktion bildet der im Obergeschoss des Mitteltraktes gelegene, über zwei offene Stiegen und einen Laubengang erreichbare große Wappensaal. Dessen Wände zieren die 665 Wappen des Uradels, der Landleute, der geistlichen Stände und der Burggrafen, wobei sich so ziemlich alle großen österreichischen Geschlechter vertreten finden. Nachdem ein Brand 1723 den Bau und die frühere Ausstattung beschädigt hatte, schuf Joseph Ferdinand Fromiller, Kärntens großer Barockmaler, eine repräsentative Neugestaltung: Sein Deckenbild zeigt die Erbhuldigung Kaiser Karls VI. (1728). Der höfische Prunk und die demütige Haltung der Stände stehen in auffälligem Kontrast zu der ungleich egalitäreren Szene der Amtseinführung des Herzogs im Bauernkleid auf dem Fürstenstein (an der Kaminwand) oder auch, vis-à-vis, der Überreichung der Schenkungsurkunde an die Landstände (1518).

Für gewöhnlich ebenfalls zugänglich sind der kleine Wappensaal mit weiteren 298 Wappen sowie der ob seiner zeitgenössischen Ausgestaltung heftig diskutierte Kolig-Saal (1. April–31. Okt. tgl. 9–17 Uhr). Für Publikum in der Regel gesperrt ist hingegen der Sitzungssaal des Landtags. Auf seinen Wänden hat Suitbert Lobisser ein Fries mit Szenen aus den schwierigen Jahren vor der Volksabstimmung von 1920 hinterlassen – jenem politischen

Reiseatlas: S. 237

Schlüsselereignis, an das neuerdings unten, an der Nordseite des Hofes, eine Gedenkstätte erinnert.

Westlich des Landhauses, am Rand des vom Doppelzwiebelturm der gleichnamigen Kirche und dem Ursulinenkloster dominierten **Heiligengeistplatzes**, steht ein origineller Brunnen der 1997 verstorbenen Kärntner Pop-Art-Künstlerin Kiki Kogelnik. Von dort führt der Weg durch die Ursulinen-Gasse zum **Stadttheater** 9. Der historistische Bau, ein regsames Drei-Sparten-Haus, wurde in der Gründerzeit von dem in der gesamten k.u.k.-Monarchie unermüdlich tätigen Theaterarchitektenduo Helmer & Fellner erbaut. 1998 erhielt er von deren Zunftkollegen Günther Domenig einen Aufsehen erregenden Zubau und von dem italienischen Maler Mimmo Paladino einen phantasievollen ›Eisernen Vorhang‹ verpasst.

Wenige Schritte weiter lockt die im ehemaligen Armen- und Waisenhaus etablierte **Stadtgalerie** 10 auf über 1000 m^2 mit interessanten Kunstausstellungen. Einen Höhepunkt im buchstäblichen Sinne bedeutet schließlich die Besteigung des 97 m hohen Turmes der nahen **Hauptpfarrkirche St. Egyd** 11. Von dessen Aussichtsgalerie (Karfreitag bis Mitte Okt. Mo–Fr 10–17.30, Sa 10–12.30 Uhr, außer bei Schlechtwetter) kann man sich wie von nirgendwo sonst einen Überblick auf die Topographie von Stadt und Umland verschaffen. Im Norden bilden die sanften Bergkuppen Mittelkärntens wie Ulrichs-, Lorenzi-, Veits- und Magdalensberg den Horizont. Ihnen vorgelagert: Flughafen und Zentralfriedhof im Ortsteil Annabichl und der Spitalberg. Im Osten zerfranst die Stadt eher gesichtslos mit Gewerbe- und Industriebauten ins Flache. Im Westen glitzert, 3 km entfernt, der Wörthersee. Rechts davon erhebt sich das dicht bewaldete Kreuzbergl. Und im Süden, entlang der slowenischen Grenze, stehen die schroffen Gipfel der Karawanken – Petzen, Hochobir, Koschuta, Ferlacher Horn, Triglav und Mittagskogel – Spalier.

Nicht verabsäumen sollte man freilich, wieder zu ebener Erde, einen Rundgang durch das großräumige Kircheninnere. Bemerkenswert sind u. a. der klassizistische, 16 m hohe Hochaltar, die schönen Fresken von Joseph Mölk und dem allgegenwärtigen J. B. Fromiller sowie das Grabmal des berühmten amerikanisch-französischen Romanciers Julien Green (1900–98; Bronzeplastik von Ios Pirkner).

Brauen & Brennen

In der 1607 gegründeten **Schleppe Brauerei** bekommt man Brau- und Brennkunst in höchster Vollendung vorgeführt. Vor oder nach der Führung kann man im zugehörigen, 400 Jahre alten Felsenkeller die Biere und Brände samt passender Kulinarik verkosten (Schleppeplatz 1/Feldkirchner Str. 147, Tel. 0463/42700, 1. Mai– 30. Sept. Mo–Fr 10–16 Uhr, laut saisonalem Aushang bzw. auf Anfrage Führungen).

An der Stadtperipherie

Nach solcher Tour d'Horizon sollte man sich – vielleicht nach einer Stärkung in einem der vielen Lokale der Umgebung (gastronomisch besonders ergiebig: Pfarrplatz und Pfarrhofgasse) – die Peripherie der Stadt vorknöpfen: Ein lohnender Weg führt etwa zu Fuß durch die Radetzkystraße nach Nordwesten auf das **Kreuzbergl** 12. Das Innere der gleichnamigen, mit ihren Doppeltürmen weithin sichtbaren Kirche, die man über einen Kreuzweg (schöne Kalvariengruppe) erreicht, wartet mit einem weiteren malerischen Gesamtkunstwerk Fromillers auf.

In einem nahen Steinbruch hat man einen **Botanischen Garten,** in einem Stollen ein **Bergbaumuseum** eingerichtet (s. S. 77). Dahinter – beziehungsweise hinter der Volkssternwarte – erstreckt sich ein **Naturpark,** der mit seinem dichten Netz aus lauschigen Spazierwegen, mit mehreren Teichen und einem Fitnessparcours ein beliebtes Naherholungsgebiet bildet. Für einen schönen Spaziergang oder als beschauliche Fahrradstrecke empfiehlt sich auch der Weg entlang dem nahen Fluss Glan.

Für Freunde aristokratischer Architektur hat die Tourismusinformation die Broschüre **Schlosswandern** erstellt. Sie führt zu insgesamt 23 Herrensitzen des Umlandes. Viele von ihnen sind freilich gar nicht oder, wie etwa im Fall der Schlösser Pitzelstätten, Emmersdorf und Annabichl, bloß von außen zu besichtigen. Andere hingegen laden zur eingehenden Erkundung: **Schloss Mageregg** etwa mit seinem Tierpark, **Hallegg** und **St. Georgen am Sandhof** als Beherbergungsbetriebe oder **Schloss Ehrental**, das ein sehenswertes Landwirtschaftsmuseum beherbergt.

Auch an zeitgenössischer Architektur hat der Stadtrand vielerlei zu bieten: Im Norden, an der St. Veiter Straße, bilden Wilhelm Holzbauers **Zentrale der Bank für Kärnten und Steiermark** (Nr. 43) und Ernst Giselbrechts **Haus der Kärntner Ärzte** (Nr. 34) Blickfänge. Die östliche Stadteinfahrt entlang der Völkermarkter Straße wird durch Boris Podreccas schiffsbugähnliches **Kaufhaus KIKA,** Tom Maynes **Hypo Alpe Adria-Zentrum** und die Kunsthalle Ritter (E. Walther und R. Mahnke) geprägt, die südliche, an der St. Ruprechter Straße, durch **Bundespolizeidirektion** und **Landesarchiv** (beide: Horst Aichernig). Und auch im Westen, am oder nahe dem Wörtherseeufer, haben moderne Baukünstler spannende Akzente gesetzt – Günther Domenig und Volker Gienke zum Beispiel mit der **Schiffsanlegestelle** am Friedelstrand, Roland Rainer mit dem Vorstufenbau zur **Uni Klagenfurt** oder, 1927 schon, F. Kopplhuber und P. Theer mit dem stilvollen **Städtischen Strandbad** am Metnitzstrand.

Touristisch hat die Gegend zwischen Stadt und See in mehrfacher Hinsicht große Anziehungskraft: zum einen natürlich wegen des Sees mit seinen Strandbädern, den Spiel- und Campingplätzen, mit Bootshafen, Seebühne, Beachvolleyball-Arena und, ein Stück südlich, dem anmutigen Ensemble von Kirche und **Schloss Loretto** 13, zum anderen wegen des **Europa-**

Minimundus

Ein Vergnügen für Groß & Klein: Eiffelturm, Big Ben, Petersdom und Taj Mahal, Freiheitsstatue und Weißes Haus ... Insgesamt 170 detailgetreue Modelle weltberühmter Bauwerke aus 53 Ländern im Maßstab 1:25 sind in der ›kleinen Welt am Wörthersee‹ auf 2,6 ha versammelt. Dazu gibt's eine Modelleisenbahn, ein Hafenbecken mit Modellschiffen u. v. m. Die Eintrittsgelder dienen karitativen Zwecken, nämlich der Aktion ›Rettet das Kind‹.

Villacher Str. 241, tgl. 9–21 (Juli/Aug.), 9–19 (Mai, Juni, Sept.) und 9–18 Uhr (April, Okt.), Tel. 04 63/21 19 40, www.minimundus.at.

parks 14, jenem weitläufigen Grünareal, auf dem u. a. ein **Reptilienzoo**, ein **Planetarium** sowie, als einer von Kärntens Top-Touristenmagneten, **Minimundus** (s. o.), zu Hause sind. Außerdem führt von hier, genauer: von Maria Loretto, über 5 km der **Lendkanal** bis an die Westseite der ehemaligen Stadtbefestigung. Und die Ufer dieses im 16. Jh. erbauten Kanals schlossen die Klagenfurter als bevorzugten Spazier-, Rad- und Inline-Skaterweg ins Herz.

Ein neuer Publikumsmagnet ist das im Frühherbst 2007, rechtzeitig für die Fußball-WM 2008 eröffnete, hypermoderne **Wörthersee-Stadion** im Sportpark mit bis zu 32 000 Plätzen. Ihm beigefügt sind neu ein Ballsportkompetenzzentrum und eine Fußballakademie.

Klagenfurt Tourismus: Rathaus, Neuer Platz, 9010 Klagenfurt, Tel. 04 63/537-22 23, Fax 537-62 18, tourismus@klagenfurt.at, www.klagenfurt-tourismus.at, Mai–Sept. Mo–Fr 8–18, Sa 10–17, So, Fei 10–13, Okt.–April 8–18, Sa, So 10–13 Uhr.

Palais Hotel Landhaushof 15: 9020 Klagenfurt, Landhaushof 3, Tel. 04 63/59 09 59, 59 09 59-09, www.landhaushof.at. Exquisit gestylte Luxusbleibe in denkmalgeschütztem Renaissancepalais unmittelbar neben dem Sitz der Landesregierung, im Haus: Gourmetrestaurant Das Salzamt sowie, im obersten Stock, Wellnessbereich mit Stadtpanorama, DZ ab 190 €.

Dermuth 16: 9020 Klagenfurt, Kohldorfer Str. 52, Tel. 04 63/212 47, 212 47-17, www.hotel-dermuth.at. Angenehmes Urlaubs- und Seminarhotel mit gehobenem Restaurant am Kreuzbergl, auf halbem Weg zwischen Stadtzentrum und Wörthersee, DZ ab 128 €.

Schlosshotel St. Georgen 17: 9020 Klagenfurt, Sandhofweg 8, Tel. 04 63/468 49-0, 468 49-70, www.schloss.st.georgen.top.ms. Gediegenes Vier-Sterne-Haus inmitten eines 17 000 m^2 großen Parks, 5 Min. vom Zentrum in Flughafennähe, DZ ab 126 €.

Sandwirth 18: 9020 Klagenfurt, Pernhartg. 9, Tel. 04 63/562 09, Fax 51 43 22, www.sandwirth.at. Traditionsreiches Haus, zentral gelegen und soeben generalrenoviert, außen altösterreichisch, innen klassisch-elegant, gutes Restaurant, DZ ab 120 €.

Geyer 19: 9020 Klagenfurt, Priesterhausg. 5, Tel. 04 63/578 86, 578 86-10, www.

hotelgeyer.com. Gastliches Mittelklasse-Haus im Nordosten der Altstadt, komfortabel, modernes, helles Ambiente, DZ ab 92 €.

Schattenhof 20: 9020 Klagenfurt, Villacher Str. 141, Tel. 04 63/26 13 13, Fax 259 49 50, www.schattenhof.at. Sympathische, sehr kostengünstige Pension in ehemaliger Postkutschenstation in Seenähe, DZ 88 €.

Blumenstöckl 21: 9020 Klagenfurt, 10.-Oktober-Str. 11, Tel. 04 63/577 93, 577 93-5, www.blumenstoeckl.at. Romantisches Altstadtquartier mit 400-jährigem, blumengeschmücktem Arkadenhof, DZ ab 76 €.

Maria Loretto 22: Lorettoweg 54, Tel. 04 63/244 65, tgl. 11–24 Uhr, durchgehend warme Küche. Traditionsrestaurant und Promi-Treff, 5 km westlich der Altstadt auf der gleichnamigen Halbinsel, heimische und internationale Küche, insbesondere Süßwasser- und Meeresfisch, Seeterrasse und Gastgarten, exzellente Weinauswahl, gehoben.

Pumpe (alias Gasthaus zum Großglockner) 23: Lidmannskyg. 2, Tel. 04 63/

Eine Gaudi nicht nur für die Kleinen: Minimundus bei Klagenfurt

571 96, Mo–Fr 8.30–23, Sa 8.30–14.30 Uhr. Gemütlicher Traditionstreff und der Inbegriff Klagenfurter Gastlichkeit, beste Hausmannskost, dazu exzellente Biere, günstig.

Gasthaus im Landhaushof 24: Landhaushof 1, Tel. 04 63/50 23 63, tgl. 11–24 Uhr. Hier lässt sich tadellos tafeln in denkbar repräsentativer Umgebung, im Sommer sitzt man vor der Renaissancefassade, mittel.

Schweizerhaus 25: Kreuzbergl 11, Tel. 04 63/567 21, Mi–Sa 10–23, So 10–16 Uhr. Am Ende eines Spaziergangs ins Grüne: bodenständig essen im Erholungsgebiet Kreuzbergl mit Blick auf die Stadt (auch Zimmer), günstig–mittel.

Bierhof Zum Augustin 26: Pfarrhofg. 2, Tel. 04 63/51 39 92, Mo–Sa (außer feiertags) 11–24 Uhr. Der In-Treff – nicht nur für Biergenießer, zwei Theken unter alten Gewölben, heimeliger Innenhof, gute Hausmannskost, günstig–mittel.

Morle Eis Truppe & Café Carmen 27: Lendkanal/Steinerne Brücke. Zu Recht äußerst beliebter Eissalon.

Kärntner Heimatwerk: Herreng. 2. Volkskunst und Kunsthandwerk in hoher Qualität – von Schnitzwerk und Hinterglasmalerei bis zu Trachten, Stoffen und Schmuck.

Grüner: Burgg. 17. Gediegene Mode für Sie, Ihn und den Nachwuchs.

Otto Graf: Alter Platz 2. Hochwertige Damenmode Marke Bogner, Daks, van Laack u. a.

Modellhüte Luise: Wiener Gasse 9. Elegante Sommer(stroh)hüte, Lederhandschuhe, Tücher.

Roland Mutter: Lidmanskyg. 8/Passage. Originelle Seidenaccessoires, Krawatten, Blusen, Tücher, Gilets, (erotische) Gemälde, alles handbemalt, aus eigener Herstellung.

Adil Besim-Passage: Alter Platz 22. Teppiche und orientalischer Wohndekor.

Pasena: Alter Platz 1. Originelle Wohnaccessoires aus aller Welt.

Zehrer: Alter Platz 6–7. Konditoreiwaren, Konfekt, Kerzen.

Carinthia: Bahnhofstr. 9. Exzellent sortierte Buchhandlung auf zwei Etagen (eigener, auf Kärnten-Themen spezialisierter Verlag).

Buchhandlungen:
Worsch (Neuer Platz 6), **Heyn** (Kramerg. 2–4), **Landhaus Buchhandlung** (Wiesbadener Str. 5), **Kärntner Buchhandlung** (Neuer Platz 11).

IBO-Galerie: Dr.-A.-Lemisch-Platz 6. Modern gestalteter Schmuck.

Benediktinermarkt: Benediktinerplatz, Mo–Sa ca. 6–13 Uhr. Unter freiem Himmel und in der Markthalle – reiche Auswahl an frischen Lebensmitteln und Blumen von Bauern und Gärtnern des Umlandes.

Molly Malone: Theaterg. 7, Pfarrhofg. 4, Tel. 04 63/572 00, tgl. 16–2 Uhr. Stimmungsvolles Irish Pub.

Gallo Nero: Pfarrhofg. 8, Tel. 04 63/51 27 80, tgl. 11–15, 18–1 Uhr. Drinks und italienische Spezialitäten in gemütlichem Keller-Ambiente.

Kamot: Bahnhofstr. 9, Di–So 20–2 Uhr. Beliebter Jazzkeller mit häufigen Live-Auftritten.

Club Privée: Pfarrplatz 20, Tel. 06 50/774 83 33, Fr, Sa und vor Fei 21–4 Uhr. Beliebte Disco-Bar.

Havanna: Osterwitzg. 5, Tel. 06 64/233 82 15, tgl. ab 19 Uhr. Lifestyle-Bar, Do–Sa Livemusik.

Internet-Cafés:
Relax: Mössingerstr. 26, Tel. 04 63/91 44 81, Mo–Fr 7–23, Juli/Aug. 10–22 Uhr. Mit nettem Speisen- und Getränke-Angebot.

Sir Magic's: Waagg. 10, Tel. 04 63/59 45 94, Mo–Fr 10–2, Sa, So, feiertags 14–2 Uhr.

Stadtgalerie: Theaterg. 4, Tel. 04 63/537-55 32, www.stadtgalerie.net, Di–Fr 10–19, Sa, So, feiertags 10–17 Uhr.

Stadttheater: Theaterplatz 4, Kassa: Tel. 04 63/540 64, www.stadttheater-klagenfurt.at.

Haus der Architektur: St. Veiter Ring 10, Napoleonstadel, Tel. 04 63/50 45 77, Mo–Do 7–17, Fr 7–12 Uhr.

Landwirtschaftsmuseum Schloss Ehrental: Ehrentaler Str. 119, Tel. 04 63/435 40, www.landwirtschaftsmuseum.at, Juni–Aug. 10–18, Mai, Sept./Okt. 10–16 Uhr. Hier werden anschauliche Informationen über die Arbeitswelt der Kärtner Bauern und das Ökosystem Wald gegeben; mit Kräutergarten.

Bergbaumuseum: Dr.-Kahler-Platz 1, Tel. 04 63/51 12 52, www.bergbaumuseum.at, April–Aug. tgl. 9–18, Sept.–März 9–16 Uhr, auf 2500 m² großer Fläche im ehemaligen Luftschutzstollen alles über Kärntens Bergbaugeschichte und Mineralogie.

Botanischer Garten: Prof.-Dr.-Kahler Platz 1, Tel. 04 63/50 27 15, www.landesmuseum-ktn.at, 1. Mai–30. Sept. tgl. 9–18, 1. Okt.–30. April Mo–Do 9–16 Uhr, Eintritt frei.

Reptilienzoo Happ: Villacher Str. 237, Europapark, Tel. 04 63/234 25, www.reptilienzoo.at, sommers 8–18, winters 9–17 Uhr, Nov. geschl.

Planetarium: Villacher Str. 239, Europapark, Tel. 04 63/217 00, Mitte April bis Ende Okt., April/Okt. 9–17, Mai, Juni, Sept. 9–18, Juli/Aug. 9–21 Uhr, winters Sa, So, feiertags Vorführungen um 15 Uhr.

Koschatmuseum: Viktringer Ring 17, Mitte Mai–Mitte Okt. Di, Mi, So, feiertags 10–12 Uhr, Eintritt frei. Erinnerungsstätte an Thomas Koschat (Kärntner Liederfürst).

Seebühne Wörthersee: Musicals im Juli/Aug., Infos & Tickets: Tel. 04 63/220 300.

Altstadtzauber: Ende Aug.-Wochenende, Infos: Tel. 04 63/30 00.

Bachmann-Literaturpreis: Ende Juni. Infos: http: //bachmannpreis.orf.at

Beachvolleyball-Grand Slam: Ende Juli/Anfang Aug. im Strandbad, Infos: www.beachvolleyball.at.

Iron-Man-Triathlon: Anfang Juli – ca. 1500 Teilnehmer aus fünf Kontinenten absolvieren 3,8 km Schwimmen, 180 km Radfahren und 42 km Laufen, Infos: Tel. 04 63/50 96 51.

Schiffsprozession vor Maria Loretto: alljährlich am 15. Aug.

Golfclub Klagenfurt-Seltenheim: 9061 Klagenfurt, Seltenheimer Str. 137, Tel. 04 63/402 23, www.golfktn.at (18 Loch).

Balloncup um die ›Rose vom Wörthersee‹: internationales Ballon-Wettfahren, Möglichkeit für Fahrten über der Landeshauptstadt auch für Amateure, Anfang Juni, Infos: Tel. 04 63/537 22 23.

Sternwarte Kreuzbergl: Klagenfurt, Kreuzbergl, Tel. 04 63/217 00, April–Okt Mi und Fr nach Einbruch der Dunkelheit öffentliche Führungen mit Himmelsbeobachtungen.

Innerstädtischer öffentlicher Verkehr: s. S. 227/Reiseinfos von A-Z.

Lendcanaltramway Klagenfurt: Juli/Aug. jeweils Sa 15–18, So 10–12, 15–18 Uhr, Tel. 04 63/74 03 68.

WÖRTHERSEE

Er galt nicht zufällig lange Zeit als ›Österreichs Riviera‹ und gilt bis heute als Synonym für sommerliches Badevergnügen und gesellige Freizeitkultur. Eine Fahrt rund um den Wörthersee, von Krumpendorf über Pörtschach nach Velden und entlang dem Südufer wieder ostwärts nach Maria Wörth macht mit zweierlei Seiten bekannt: mit schickem Highlife zwischen Disco, Corso und Luxushotel, aber auch mit manch stillen Ecken und Juwelen alter Kunst.

Krumpendorf – Pörtschach – Moosburg

Reiseatlas: S. 237, D 3

Krumpendorf

Der **Wörthersee,** mit einer Länge von 16,5 km, einer Fläche von 19,4 km^2 und einer maximalen Tiefe von knapp 85 m Kärntens größter See, übt seit alters eine besondere Anziehungskraft aus. Der Sage nach entstand er an der Stelle einer stolzen Stadt, die von einem rätselhaften Zwerg mit Wasser aus einem Fass überschwemmt wurde, nachdem dieser ihre lasterhaften Bewohner mehrmals vergeblich zur Sittlichkeit ermahnt hatte. In Wirklichkeit ist er das Produkt eines geschmolzenen Tauerngletschers, dessen Eis zuvor eine gigantische Erdwanne geschürft hat. Zum Badeparadies ist er von Natur aus prädestiniert, denn durch Inseln (Werder), Halbinseln und unterirdische Schwellen in drei Becken gegliedert, erwärmt sich sein außergewöhnlich klares Wasser dank der windgeschützten Beckenlage, der geringen Durchflutung und angeblich auch dank warmer Quellen im Frühjahr sehr rasch und erreicht im Sommer in der Regel mindestens 25 °C. Die Lage zwischen den beiden größten Städten des Landes inmitten eines wald-, wasser- und sonnenreichen Hügellandes mit weiten Blicken auf die Berge ringsum tut ein Übriges.

So verwundert es nicht, dass der Fremdenverkehr am Wörthersee auf eine lange Tradition zurückblickt. Gleich nach der Eröffnung der Südbahn (1864) nämlich entdeckten reiche Wiener seine Ufer als Sommerfrischen-Region. Und schufen sich in der Folge – zum Vergnügen, aber auch zwecks Repräsentation – eine Vielzahl von Villen und Schlösschen, Bade- und Bootshäusern. Diese fröhlich-verspielte Ferienarchitektur, die als Kärntens einziger, aber umso eindrucksvollerer Beitrag zur österreichischen Baukunst der Jahrhundertwende in die Geschichte einging, verleiht den Uferorten bis heute eine gewisse Weltläufigkeit.

Gut spür- und sichtbar ist diese gleich in **Krumpendorf.** Fährt man von Klagenfurt am Nordufer Richtung Westen, passiert man zunächst rechter Hand ein kurioses, leicht konisches, 67 m hohes Gemäuer – den Schrotturm, eine industriegeschichtliche Rarität, die im 19. Jh. der Erzeugung von Bleischrot diente. Wenig später stößt man bereits auf etliche Häuser in der für die ›Wörthersee-Architektur‹ so typischen Kombination aus Historismus, Heimat- und Jugendstil. Allerdings besitzt der gemütlich-familiäre Kur- und Badeort, der übrigens schon zur Römerzeit als Poststation und Mode-Seebad bestand, auch wichtige Bausubstanz aus früherer Zeit: neben mehreren uralten Gasthöfen vor allem ein weitläufiges Schloss und, nördlich des Ortes im Wald gelegen, die Schlösser Hornstein und Drasing (Privatbesitz).

Pörtschach

Deutlich fashionabler geht es in **Pörtschach** zu. Der Ort, der an einer weit in den See ragenden Landzunge liegt, war noch Mitte des 19. Jh. ein verschlafenes Bauern- und Fischerdorf. Heute bildet er, durchzogen von ausgedehnten Parklandschaften und Blumenpromenaden, einen Brennpunkt erstklassiger Hotellerie und Gastronomie. In seinen zahlreichen Restaurants, Cafés und Bars, die sich besonders dicht rund um den Monte-Carlo-Platz ballen, wogt bis in die frühen Morgenstunden das jugendlich pralle Szeneleben. Mit dem ›östlichen Cottageviertel‹ weist Pörtschach, zu dessen Gästen übrigens in den Sommern 1877–79 auch Johannes Brahms zählte, das landesweit wohl besterhaltene Ensemble späthistoristischer Villen auf. Und in der Westbucht, auf dem Areal des Etablissements Werzer, der einst größten Hotelanlage Österreichs, steht eine exzellent erhaltene, hölzerne Badeanlage. Mindestens 350 Jahre älter ist das an der Bundesstraße gelegene Schlosshotel Leonstain. Als ehemaliger Meierhof war der arkadenverzierte Bau Teil der gleichnamigen, längst zur Ruine verkommenen Burg – dem einstigen Sitz einer Herrschaft von zeitweise überregionaler Macht.

Moosburg

5 km nördlich von Pörtschach liegt inmitten eines reizvollen waldigen Hügellandes und am Rand mehrerer mooriger Seen **Moosburg**. Hier soll sich, die These ist freilich umstritten, die von König Karlmann, dem Sohn Ludwigs des Deutschen, im späten 9. Jh. gegründete karolingische Pfalz von ›Mosapurch‹ befunden und – eine weitere Annahme – dessen Sohn Arnulf, der spätere römisch-deutsche Kaiser, seine Jugend verbracht haben. Tatsache ist, dass nordwestlich des Ortes die Reste einer über 1000 Jahre alten Burganlage, darunter ein 17 m hoher, Arnulffeste genannter Turm, erhalten sind. Die im 16. Jh. erbaute, im 17. Jh. maßgeblich erweiterte ›neue‹ Moosburg, ein wuchtiger, weithin sichtbarer

EIN ELDORADO FÜR ZWEI- UND VIERRAD-FANS

Kärnten ist dank seiner landschaftlichen Vielfalt und der zahlreichen spektakulären Panoramastraßen schon an sich ein Land der Auto- und Motorradfahrer. Man denke nur an die Traumrouten durch das Glocknergebiet oder über die Nockberge! Doch haben sich die Kärntner als Meisterregisseure vergnüglicher Events, die sie sind, in den letzten Jahren gehörig ins Zeug gelegt, um auch Gäste, die zu ihrem fahrbaren Untersatz ein besonders inniges Verhältnis pflegen, vermehrt in ihre schöne Heimat zu locken. Im Folgenden eine Auswahl jener alljährlichen Veranstaltungen, bei denen motorisierten Zeitgenossen die Herzen höher schlagen:

Ende Mai zum Beispiel heißt es in Berg im Drautal, kollektiv die Dächer zugereister Cabrios falten, um sich den dann in der Regel schon sehr mediterranen Wind um die Ohren blasen zu lassen. Ebenfalls zu einem Cabrio-Treffen laden Anfang Juni die Gemeinden rund um den Faaker See. In etwa um dieselbe Zeit ertönt in und um Reifnitz am Südufer des Wörthersees alljährlich die barsche – und bei manchen Nicht-Golf-GTI-Fans eher berüchtigte – Anweisung ›Gib Gummi!‹ Das sonore Brummen großhubraumiger Zweiradmotoren pflegt jeweils Anfang September die Straßen im Großraum Faaker See zu dominieren. Anlass: das stets von Zehntausenden besuchte Harley-Treffen. Ungleich artiger und mondäner geht es jeweils Ende August beim traditionsreichen Auto-Blumencorso in Velden zu.

Und wer sich zwar für Motortechnik interessiert, aber den Urlaub in Kärnten ohne eigenes Steckenpferd, sprich: Gefährt, verbringen will oder muss, auf den/die warten zwei einschlägige Museen der Sonderklasse: in Gmünd im Liesertal das an der Entstehungsstätte des ersten Automobils dieses legendären Namens gegründete Porsche-Automuseum (vgl. S. 182) und in Villach ein reich bestücktes, auf die1950er Jahre spezialisiertes Oldtimermuseum (www.oldtimermuseum.at).

Komplex, beherbergt ein vornehmes Schlosshotel. Im Gemeindeamt findet sich ein liebevoll gestaltetes Museum, das sich mit der Karolingerzeit in Kärnten und der Geschichte des Moosburger Beckens beschäftigt.

Schloss Leonstain: 9210 Pörtschach, Leonstainstr. 1, Tel. 042 72/28 16, Fax 28 23, www.leonstein.at. Romantisch-gemütliche Luxusoase in über 500 Jahre altem Gemäuer, eigener Badestrand, Tenniscenter, preisgekröntes Feinschmecker-Restaurant, DZ ab 150 €.

Schlosshotel Moosburg: 9062 Moosburg, Schloss 1, Tel. 042 72/832 06, Fax 832 06-23, www.schloss-moosburg.at. Luxuriöse, äußerst stimmungsvolle Bleibe mit über 1000 Jahre alten Wurzeln, inmitten einer idyllischen Moor- und Teichlandschaft gelegen, modernster Komfort samt Wellnessbereich kombiniert mit gotischer Ritterromantik, feines Restaurant, DZ ab 150 €.

Werzer Resort: 9210 Pörtschach, Werzerpromenade 8, Tel. 042 72/22 31-0, Fax 22 31-113, www.werzers.at. Keimzelle des Wörthersee-Tourismus, seit 1423 Poststation, seit 1735 in Familienbesitz, zwei Gästehäuser direkt am See in 33 000 m² großem Naturpark, eigener Badestrand, Kinderbetreuung, DZ ab 134 €.

Strandhotel Habich: 9201 Krumpendorf, Walterskirchenweg 10, Tel. 042 29/26 07, Fax 26 07-76, www.habich.at. Tadelloses Mittelklasse-Quartier neben Naturschutzgebiet, direkt am See, eigener Badestrand, gute Infrastruktur für Hobbysportler (Tennisplätze, Hallenbad u. v. m.), DZ ab 82 €.

Pörtschacherhof: 9210 Pörtschach, Hauptstr. 161, Tel. 042 72/23 35, Fax 23 35-40, www.tiscover.com/poertschacherhof. Netter Familienbetrieb im Ortszentrum, Grünoase mit 4000 m² großem Garten, beheizbarem Pool, DZ ab 70 €.

Schiffwirt: Pörtschach, Klagenfurter Str. 172, Tel. 042 72/22 71, Di–Do 17–24, Fr–So 11–15, 17–24 Uhr, Juli/Aug. auch Mo, Okt.–Juni Mo u. Di Ruhetage. Erste Adresse am See für Fischspezialitäten, erstklassiger Weinkeller, gehoben.

Gasthof Joainig: Pörtschach, Kochwirtplatz 4, Tel. 042 72/23 19, 11.30–22 Uhr. Hier kocht Kärntens ›Wirtin des Jahres 2001‹ halb traditionelle Hausmannskost, halb mediterrane Küche, im Sommer Grill- und Schlemmerabende mit Kinderanimation, mittel.

Jerolitsch: Krumpendorf, Jerolitschstr. 43, Tel. 042 29/23 79, Mo–Fr 17–24, Sa 11–24, So 9–15 Uhr. Gestandener Gasthof auf halbem Weg von Klagenfurt nach Krumpendorf, eigene Landwirtschaft und Fischerei, gute Küche, Spezialität: fangfrischer Fisch, nette Zimmer, eigener Badestrand, mittel.

Krumpendorferhof: Krumpendorf, Hauptstr. 164, Tel. 042 29/23 01, Mi–Mo 11.30–14, 18–22 Uhr, Feb. geschl. Gasthof mit sehr guter bodenständiger Küche, in Frühjahr und Herbst werden auch kulinarisch-künstlerische Abendprogramme veranstaltet, günstig.

Lilo Kerzen: Moosburg, Gradenegg 17, Tel. 042 72/832 80. Aus Bienenwachs handgearbeitete Zierkerzen, mit alten Elfenbein-, Lebkuchen und Holzschnittmodeln gegossen.

Luna Bar: Pörtschach, Monte-Carlo-Platz 1, Tel. 06 99/101 000 11, Mitte Mai–Mitte Sept. 18–4 Uhr. Seit vielen Jahren der In-Treff für die nächtliche High Society schlechthin, schick, Drinks auf höchstem Niveau, teuer.

The Jilly Beach: Pörtschach, Alfredweg 5–7, c/o Seehotel Dr. Jilly, Tel. 06 64/201 46 41, Mai bis Ende Sept. tgl. 11–24 Uhr, März, April, Anfang Okt. Di–So tgl. 11–20 Uhr. Restaurant, Bar und Lounge mit mediterranem Flair direkt am Seeufer gelegen.

anna w: Pörtschach, Hauptstr. 218, Tel. 042 72/40 60, Anfang Mai–Ende Sept. tgl. 16–4 Uhr. Smarte Bar, coole Musik, gutes Essen.

Fabrik: Saag 10, Gde. Techelsberg, Tel. 06 64/440 00 45, Mitte Juni–Anf. Sept., Do–So ab 22 Uhr. Tanztempel der Extraklasse mit Club Bar-Lounge.

Karolinger Museum: Moosburg, Krumpendorfer Str. 1, Tel. 042 72/836 24, Mitte Juni–Mitte Sept., Mo–Sa 10–12, 15.30–18 Uhr, Eintritt frei.

Brahms Musiksommer mit Klavierwettbewerb: Ende Mai–Ende Sept. in Pörtschach (und Velden), Tel. 042 72/31 48.

Golfplatz Pörtschach-Moosburg: 9062 Moosburg, Golfstr. 2, Tel. 042 72/834 86, www.golfmoosburg.at. Wunderschön gelegene, längste 18-Loch-Anlage Kärntens, nur 3 km vom Wörthersee entfernt.

Sommerrodelbahn: in Moosburg, Kregab 1, 1. April–Ende Aug. tgl. 9–19, bis Mitte Sept. tgl. 10–18, bis Ende Okt. nur Fr–So 10–18 Uhr, Tel. 042 72/831 39.

Wörthersee-Kärnten-Card: der Sesam-öffne-dich zu unzähligen Attraktionen und Leistungen rund um den See, gratis zu jeder Zimmerbuchung bei einem Betrieb aus dem Wörthersee-Gastgeber-Katalog, Infos: Tel. 042 74/382 88.

Velden und Umgebung

Reiseatlas: S. 236, C 3

Zurück am See, passiert man westlich von Saag das **Schau-Kraftwerk Forstsee**, einen Villenbau der 1920er-

Bootssteg in Krumpendorf

Jahre, in dem die Kärntner Elektrizitäts-AG (kelag) über Eigenschaften und Erzeugung von Strom informiert (s. S. 85). Der zugehörige, 160 m höher gelegene Speichersee ist ein Naturjuwel und beliebter Badeplatz.

Ein Stück oberhalb, in **St. Martin am Techelsberg,** steht am Weg nach St. Bartlmä das 500 Jahre alte, sogenannte Tschahonig-Kreuz – der mit fast acht Metern größte Bildstock des Landes.

Zum unbestrittenen Lieblingsplatz der High Society, einer Open-Air-Bühne des kollektiven Sehens und Gesehenwerdes, hat sich seit den 1920er Jahren am Westende des Sees die Marktgemeinde **Velden** gemausert. Die malerische Bucht hatte schon 1590 Bartholomäus Khevenhüller, seines Zeichens Burggraf in Klagenfurt, zum Bau eines Lustschlosses animiert. Der viertürmige Renaissancekomplex lockte im 20. Jh., nunmehr in ein Luxushotel verwandelt, Weltprominenz in den Ort. 1990–92 diente er für drei Staffeln mit insgesamt 34 Folgen der TV-Erfolgsserie »Ein Schloss am Wörthersee« als vornehm-schönbrunngelbe Kulisse. Demnächst soll er nach Jahren der umbaubedingten Sperre als Fünf-Sterne-Hotel wieder zugänglich sein.

Den überwiegenden Teil seiner älteren Bausubstanz büßte der Ort 1881 bei einem Großbrand ein. Doch kein Schaden ohne Nutzen: Aus der Asche erwuchs ein moderner Kurort mit Hotels und Villen im vornehmen Stil des Fin de siècle. Die diesbezüglich interessantesten Ensembles, Hotel Kointsch, Hotel Carinthia und Mößlacherhaus, sind allesamt Werke Franz Baumgartners, des namhaftesten ›Wörthersee-Architekten‹, und stehen am Karawankenplatz.

Für Aktivsportler, Erholungssuchende und Nachteulen bietet Velden heute, was das Herz begehrt. Der Corso mit seinen schicken Boutiquen und Lokalen verströmt Italianità pur. Dreimal pro Woche lädt im Sommer die ›Klangwelle‹, eine abendliche Show aus Wasser, Musik und Laserlicht, zum kostenfreien Augen- und Ohrenschmaus. Und auch im Casino und in den angrenzenden Szenetreffs wogen Nacht für Nacht Fun und Highlife. Wer jedoch die Stille – und obendrein ein prachtvolles Panorama – sucht, wandere entlang der Köstenberger Straße hinauf zur Veldner Kanzel. Als romantische Wanderziele warten in der Nähe von Kranzlhofen der Saissersee sowie der Teufelsgraben.

Ein lohnender längerer Ausflug führt westlich von Velden 4 km weit zu dem hoch über dem Tal ›schwebenden‹ Weiler **Sternberg**. Was die kurvige Anfahrt lohnt? Erstens der grandiose Rundblick und zweitens das Wehrkirchlein mit seinen spätmittelalterlichen Fresken. Ein Stück weiter, schon recht nahe an Villach, thront über einem Altarm der Drau **Schloss Wernberg**. Die prachtvolle Renaissanceanlage wurde im frühen 13. Jh. von den Spanheimern erbaut und erhielt ihre heutige Form 300 Jahre später durch den Bauherrn von Burg Hochosterwitz, Georg Khevenhüller (s. S. 124). Seit 1935 wird sie von den Missionsschwestern vom Kostbaren Blut als Kloster und Fremdenpension geführt. Besonders sehenswert: die barocke Kirche mit Deckenfresken von J. F. Fromiller (Klosterführungen nach Voranmeldung, s. u.).

Wörthersee Tourismus GmbH: 9220 Velden, Villacher Straße 19, Tel. 042 74/382 88, Fax 382 88-19, www.woerthersee.com.

Carinthia: 9220 Velden, Karawankenplatz 3, Tel. 042 74/21 71, Fax 217 11, www.carinthia-hotel.com. Luxuriöses Ambiente zu erschwinglichen Preisen, denkmalgeschütztes Juwel der Wörthersee-Architektur, zentral gelegen, sehr persönlich geführt, kostenlose Benutzung des nahen Strandbades, DZ ab 144 €.

Villa Bulfon: 9220 Velden, Seepromenade 1, Tel. 042 74/26 14, Fax 26 33 13, www.villabulfon.at. Gediegenes Strandhotel in Landsitz aus dem 16. Jh., Ruheoase im turbulenten Ortskern mit großzügiger Strandanlage, DZ ab 200 €.

Strandhotel Leopold: 9220 Velden, Seecorso 18–24, Tel. 042 74/26 32, Fax 042 74/22 69, www.strandhotel-leopold.at. Schönes, inmitten der Veldener Bucht gelegenes Haus mit hoteleigenem Strandbad, Badekabine und Sonnenschirm inkl., DZ ab 102 €.

Pension Schloss Wernberg: 9241 Wernberg, Tel. 042 52/22 16, Fax 22 16-119, www.klosterwernberg.at. Preiswert und komfortabel Wohnen in klösterlichem und zugleich feudalem Ambiente, nette Führung, gutes Essen, EZ ab 36,50 €, pro Person Vollpension im DZ ab 29,50 €.

Carame: Velden, Am Corso 10, Casinoplatz, Tel. 042 74/30 00, Di–So 18.30–22Uhr, www.carame.at. Eines der Top-Restaurants in Kärnten, von Gault-Millau mit zwei Hauben prämiert.

Aqua: Velden, Am Seecorso 3, Tel. 042 74/51 771, tgl. 9–23.30, Hochsaison ab 6.30 Uhr. Ultraschicke Kombination aus Bar, Bistro und Trattoria, feine Salate, Paste, Antipasti, Eis, großzügige Terrasse als viel begehrter ›Logenplatz‹ während der Klangwelle-Show (s. S. 85), gehoben.

Pavillon: Velden, Seecorso 8, Tel. 042 74/51 109, Mai–Sept. tgl. 11–22 Uhr. Turbulenter Society-Treff mit Live-Schlagermusik und guter Küche, Open-Air-Areal mit mediterranem Flair, mittel bis gehoben.

Wörthersee-Filmtour

In den letzten 50 Jahren haben Uschi Glas, Roy Black, Thomas Gottschalk & Co. rund um den Wörthersee deutsche Filmgeschichte geschrieben. Auf den Spuren der Leinwandstars kann man im Rahmen von zweistündigen **Filmtouren** wandeln. Sie führen per Schiff zu den Originaldrehorten der bekanntesten Streifen, von denen man unterwegs Ausschnitte gezeigt bekommt (Infos: Tel. 042 74/382 88).

Landhaus Kutsche: Velden, Göriacher Str. 2, Tel. 042 74/29 46, 17.30–22.30, So, feiertags auch 11.30–14 Uhr, Mai–Sept. Mi Ruhetag, Jan./Feb. geschl. Gutbürgerlich essen, große Portionen, vernünftige Preise, mittel.
Goritschnigg: Velden, Seecorso 6, Tel. 042 74/24 75, Mai–Sept. tgl. mittags und abends. Zeitgemäßes Selbstbedienungsrestaurant mit modernem Design und exzellentem Speisenangebot, tagsüber Wurstsalon, abends Steakhaus, mittel.
Café-Bistro Ampère: im Schau-Kraftwerk Forstsee, Nordruferstraße, ca. auf halbem Weg zwischen Saag und Velden, Anfang Mai–Ende Sept. tgl. 10–18 Uhr, Mai und Sept. Mo Ruhetag, günstig.

Klosterladen Wernberg: g'schmackige, gesunde Bauernprodukte, vom knusprigen Brot bis zum Kräuterlikör.

Casino Velden: Hotspot des Highlife – für Glücksritter und Hedonisten. Spielsäle tgl. ab 15, Automatenspiel in der Saison ab 12 Uhr, Tel. 042 74/20 64, mit Bar (tgl. 17–1 Uhr), Außenbar (sommers bei Schönwetter tgl. 18–1 Uhr) und Seearena samt Tanzterrasse, Juli/Aug. tgl. wochentags 19–23, Sa, So zusätzl. 16–18 Uhr (nur bei Schönwetter), gehoben.
Do & Ga: Velden, Am Korso 27, April–Okt. Mi–Mo, 13–3, bei schlechtem Wetter ab 19 Uhr, Gratis-Internet, WLAN- und Skype-Zugang, jeweils 19–20 Uhr Happy hour.
Vinothek: Velden, Europaplatz 4, Mai bis Mitte Sept. tgl. 20–2 Uhr. Gute Drinks, nett sitzen an der Straße – ideal zum ›Leute-Gucken‹.
Monkey Circus: Velden, Bahnhofstr. 1, April–Sept. tgl. 17–2 Uhr. Tolle Showbar mit über 300 Cocktails auf der Karte.
Moro-Café-Eis-Pizzeria: Velden, Am Corso 17. ›Großbetrieb‹ mit schnödem Ambiente (Plastikstühle), aber vorzüglichem Eis.

Schau-Kraftwerk Forstsee: Anfang Mai–Ende Sept. tgl. 10–18 Uhr, Mai und Sept. Mo geschl., Führungen nach Voranmeldung, Tel. 04 63/525 14 26, Eintritt frei.

Klangwelle: Mitte Mai–Mitte Sept. jeden Mi, Fr, So in der Veldener Bucht, Eintritt frei, www.klangwelle.at.
Autocorso in Velden: Ende Aug., Infos: Tel. 042 74/382 88.

Golfplatz Velden-Köstenberg: 9231 Köstenberg, Golfweg 41, Tel. 042 74/70 45, www.golfktn.at (18 Loch).

Wörthersee-Schifffahrt: An Bord moderner Linienschiffe oder – im Rahmen von Nostalgie-Sonderfahrten – des Dampfschiff-Oldies Thalia zwischen Klagenfurt und Velden schippern (zahlreiche Anlegestellen). Infos: Anlegestelle Klagenfurt-See, Friedelstrand 3, Tel. 04 63/211 55, www.stw.at.

Reiseatlas: S. 236/237

Wie ist/wird das Wetter? Was ist am See los? Wo gibt's noch kurzfristig Zimmer? Aktuelle Antworten liefert die Website **www.woertherseewetter.com.**

Südufer

Reiseatlas: S. 236/237, C/D 3
Das durch Steilhänge, Sümpfe und die geringere Anzahl an Sonnenstunden anfänglich in seiner Entwicklung als Urlaubsregion benachteiligte Südufer präsentiert sich bis heute merklich beschaulicher. Seine touristische Infrastruktur ist gleichwohl tadellos und sehr dicht. Beginnen wir ganz im Osten: Dort führt vom Parkplatz des viel frequentierten Strandbads **Maiernigg** ein idyllischer Waldweg gut zehn Minuten hinauf zum **Gustav-Mahler-Komponierhäuschen.** Der berühmte Komponist und Direktor der Wiener Hofoper hatte es sich 1900 in Ergänzung zu seinem eleganten Feriendomizil unten am See, der Villa Siegel, mitten im Wald errichten lassen. Das schlichte Refugium, in dem er in den folgenden sieben Jahren, von der unberührten Natur inspiriert, die Symphonien vier bis acht, die Rückert- und die Kindertotenlieder schuf, ist heute ein Museum, das über Mahlers Leben und Werk informiert (1. Mai–31. Okt. tgl. 10–16 Uhr, Tel. 05 37/56 32 oder 55 87, www.gustav-mahler.at).

Die Süduferstraße führt zunächst nach **Sekirn,** das der deutsche ›Kaufhauskönig‹ Helmut Horten schon in den 1950er Jahren zu seiner sommerlichen Wahlheimat erkoren hat. Im Hinterland des bäuerlich geprägten Badeortes, in dem die weltberühmten Wiener Sängerknaben ihre Ferien zu verbringen pflegen, liegen die **Spintikteiche,** ein ob seiner seltenen Vegetation von (Hobby-)Botanikern geschätztes Naturschutzgebiet.

Reifnitz, der deutlich größere und sportivere Nachbarort, gerät jeweils Ende Mai/Anfang Juni regelmäßig als Veranstaltungsort des Golf-GTI-Treffens in die Schlagzeilen, wenn abertausende Fans des Wolfsburger Prestigegefährts

Blick von Pörtschach auf Maria Wörth

ihre aufgemotzten vierrädrigen Lieblinge in der Gegend spazieren führen. Kunstfreunde werden hoch über dem Ort fündig: Dort steht inmitten der Mauerreste einer karolingischen Burg ein reizendes, spätgotisches Margarethen-Kirchlein. Etwas weiter südlich findet sich mitten im Wald ein riesiger Opferstein aus heidnischer Zeit. Sehenswert ist auch, näher am See zwischen alten Linden, das Wallfahrtskirchlein St. Anna. Unten am Wasser überragt das ›Schloss‹ Reifnitz, ein typisch historistischer Bau des späten 19. Jh., das Westende der Bucht.

Maria Wörth

Die kunst- und kulturhistorische Hauptattraktion des Südufers bildet der kleine Wallfahrtsort **Maria Wörth.** Sein alter Kern, ein paar Häuser nur, liegt auf einer felsigen Halbinsel, die bis 1770 eine Insel war, als durch den künstlichen Abfluss der Glanfurt der Wasserspiegel gesenkt wurde. Auf ihrem höchsten Punkt hatte ein bayerischer Bischof namens Waldo von Freising bereits um 890 eine Kirche erbauen und in deren Krypta die eigens aus Rom hierher überführten Reliquien der

Reiseatlas: S. 236/237

Märtyrerbrüder Primus und Felician beisetzen lassen. Rasch entwickelte sich der Ort zu einem Zentrum der Verehrung und der Slawenmission und gleichzeitig zu einem wirtschaftlichen Mittelpunkt der ausgedehnten Ländereien, die das Erzbistum Freising in Kärnten besaß. Seine Blüte endete Anfang des 16. Jh., als der St.-Georgs-Ritterorden in Millstatt den Ort von den Freisingern übernahm. Seine Anmut und sein besonderes Fluidum hat er sich dem rundum boomenden Tourismus zum Trotz bewahrt. Von dem Friedhof mit seinen schmiedeeisernen Grabkreuzen führt eine schindelgedeckte Treppe hinauf zu der zweischiffigen ehemaligen Propstei- und heutigen Pfarrkirche. Speziell beachtenswert sind im Innern des überwiegend gotischen Baus die romanische Krypta sowie die um 1460 geschnitzte Madonna mit Kind. Die ein Stück westlich und etwas tiefer gelegene Winterkirche wurde bereits 1155 geweiht. Sie birgt zwei besondere Kostbarkeiten: im Chor ein kleines, mit 1420/30 datiertes Glasgemälde einer »Maria mit Kind« und einen bedeutsamen frühmittelalterlichen Freskenzyklus, bestehend aus Christus mit den zwölf Aposteln (im Chor) und diversen Heiligenfiguren (an der Nordwand).

Dellach, der nächste Uferort, darf sich eines der schönsten 18-Loch-Golfplätze des Landes rühmen. Die Nachbargemeinde **Schiefling,** eine klassische Sommerfrische, besitzt auf dem Kathreinkogel eine wichtige archäologische Stätte, an der u. a. Siedlungsreste aus der Bronzezeit, ein römisches Kastell und eine frühchristliche Saalkirche frei gelegt wurden (nur zu Fuß in ca. 1/2 Std. erreichbar, Grabungsmuseum Mitte Mai–Mitte Okt. tgl. außer bei Regen 10–16 Uhr). Im Ortsteil Auen nahe dem See besaß der Zwölfton-Komponist Alban Berg einen Sommersitz, an dem u. a. die Oper »Lulu« und das Violinkonzert entstanden (z. Zt. keine Besichtigung möglich).

Das Seenland aus der Vogelperspektive

Von Keutschach führt ein 5 km langes, recht kurviges Sträßchen auf den **Pyramidenkogel** (851 m). Von dem 54 m hohen, per Lift erklimmbaren Aussichtsturm liegt einem halb Kärnten mit seinen Seen, vom Dobratsch bis zur Kor- und Saualpe, von den Karawanken bis zu den Gurktaler Alpen, zu Füßen (1. April–31. Okt., April und Okt. 10–18, Mai und Sept. 9–19, Juni 9–20, Juli/Aug. 9–21 Uhr, Mai–Sept. kostenlose Panoramaführung und Fernrohre, Tel. 042 73/24 43, www.pyramidenkogel.info).

aenea: Sekirn/Reifnitz, Süduferstr. 86, Tel. 042 73/262 20, Fax 262 20-20, www.aenea.at. Im Sommer 2003 eröffnetes, extravagantes Designerhotel, 15 Suiten, mit allen Raffinessen ausgestattet, tolles Restaurant, pro Suite in der Haupt-/Nebensaison 500/300 €.

Wörth: 9082 Maria Wörth, Seepromenade 12, Tel. 042 73/22 76, Fax 22 76-57, www.hotelwoerth.com. Gediegenes Vier-Sterne-Haus vor grandioser Kulisse der Halbinsel Maria Wörth, mit direktem Seezugang und exzellentem Restaurant. DZ ab 100 €.

Seehof: 9082 Maria Wörth, Kirchenweg 1, Tel./Fax 042 73/22 86. Historische Villa inmitten schönem Garten, zentral, ruhig, gemütlich-stilvolle Aufenthaltsräume, großer eigener Badestrand, DZ ab 78 €.

Primushaus: Maria Wörth, Lindenplatz 1, Tel. 042 73/25 00, ganzjährig tgl. 10–19 Uhr, www.primushaus.at. Nettes, zentralgelegenes Haus mit guter einheimischer und italienischer Kost, hervorragendes Eis aus eigener Produktion.

Trattnig: Schiefling, Goritschach 1, Tel. 042 74/500 01, Mitte Mai bis Ende Sept. tgl. 11.30–14.30, 17.30–20.30 Uhr. Landgasthof als Ruheoase an einem Waldsee, 10 Min. zu Fuß von Dellach, mittags und abends große Karte mit Spezialitäten vom Holzkohlengrill, zwischendurch Schmankerln für Ausflügler, günstig–mittel.

Sille: Reifnitz, Wörthersee-Südufer Str. 108, Tel. 042 73/22 37, Ende März–Ende Okt. tgl. 11–22 Uhr. Köstliche Konditorei direkt am See, angeschlossen: gleichnamiges, ausgezeichnetes Restaurant und Vier-Sterne-Strandhotel.

Keutschacher Seental

Reiseatlas: S. 237, D 3

Von Scheifling bis zu den südlichen Außenbezirken von Klagenfurt erstreckt sich, vom Wörthersee durch einen bewaldeten Höhenrücken getrennt, das **Keutschacher Seental.** Drei seiner vier unter Naturschutz stehenden Seen, nämlich der Hafner-, der Rauschele- und der Keutschacher See, zählen zu den wärmsten Gewässern des Landes und sind dementsprechend beliebte Badereviere. In Letzterem, dem mit Abstand größten der drei, dessen Südufer übrigens das landesweit großflächigste FKK-Gelände umfasst, hat man Reste eines prähistorischen Pfahlbaudorfes gefunden. Sie beweisen, dass diese fruchtbare und landschaftlich reizvolle Talfurche bereits in der frühen Bronzezeit besiedelt war. In **Keutschach**, dem Hauptort, zeugt das ›Alte‹ Schloss von der einstigen Macht der hiesigen Adelsfamilie. Das benachbarte ›Neue‹ Schloss, ein imposanter, viergeschossiger kubischer Bau, beherbergt Gemeindeamt und Tourismusbüro.

Viktring

Weiter östlich, fast schon im Einzugsbereich der Landeshauptstadt, steht das ehemalige **Zisterzienserkloster Viktring**. 1142 von Bernhard von Spanheim gegründet und 1786 von Joseph II. aufgehoben, leistete es für die Region kulturelle Pionierarbeit. Seine Kirche, deren Langhaus freilich im 19. Jh. wegen angeblicher Baufälligkeit zur Hälfte abgerissen wurde, gilt als einziger östlich des Rheins erhaltener romanischer Sakralbau im burgundischen Stil. Zu den besonderen Schätzen des streng-monumentalen Innenraums zählen die drei herrlichen, von dem 16 m hohen, frühbarocken Hochaltar in ihrer Wirkung leider ziemlich eingeschränkten Glasfenster aus der Zeit vor 1400 und die erst in jüngster Zeit wieder entdeckten gotischen Malereien an der Decke der Bernhardkapelle. Der gewaltige Klosterkomplex mit seinen zwei Arkadenhöfen, der überwiegend aus dem frühen 18. Jh.

stammt und als großzügigste Barockanlage ganz Kärntens gilt, beherbergt ein Musikgymnasium.

4-Seental Keutschach Information: 9074 Keutschach 1, Tel. 042 73/245 00 o. 08 10/97 70 81, www.keutschach.at.

Familienparadies Reichenhauser: 9074 Keutschach, Rauschelesee 3, Tel. 042 73/23 25, www.familienparadies-reichenhauser.at. 3-Sterne-Kinderhotel mit professioneller Kinderbetreuung und 10 000 m² großer Erlebnisspielstätte ›Zauberwald‹, DZ mit Vollpension ab 130 €.
Hotel Gabriel: 9074 Keutschach, Am See 15, Tel. 042 73/24 41-0, www.hotelgabriel.at. Symapthisches Drei-Sterne-Haus mit eigenem Seebad, DZ ab 76 €.

Höhenwirt: Keutschach, Höhe 4, Tel. 042 73/23 28, tgl. warme Küche 12–15, 17.30–21.30 Uhr. Nobles Landgasthaus nahe dem Pyramidenkogel, mittel–gehoben.
Osttiroler Botschaft: Keutschach 6, Tel. 06 64/595 10 63, geöffnet tgl. 6.30–ca. 22 Uhr. In diesem gemütlichen Familienbetrieb wird gute Hausmannskost geboten.

Musikforum Viktring: Stift-Viktringer-Str. 25, Tel. 04 63/28 22 41, Fax 28 16 26, www.musikforum.at. Konzerte und Sommerkurse in Klassik und Jazz, Ende Juni–Ende Juli, Infos und Vorverkauf Mo–Fr 8–13 Uhr.

Zauberwald Rauschelesee: in Reauz 3, c/o Familienparadies Reichenhauser, Tel. 042 73/23 25. Kinderabenteuer par excellence im Reich der Waldgeister, Hexen und Bergwerkszwerge.

Kapelle in Maria Wörth

VILLACH

Die von der Drau durchflossene, zweitgrößte Stadt des Landes liegt im Herzen einer mit zahlreichen Badeseen, Aussichtsbergen und Thermalquellen gesegneten Urlaubsregion. Die Nähe zu Italien und der sprichwörtliche Frohsinn ihrer Bevölkerung bescheren ihr ein fast schon mediterranes Klima und Flair. Die lebendige Altstadt lädt mit malerischen Gässchen und Plätzen zum Bummeln.

Villach

Reiseatlas: S. 236, B 3
Villach stellt dank seiner verkehrsgünstigen Lage am Draüubergang seit alters einen Knotenpunkt für die Fernwege zwischen Ober- und Unterkärnten, Süddeutschland, dem Wiener und dem adriatischen Raum dar. Von seinen gegenwärtig rund 57 000 Bewohnern gerne als Kärntens ›heimliche Hauptstadt‹ bezeichnet und alljährlich im Fasching zur ›Narrenhochburg‹ erhoben, bildet es heute einen überaus dynamischen Wirtschaftsstandort. Sein Kern präsentiert sich trotz der im Zweiten Weltkrieg erlittenen Bombenschäden als charmante Flanier- und Shoppingzone. Und als urbaner Ankerplatz, von dem aus sich die landschaftlich ungemein vielfältige Umgebung bequem erkunden lässt.

Geschichte

Auf der hochwasserfreien Terrasse westlich der Mündung der Gail in die Drau siedelten schon in vorchristlicher Zeit die Kelten. Die Römer schufen an der handelsstrategisch bedeutsamen Stelle eine Straßenstation namens Santicum und vermutlich auch schon einen ersten festen Flussübergang. *Pons,* das lateinische Wort für Brücke, taucht denn auch bei der frühesten urkundlichen Erwähnung des Ortes im Jahr 878 *(pons Uillah)* auf. Nachdem schon Karl der Große die Drau als Diözesangrenze zwischen dem Erzbistum Salzburg und dem Patriarchat Aquileia festgelegt hatte (811), belehnte Kaiser Otto II. 976 Kärntens Herzog Heinrich I. mit dem Königshof Fillac. Um 1007 gliederte Kaiser Heinrich II. den Ort samt zugehörigen Ländereien dem von ihm gegründeten Bistum Bamberg an. Dessen Bischöfe beherrschten fortan über ein Dreivierteljahrtausend lang das Gebiet, das sie schließlich 1759 an den habsburgischen Staat verkauften. In der ersten Hälfte des 13. Jh. zur Stadt erhoben und mit einer Mauer bewehrt, widerfuhr Villach 1348 eine Naturkatastrophe beispiellosen Ausmaßes: ein Erdbeben, bei dem mehrere tausend Einwohner den Tod fanden und ein Großteil der Bausubstanz zerstört wurde. Dennoch und trotz weiterer Heimsuchungen durch diverse Kriege, Brände, Überschwemmungen, Epidemien und neuerliche Erdbeben erlebte die Stadt im späten 15. und 16. Jh. dank Handel und Bergbau (Blei, Silber und Gold) eine Blüte. Maler wie Friedrich und später Thomas von Villach, aber auch Meister der Schnitzkunst machten sie außerdem zu einem stilbildenden Kunstzentrum der Gotik.

Ab etwa 1600 erlitt Villach als ein Brennpunkt des Protestantismus im Zuge der Gegenformation einen dramatischen Aderlass an Kapital und Know-how und in der Folge einen dauerhaften wirtschaftlichen Niedergang. Erneut bergauf ging es – nach einem Intermezzo als Bestandtteil der von Napoleon kreierten Illyrischen Provinzen (1809–13) – erst in der zweiten Hälfte des 19. Jh. durch die Funktion als zentraler Verkehrsknotenpunkt im Bahnnetz zwischen Wien, Laibach, Triest und Salzburg. Diese Rolle (und jene als Nachschubstation für die italienische Front) bescherte ihr im Zweiten Weltkrieg freilich das Schicksal der nach Wiener Neustadt am heftigsten bombardierten Stadt in Österreich.

Heute präsentiert sich die ›Alpe-Adria-Stadt‹ an der Drau, die aufgrund weitreichender Eingemeindungen in den 1970er Jahren 130 km² umfasst, als florierende und außerordentlich finanzkräftige Einkaufs- und Industriestadt. Ihr Branchenschwerpunkt liegt – u. a. dank einem riesigen Werk des Chipherstellers Infineon sowie einer einschlägigen Fachhochschule – im zukunftsträchtigen Bereich der Mikroelektronik.

Stadtrundgang

Unbestritten als Mittelpunkt des am rechten Ufer einer Drauschleife gelegenen Stadtkerns fungiert seit je der **Hauptplatz.** Vor über 800 Jahren angelegt und seit etlichen Jahren schon ausschließlich Fußgängern vorbehalten, bildet er mit seinen zahlreichen Läden und (Freiluft)Cafés heute mehr denn je den Brennpunkt des städtischen Lebens und alljährlich Ende Juli/Anfang August eine Woche lang die Kulisse für den weit über die Landesgrenzen berühmten Villacher Kirchtag (s. S. 97). Das lang gestreckte, vom Flussufer weg leicht ansteigende Geviert ist von stattlichen, im Kern vielfach noch mittelalterlichen Bürgerhäusern gesäumt. Links und rechts führen enge, teils überbaute, teils durch Schwibbögen gestützte Gässchen zu Innenhöfen und auf Plätze, die in ihrer Gesamtheit der Altstadt ein heimeliges Gepräge verleihen.

Markantestes Gebäude auf dem Hauptplatz ist an der Westseite (Nr. 26) das kurz nach 1500 errichtete, ehemals Khevenhüller'sche Stadtpalais, das heutige Vier-Sterne-Romantikhotel Post. Hinter der wunderschönen Renaissancefassade logierte 1552 sieben Wochen lang, auf der Flucht vor seinem protestantischem Widersacher Moritz von Sachsen, kein Geringerer als Kaiser Karl V. Im schön renovierten

Fußgängermeile mit St. Jakob im Hintergrund

Arkadenhof des Hauses Nr. 18 erinnern zwei Bildnismedaillons daran, dass von 1502 bis 1534 in Villach ein gewisser Wilhelm Bombast von Hohenheim als Stadtarzt amtiert und dessen Sohn Philippus Aureolus Theophrastus, besser bekannt als Paracelsus, hier seine prägenden Jugendjahre verlebt und auch erste wegweisende Werke verfasst hat. In der Mitte des Platzes ragt eine Dreifaltigkeitssäule (1606) empor, die man im Nachhinein zum Gedenken an eine Pestepidemie mit Statuen der Heiligen Maria, Florian und Rochus versehen hat; an seinem unteren Ende steht die Kopie eines Prangersteins, einem höchst seltenen Rechtsdenkmal, das mittels Bildreliefs auf ebenso anschauliche wie drastische Weise vor den anno dazumal gängigen Strafen wie Handabschlagen, Ohrabschneiden oder Augenausstechen warnt.

Wandert man von hier nach rechts durch die Gerbergasse, gelangt man nach 200 m links auf die **Fußgängerbrücke** über die Drau. Von ihrem Scheitel schweift der Blick über weite Teile der Stadt. Richtung Norden erstreckt sich die **Neustadt** mit der Nikolaikirche und dem Hauptbahnhof; im Vordergrund: der knallrote Kubus des Congress-Centers, in dem u. a. die großen Faschingssitzungen, aber auch die Orchesterkonzerte des Carinthischen Sommers stattfinden; dahinter: der Komplex der Villacher Brauerei, der größten des Landes; und davor, direkt am Fluss: die so genannten Drau-Bermen – seit der Uferregulierung Anfang der 1980er Jahre ein viel frequentiertes Revier der Skater und Radler. Flussabwärts, zur Rechten, verläuft die Draulände, wo einst die Gerber ihrem nasenstrapazierenden Gewerbe nachgingen. Und ein Stück weiter, nahe der Kriegsbrücke, prägt die Pfarr- und Wallfahrtskirche Zum Heiligen Kreuz mit ihrer Kuppel und den beiden rosafarbenen Zwiebeltürmen die Stadtsilhouette – eines von Kärntens ganz wenigen rein barocken Gotteshäusern, dessen Innenausstattung freilich schon eindeutig dem Rokoko zuzuordnen ist.

Zurück am Unteren Ende des Hauptplatzes, führt der Weg nun links durch die **Lederergasse.** Die alte Zunftgasse gilt mit ihren vielen Bars und Beisln als Szenemeile. Am ersten Haus rechts (Nr. 12) zeigt eine Hochwassermarke, wie wild sich die Drau vor ihrer Zähmung immer wieder durch die Stadt zu wälzen pflegte. Im Westen, wo sich die Gasse zum Fluss hin weitet, befand sich einst der befestigte Urkern der Stadt und ein Tor, durch das noch im 19. Jh. die Stadtbewohner ihr Vieh zum Tränken trieben. In der hochmodernen, verglasten **Markthalle** bietet jeden Mittwoch und samstags vormittags die Bauernschaft aus dem Umland ihren frische Ware feil.

Ein paar Schritte weiter westlich erhebt sich die **Burg,** der einstige Sitz der bambergischen Vizedome. Der dreigeschossige, schlichte Bau wurde Anfang des 13. Jh. errichtet, gut 300 Jahre später zu seiner heutigen Form ausgebaut und in den letzten Jahren zu Wohnzwecken aufwendig adaptiert. Sehenswert ist die kleine Kapelle. Auf dem Rückweg Richtung Stadtmitte passiert man in der Widmanngasse die Musikschule, ein schönes Patrizierhaus aus dem späten 16. Jh., und ein wenig weiter das **Stadtmuseum** (Nr. 38). Dieses birgt eine archäologische Schausammlung mit jungstein-, bronze- und römerzeitlichen Siedlungsfunden, ferner hochkarätige Beispiele gotischer Tafelmalerei, das Original des zuvor erwähnten Prangersteins sowie viele weitere Objekte zur Kulturgeschichte und Heimatkunde des Villacher Raumes. An der Grundstück-Hinterseite hat man neben einem noch erhaltenen Stadtturm Reste der einstigen Wehrmauer wieder aufgebaut (Mitte April–Ende Okt. tgl. außer feiertags 10–16.30 Uhr).

Villachs buchstäblich herausragendstes Baudenkmal ist die dem hl. Jakob geweihte **Hauptpfarrkirche.** Sie wurde anstelle des 1348 beim Erdbeben zerstörten Vorgängerbaus als typisch spätgotische Hallenkirche errichtet und war 1526 Österreichs erstes protestantisches Gotteshaus. Ihr Turm, mit 94 m der höchste im Land, war bis ins 17. Jh. ein frei stehender Campanile (ein Hinweis auf die einstige Zugehörigkeit zu Aquileia) und ist begehbar (s. u.).

Im Inneren wartet sie unter reichem Rippengewölbe mit hochkarätigen Ausstattungsstücken auf: einem überlebensgroßen Christophorus-Bild zum Beispiel (an der Chorwand), der Grabkapelle der Familie Khevenhüller, etlichen fein gearbeiteten Epitaphen und Grabplatten oder einer ungewöhnlichen Renaissancekanzel, aus deren Schaft der Stammbaum Jesse wächst.

Ein Abstecher zum Rathaus offenbart, vor dem schönen Renaissanceportal des Vorgängerbaus, eine originelle Installation des zeitgenössischen Kärntner Künstlers Cornelius Kolig – das allen Frischvermählten gewidmete, so genannte Rosenbeet. Und im Schillerpark, wenige Gehminuten südlich, harrt Europas größte Geoplastik unter Dach, ein 182 m² großes **Relief von Kärnten** im Maßstab 1:10 000, ›der Betrachter‹ (Mai–Okt. Mo–Sa 10–16.30 Uhr).

Villach – Warmbad – Faaker See – Ossiacher See Tourismus GmbH: 9523 Villach-Landskron, Töbringer Str. 1, Tel. 042 42/420 00, Fax 420 00-42, www.da-lacht-das-herz.at.

Tourismusinformation Villach-Stadt: 9500 Villach, Rathausplatz 1, Tel. 042 42/205 29 00, Fax 205-29 99, www.villach.at.

Romantik-Hotel Post: 9500 Villach, Hauptplatz 26, Tel. 042 42/261 01-0, Fax 261 01-420, www.romantik-hotel.com. Gediegen absteigen, wo schon seit 500 Jahren Kaiser und Könige logierten, stilvolle Einrichtung, sehr gutes Restaurant Orangerie (auch im schönen Innenhof), DZ ab 130 €.

Goldenes Lamm: 9500 Villach, Hauptplatz 1, Tel. 042 42/241 05. Gutbürgerliches Hotel am Beginn der Fußgängerzone, gebührenfreier Hof-Parkplatz, Wienerwald Restaurant im Haus, DZ ab 94 €.

Seepension Smoley: 9524 St. Magdalen, Peter-Melcher-Str. 15, Tel. 042 42/422 66, Fax 422 66-4, www.tiscover.at/smoley. Sympathische Pension, 5 Autominuten vom Stadtzentrum, Ruhelage direkt am Badesee, eigenes Boot, Autobahnabfahrt Wernberg, DZ ab 48 €.

Pasta Bistro: Kaiser-Josef-Platz 7, Tel. 042 42/21 47 97, Mo–Fr 11–24, Sa 17–24 Uhr, feiertags geschl. 120 Pas-

Villacher Fasching

tavariationen, exzellente Süßwasser- und Meeresfische, Vinothek mit über 500 Weinsorten, netter Gastgarten, mittel–gehoben.

Kaufmann & Kaufmann: Dietrichsteing. 5, Tel. 042 42/258 71, Di–Sa 11.30–14, 18–ca. 24 Uhr. Klassisch-mediterrane bis modern-österreichische Küche in gemütlich-elegantem Landhaus-Ambiente, gutes Wein- und Spirituosensortiment, Reservierung empfohlen, mittel–gehoben.

Trastevere: Widmanng. 30, Tel. 042 42/21 56 65, tgl. 11.30–23 Uhr. Exzellente Trattoria/Pizzeria in historischem Gemäuer, schöner Innenhof, mittel.

Josef: Treffner Str. 100, Tel. 042 42/278 33, Mo, Di 8–24, Mi 8–1, Do–Sa 8–2, So 8–22 Uhr. Bierig-uriges Wirtshaus am nördlichen Stadtrand mit bodenständiger Küche; angeschlossen: Tanzbar Angel, Mi–Sa 21–4 Uhr, günstig–mittel.

Café Bernhold: Nikolaiplatz 2, Tel. 042 42/254 42, Mo–Sa 7.30–20, So 9.30–20, winters nur bis 19 Uhr. Hausgemachte Mehlspeisen (Faschingskrapfen!), Eisschleckereien, schöner Gastgarten am Fluss.

Park-Café: Moritschstr. 2, Tel. 042 42/277 70, Mo–Sa 7–24, So 8–23 Uhr. Gepflegter In-Treff im altehrwürdigen, neu renovierten Parkhotel.

Kärntner Heimatwerk: Widmanng. 32–36. Tel. 04242/24365, www.kaerntnerheimatwerk.at Filialen auch in Klagenfurt (Herreng. 2), Spittal (Tiroler Str. 4) und Wolfsberg (Joh.-Offner-Str. 21). Volkskunst und Kunsthandwerk in hoher Qualität – von Schnitzwerk und Hinterglasmalerei bis zu Trachten, Stoffen und Schmuck.

Kärnten Karo: Freihausg. 12. Trendige Mode von Thomas Rettl für sie und ihn. Als Besonderheit: schottische Kilts. Kilts und Fräcke werden auch für spezielle Anlässe verliehen.

Alois Hechl: Ankerhofeng. 4, Tel. 06 76/728 59 40, www.hechlglas.com, Mo–Sa 10–12, Mi–Fr 15–18 Uhr. Zeitgenössische Glasbläserkunst, phantasiereich und witzig, Führungen in der Werkstatt im Nachbarort St. Magdalen nach Voranmeldung.

Liebe Dinge: Ankershofeng. (Zugang von Hauptplatz 11). Originelle Trachtenmode Marke Ortrud Rainer u. a.

Samonig: Samonig-Eck/Widmanng. Traditionsreiches Textilkaufhaus mit äußerst persönlicher Betreuung.

Thalia: Hauptplatz 4. Eine der besten Adressen für Leseratten.

Galerie Unart: Kaiser-Josef-Platz 3, Mo, Do, Fr 10–12.30, 15–18, Sa 10 bis 12.30 Uhr. Internationale zeitgenössische Kunst.

Wochenmarkt: Burgplatz. Markthalle, ganzjährig jeweils Mi und Sa vormittags.

Bio-Bauernmarkt: Hans-Gasser-Platz, ganzjährig Fr ab 11 Uhr.

Perdu: Rathausplatz 1, Mo–Sa 8.30–2, So 18–2 Uhr. Party-Lokal ›zum Gasgeben‹, tolle Stimmungsmusik, Tanzen möglich, kleine Imbisse, mittel bis gehoben.

29: Udo-Jürgens-Platz, Mo–Do 17–2, Fr, Sa 17–4 Uhr. Elegantes Speiselokal mit intimer Jazzclub-Atmosphäre und italienisch angehauchter Küche, Durchschnittsalter: deutlich über 30, mittel–gehoben.)

Halli Galli: Gewerbezeile 8, Tel. 042 42/23 08 05, Mo–Do 18–1, Fr, Sa bis mind. 2 Uhr. Discostadl für die tanzwütige Jugend.

Pfarrkirche St. Jakob: Turmbesteigung Juni–Sept. Mo–Sa 10–18, So 12–18, Mai und Okt. Mo–Sa 10–16 Uhr.

Fahrzeugmuseum: F. Wedenigstr. 9, Tel. 042 42/255 30, tgl. 10–12, 14–16, Mitte Juni–Mitte Sept. tgl. 9–17 Uhr. Ein Ort der Erinnerungen mit über 160 Autos, Motorrädern und Rollern der Jahrgänge 1927–77.

Neue Bühne Villach: Hauptplatz 10, Tel. 042 42/28 71 64, www.neuebuehnevillach.at. Zeitgenössisch-kritisches Theater auf hohem Niveau (Theaterfestival Spectrum jeweils Mitte Juni).

Kirchtag: 1. Sa im Aug. (Kirchtagswoche, Beginn sechs Tage zuvor), www.villacherkirchtag.at.

Villacher Fasching: Jan., Feb., www.villacher-fasching.at, Faschingsgilde: Tel. 042 42/236 63.

Jazz over Villach: Villach-Genottehöhe, 2. Juliwoche. Exquisiter Live-Jazz aus aller Welt mit herrlichem Blick auf die Stadt, Info-Tel. 06 99/11 17 77 77, www.liveact.at.

Alpe-Adria-Keramikmarkt: mit internationalen Ausstellern in der Innenstadt, 1. Juniwochenende, Infos: Tel. 042 42/420 00.

Straßenkunstfestival: Ende Juli. Gaukler, Jongleure, Akrobaten, mehr als 100 Künstler und Ensembles sorgen für Staunen und Stimmung.

Summertime: Juli/Aug., Info-Tel. 042 42/205, 205-34 00. Das Drau-Ufer wird zur freien Bühne – für Konzerte oder Tanzveranstaltungen auf einem Flussponton, abschließend großes Feuerwerk.

Survival Training: Holiday Shuttle, Treffner Str. 71/5, Tel. 042 42/454 50, www.holidayshuttle.at. Kajak, Rafting, Canoying, Paragleiten, Bungy-Jumping u. v. m.

Drau-Schifffahrt: Ende April bis Mitte Okt., Tel. 042 42/580 71, www.schifffahrt.at/drau.

Gratis-Stadtführungen: Anfang Mai–Ende Okt. jeden Fr 10 Uhr, Treffpunkt vor dem Tourismusbüro auf dem Rathausplatz, Dauer: ca. 1,5 Std.

Dobratsch – Warmbad – Bleiberg

Reiseatlas: S. 236, A/B 3

Eine ideale Möglichkeit, die landschaftliche Pracht des Villacher Raumes und des Dreiländerecks aus der Vogelperspektive zu genießen, bietet der westlich der Stadt empor ragende **Dobratsch.** Auf den mächtigen, 2166 m hohen Bergrücken, auch Villacher Alpe genannt, führt seit 1965 eine 16,5 km lange **Panorama-Mautstraße.** Von ihrem Endpunkt, der ›Roßtratte‹ nahe der Waldgrenze, erreicht man in zweistündigem Fußmarsch den Gipfel, auf dem seit über 300 Jahren ein Marienwallfahrtskirchlein Wind und Wetter trotzt.

Und von dem der Blick an klaren Tagen über die ganzen Ostalpen, vom Dachstein bis zu den Dolomiten, reicht. Weiter unten, beim Parkplatz 6 auf 1400 m, entlockt ein 10 000 m^2 großer Alpengarten mit mehr als 900 verschiedenen heimischen Pflanzenarten Hobbybotanikern ein Jauchzen.

Dobratsch ... Der slawische Name lässt sich mit ›guter Berg‹ übersetzen. Das Attribut verliehen ihm die Anrainer wohl aus Dankbarkeit für zweierlei Schätze: zum einen für jene reichen Blei- und Zinklager, die man an seinen nördlichen Ausläufern, in **Bleiberg-Kreuth,** vom Mittelalter bis 1993 abbaute (s. S. 99), zum anderen für das Thermalwasser, das an mehreren Stellen zu Füßen des Kalkstocks, erwärmt und mit Mineralien angereichert, aus der Erde sprudelt.

An der Ostseite des Berges, in **Warmbad Villach,** treten täglich rund 40 Mio. Liter Wasser zu Tage, dessen Heilkraft – speziell für den Bewegungsapparat – schon Paracelsus in seinem berühmten Bäderbuch pries. Rund um die Quellen ist längst ein Heilkur- und Urlaubsort von internationalem Rang erwachsen, der mit einem umfangreichen Therapieprogramm, einer hochmodernen Erlebnistherme und zahlreichen, in eine ruhige Parklandschaft gebetteten Unterkünften, von der einfachen Pension bis zum Luxushotel, aufwartet. Eine Besonderheit ist das mehr als 550 Jahre alte Urquellbecken, durch dessen Kiesboden das warme Nass direkt aus dem Felsinneren emporsteigt. Ungleich jünger, aber – speziell für Rheuma- und Herz-Kreislauf-Kranke – ähnlich gedeihlich ist die Thermaltradition in Bad Bleiberg.

Als keineswegs ›gut‹ erwies sich der Dobratsch übrigens im Jahr 1348. Damals brach ihm infolge jenes Erdbebens, das auch Villach verwüstete, ein Großteil seiner Südflanke weg – ein in den gesamten Ostalpen seit Menschengedenken beispielloser Bergsturz. Das Trümmergebiet, die so genannte Schütt, bedeckt eine Fläche von 24 km^2 und wurde 1942 zum Naturschutzgebiet erklärt.

Apropos: Um die kostbaren Vorräte an Trink- und Thermalwasser, aber auch die einzigartige Flora dauerhaft zu schützen, hat man kürzlich den gesamten, bisher als Skiberg viel frequentierten Dobratsch zum Naturpark erklärt, in dem nunmehr Kunstschnee tabu ist, folglich alle Skilifte abgebaut wurden und im Winter somit Tourengeher und Langläufer unter sich bleiben.

Warmbaderhof: 9504 Warmbad Villach, Kadischenallee 22–24, Tel. 042 42/30 01-0, Fax 30 01-13 09, www.warmbad.at. In traditionsreichem Fünf-Sterne-Luxus werden Körper, Seele und Geist verwöhnt, umfassende Thermaltherapie, Wellness- und Beauty-Programm werden angeboten, die Küche ist exzellent (mit eigener Konditorei!), DZ ab 204 €.

Eichenhof: 9504 Warmbad Villach, Jesenfeldrain 10, Tel. 042 42/370 45, Fax 370 45-33, www.eichenhof.co.at. Der Eichenhof bietet großzügige Zimmer und Appartements im Grünen, nur 10 Gehminuten von den Thermen entfernt, DZ ab 74 €.

Bleibergerhof: Bad Bleiberg, Drei Lärchen 150, Tel. 042 44/22 05, tgl.12–13.30, 18–21 Uhr, So, Mo abends keine A-la-carte-Gerichte. Chef Alfred Süssenbacher, der Doyen der Kärntner Spitzenköche, zelebriert hier – auch für Diätbewusste – nach wie vor kulinarische Hochämter, gehoben (zugehörig: ein renommiertes Vier-Sterne-Thermalhotel).

Villacher Alpe: Auskünfte Mauthaus Möltschach, Tel. 042 42/553 09, www.villacher-alpe.at. Hier kann auch ein Alpengarten besucht werden (Juni–Aug. 9–18 Uhr).

Erlebnistherme: Warmbad Villach, Tel. 042 42/30 02-750, www.warmbad.at, tgl. 9–20 Uhr.

Kristallbad: Bad Bleiberg, Tel. 042 44/22 95-0, www.bleiberg.or.at, tgl. 9 bis 20 Uhr.

Ackern in Warmbad: das ultimative Partyerlebnis inmitten tausender Sonnenblumen, Livemusik, Ende Juni–Ende Juli, www.ackern.com.

Terra mystica

Als sich in den 1980er Jahren in Bad Bleiberg für den traditionsreichen Bergbaubetrieb das definitive Ende abzeichnete, verwandelte man 3 km des Stollensystems in eine multimediale Erlebniswelt. In 250 m Tiefe bekommen Besucher seither mit aufwendigen Licht- und Toninszenierungen die Geheimnisse der Welt unter Tag enthüllt – die Arbeit und Gerätschaft der Knappen, die Erdgeschichte und allerlei montanistische Hintergründe. Die Fahrt mit dem Schachtaufzug, der Grubenbahn und über die längste Bergmannsrutsche Europas verleihen der Exkursion zusätzliche Würze. Ein spezielles Abenteuer für Kids: die Schatzsuche, in deren Lauf sie das unterirdische Labyrinth nach Edelsteinen absuchen.

Bad Bleiberg, Tel. 042 44/22 55-10, www.terra-mystica.at, Juli/Aug. tgl. 9.30–16.30, Mai, Juni, Sept., Okt. nur Führungen, tgl. 11 und 13 Uhr, Nov.–April nur Sa 15 Uhr.

Faaker See

Reiseatlas: S. 236, B 3

Österreichs südlichster See schmiegt sich, keine 10 km von Villach entfernt, zu Füßen der majestätischen Pyramide des Mittagskogels (2143 m) in eine Mulde des sanften Hügellandes. Das knapp 3,5 km^2 kleine, flache und – zusätzlich dank thermenähnlicher Bodenquellen – wohlig warme Gewässer,

Heilquelle Warmbad Villach

träumte lange Zeit einen touristischen Dornröschenschlaf und wurde relativ spät wach geküsst. Während sein dicht verschilftes, von den Einheimischen augenzwinkernd als ›Kärntens Everglades‹ bezeichnetes Westufer bis heute weitgehend unverbaut ist, umkränzen die drei Ufergemeinden **Drobollach, Egg** und **Faak** den restlichen See mit ihren Hotels, Sommerhäuschen und Campingplätzen längst als eine geschlossene Fremdenverkehrszone. Das Angebot für Wassersportler, überhaupt die urlauberische Infrastruktur, hat sich im Laufe der Jahre extrem verdichtet. Geblieben sind eine sympathische Beschaulichkeit (Motorbootverbot!) und die absolute Trinkwasserqualität des aufgrund feinster kalkiger Schwebstoffe ungewöhnlich türkisblauen Wassers. Kleiner Wermutstropfen: Mehr noch als an den anderen Seen der Region ist der freie Zugang zum Ufer abseits der eingezäunten Strandbäder kaum möglich. Dafür ragt in der Seemitte eine 8 ha große Insel aus dem Wasser – ein bewaldetes Idyll, das nur per Boot (Ableger in Faak) erreichbar ist.

Kulturell bieten die Uferorte mit Ausnahme zweier gotischer Kirchen und der riesigen Modelleisenbahnanlage in Faak (s. S. 102) wenig. Aber oberhalb der nahen Gemeinde **Finkenstein** thront auf hohem, steilen Fels die **Ruine** einer Burg aus dem 12. Jh. Ursprünglich im Besitz der Bamberger, gehörte sie später den Habsburgern und wurde 1508 von Kaiser Maximilian I. an Siegmund von Dietrichstein, einen verdienten Heerführer der Türkenkriege, übergeben. Im Westbereich der weitläufigen Anlage liegt die Burgarena – Schauplatz für stimmungsvolle Open-Air-Veranstaltungen aller Art (s. S. 102). Am benachbarten **Kanzianiberg** warten für Konditionsstarke ein spektakulärer Klettergarten und für Kunstfreunde ein Kreuzweg samt wunderschön freskierter Wehrkirche aus dem 15. Jh. Apropos: Ein kunsthistorisches Juwel in Form eines besonders prunkvollen spätgotischen Flügelaltars beherbergt, auf halbem Weg zwischen Villach und Faaker See, die vermutlich bereits in langobardischer Zeit gegründete Wallfahrtskirche von **Maria Gail.**

Tourismusinformation Faak: 9583 Faak am See, Dietrichsteinerstr. 2, Tel. 042 54/21 10-0, Fax 21 10-021, www.tiscover.at/faakersee.

Insel-Hotel: 9583 Faak am See, Tel. 042 54/21 45, Fax 21 36-77, www.inselhotel.at. Idyllisch gelegene Ruheoase mit hauseigenem Badestrand, Tennis-, Basket- und Volleyballplätzen, Golfübungsgelände, 3-Sterne-Standard, nur mit der Hotelfähre (ab Faak) erreichbar, DZ mit Halbpension ab 142 €.

Bauerndorf Seeleitn: 9583 Faak am See, Seeufer-Landesstr. 59, Tel. 042 54/26 64, Fax 26 64-409, www.dorfhotel.com. 21 blumengeschmückte Bauernhäuser mit je vier gemütlichen Appartements vermitteln authentische Landleben-Atmosphäre, mit eigenem ›Dorfwirt‹, Kindergarten, Badestrand, zahlreichen Sportmöglichkeiten, Appartements für 2–3 Pers. ab 127 €.

Seehotel Ressmann: 9580 Drobollach, Strandbadstr. 69, Tel. 042 54/22 10, Fax 22 10-80, www.seehotel-ressmann.at. Gepflegtes Vier-Sterne-Haus in sonniger Ruhelage mit Karawankenblick, eigener Badestrand, Tennisplätze, DZ ab 102 €.

Gasthof Tschebull: Egg, Seeuferstr. 26, Tel. 042 54/21 91, Mi–Mo 12–14, 18–22 Uhr, nachmittags Jausenkarte, Mitte Jan.–Mitte Feb. geschl. Pionier der kreativen Kärntner Küche mit Alpen-Adria-Einschlag, bekannt für saisonale Bioprodukte, edle Tropfen aus familieneigener Vinothek, hausgemachte Schmankerl auch zum Mitnehmen (auch Gästezimmer mit hauseigenem Strandbad!), günstig–mittel.

Kärntner Landwirtshaus Kirchenwirt: Finkenstein-St. Stefan, Kirchenplatz 2, Tel. 042 54/21 78, Fr–Mi 11.30–14, 17.30 bis 21 Uhr, 1 Monat vor Faschingssams-

Burgarena Finkenstein

In der aussichtsreichen Ruine findet seit Jahren ein weit über Kärntens Grenzen hinaus bekanntes Sommerfestival statt, bei dem hochkarätige Künstler unterschiedlichster Genres, vom Pop- und Opernsänger bis zum Kabarettisten und Chorensemble, ihr Bestes geben. Die Kulisse ist herrlich, die Stimmung, Schönwetter vorausgesetzt, unvergesslich (Infos/Karten: Tel. 042 54/51 05 11, www.burgarena.at).

Ruine Finkenstein

tag geschl. Deftig-kräftige Hausmannskost nach alten Rezepten in rustikalem Ambiente, nachmittags gibt's Salate und Imbisse, günstig.

Tipsy Turtle: Ledenitzen/Faaker See, Denkmalweg 7, Mai–Sept. Mi–Mo, April, Okt. nur Fr, Sa 21–4 Uhr, warme Küche bis 3 Uhr. Nette Bar, gute Auswahl an Weinen und Cocktails.

Tropicana Bar: Drobollach. Beliebter Treff, halb Kneipe, halb Bar, Mai–Okt. tgl. 19–4 Uhr.

Erlebniswelt Arneitz: Faak am See, Seeufer Landesstr. 53, Tel. 042 54/21 37, www.arneitz.at. Kindererlebnisplatz, House of Rock, Vorträge, Kurse, Wohlfühlzentrum etc.

Burgarena Finkenstein/Festspiele: Juni–Sept., Tel. 042 54/51 05-11, www.burgarena.at.

Gauklerfest in Faak: Jeden Sonntag und Montag zeigen Zauberer, Stelzengeher, Gaukler und andere Artisten hier ihr Können (im Mai, Juni ab 14 Uhr, Juli, Aug. ab 17 Uhr).

Klettergarten Kanzianiberg: Zufahrt von Finkenstein, Infos und Anmeldung: Tel. 06 64/226 10 23.

OSSIACHER SEE UND UMGEBUNG

Eine eher beschauliche Atmosphäre herrscht an den Ufern des Ossiacher Sees. Am Fuße des Ski- und Aussichtsberges Gerlitzen gelegen, ist dieser mit 11 km Länge drittgrößte Kärntner See nicht nur von Natur aus ein wenig ernster, sondern auch deutlich familiärer. Das Aktivsportangebot freilich ist von ähnlich enormer Vielfalt wie an Faaker und Wörthersee.

Ossiach und Landskron

Reiseatlas: S. 236, C 2/B 3
Den kulturellen Mittelpunkt der Region markiert **Ossiach** mit seinem berühmten **Stift.** Dieses vermutlich früheste Männerkloster des Landes wurde vor über 1000 Jahren von Graf Ozi I. im Auftrag von König Otto III. gegründet und den Benediktinern überantwortet. 1782 ließ Kaiser Joseph II. es aufheben. Herzstück der überaus malerisch direkt am Seeufer ausgebreiteten Anlage ist die Stiftskirche, eine dreischiffige, im Kern romanische Pfeilerbasilika, die um 1740 barockisiert, das heißt eingewölbt und mit wunderbar zartfarbigem, spielerisch-filigranem Stuck sowie leuchtenden Wand- und Deckenbildern versehen wurde. Letztere, 31 an der Zahl, stammen von Josef Ferdinand Fromiller, der auch in den Stiftssälen schöne Fresken hinterließ. Als bedeutendes Relikt der ehemals gotischen Ausstattung hat sich links von der Orgelempore, in der so genannten Taufkapelle, unter fein bemaltem Kreuzrippengewölbe ein kostbarer Flügelaltar erhalten. An der linken Außenwand der Kirche fällt ein Römerstein mit einem Pferdebildnis ins Auge. Der Legende nach kennzeichnet er das Grab eines polnischen Königs namens Boleslaw, der im 11. Jh. im fernen Kärnten inkognito einen Mord büßte. Unzählige Pilger sind seinetwegen nach Ossiach gekommen. Ob der solcherart Verehrte allerdings wirklich hier ruht, bleibt bis heute ungeklärt. Nachdem der gesamte Stiftskomplex 1946 wegen seines desolaten Zustandes nur knapp einem Abriss entgangen war, wurde er, generalrenoviert, 1969 zum Schauplatz des Carinthischen Sommers erkoren. Seither mehren allsommerlich Solisten- und Kammerkonzerte, Kirchenopern, Ausstellungen, Vorträge und Seminare, zu denen häufig Künstler von Weltrang anreisen, unter Musikfreunden aus nah und fern den Ruhm dieses Ortes.

Am anderen Ende des eher schattigen und wohl auch deswegen ver-

GÜNTHER DOMENIG UND SEIN STEINHAUS

Er hat Fabriken und Wohnhäuser, Kirchen und Kraftwerke, Bankzentralen und Bühnenbilder, Forschungszentren, Spitäler und Schulen gebaut. Und zwar im In- wie im Ausland. Und wurde dafür mit zahlreichen Preisen bedacht. Doch sein persönlichstes und zugleich spektakulärstes Werk hat ›nur‹ ihn selbst zum Bauherrn und keinen kommerziellen Zweck. Das so genannte Steinhaus des 1934 in Klagenfurt geborenen Günther Domenig, der seit 1980 an der Technischen Universtität Graz Architektur lehrt, steht, für jedermann leicht einsehbar, in der Gemeinde Steindorf am Nordufer des Ossiacher Sees. Zwischen Bundesstraße und Seeufer auf ein schmales Wiesenstück gezwängt, schlägt es in dem ländlich-biederen Ambiente von Campingplätzen, Badehütten und Frühstückspensionen mit Holzbalkonen hohe Wellen, seit Domenig Anfang der achtziger Jahre mit der Arbeit an diesem, seinem Manifest und Vermächtnis begann.

»Als das New Yorker Museum of Modern Art 1988 den Dekonstruktivismus als neueste Epoche der Architekturgeschichte ausrief, hätte Domenig dabei sein müssen«, schrieb die »Frankfurter Allgemeine« Ende 2003. » Aber die Kuratoren sahen, von Frank O. Gehry abgesehen, nur Jüngere.« Das hohe Lob des Kritikers wird auch dem Laien verständlich, wenn er dem Konstrukt aus Beton und Stahl leibhaftig gegenüber steht. Solcher Kühnheit begegnet man nur äußerst selten! Eine erstarrte Explosion, eine Hausskulptur, ein gebautes Ich ... Die Metaphorik der Beschreibungen in den Fachmedien spiegelt das Außergewöhnliche, Neue wider. Science-Fiction-Fans mögen bei den auf Basen aus grauem Beton aufsitzenden silbrigen Kanzeln an Burgen von Jedi-Rittern denken.

Wie auch immer: Die Räumlichkeiten des bizarren Gebildes – ihr Schöpfer nennt sie ›Schwebesteine‹ – lassen sich durchaus als Ateliers oder Wohnstudios nutzen. Doch in erster Linie ist das Steinhaus ein ›work in progress‹, ein nie vollendbarer Selbstversuch, bei dem Geld keine Rolle spielt – die Fluchtburg für die Phantasien eines Grenzgängers, der übrigens sein Allerheiligstes zwei-, dreimal im Jahr der Öffentlichkeit zugänglich zu machen pflegt, indem er eine Jazzgruppe einlädt und den Grund hinter dem Haus zu einer Bühne umfunktioniert. Eines Grenzgängers, der über sein Steinhaus philosophierend einmal formulierte: »Es gibt drei Wege, die Geometrie in der Architektur einzusetzen. Der eine: ohne Geometrie zu bauen, d.h. dann amorph-unerträglich. Der andere: durch sie zu bauen, etwa kristallin, das heißt mit Zwang – unerträglich. Und schließlich meiner: mit der Geometrie zu bauen, das heißt – zuerst die Idee, die Gestalt, die Form, und dann die Fassung durch Geometrie. Landschaft – Architektur – Idee: Der Entstehungsprozess eines Entwurfes und das Ergebnis als Wechselbeziehung zwischen meiner Person und den Erlebnissen, den Lebensgewohnheiten und der Landschaft.«

Weitere Informationen unter www.domenig.at.

gleichsweise wenig bebauten, jedoch von etlichen Campingplätzen gesäumten Südufers bewacht die **Ruine Landskron** den Weg Richtung Villach. Im ausgehenden 16. Jh. hatte das in der Kärntnerischen Baugeschichte der frühen Neuzeit so allgegenwärtige Geschlecht der Khevenhüller auf dem steilen, schon in vorchristlicher Zeit besiedelten Felskegel ein prachtvolles Renaissanceschloss errichten lassen. Es war von einer doppelten Ringmauer mit sieben Türmen umgeben, besaß vier Stockwerke, einen hohen Turm, einen 150 m (!) tiefen Brunnen und war Treffpunkt der führenden Freigeister jener Zeit. Dementsprechend wurde es in der Gegenreformation als protestantischer Besitz beschlagnahmt, verfiel, brannte durch Blitzschlag aus (1812) und wurde schließlich wegen Einsturzgefahr gesprengt (1912).

Doch selbst in ihrer heutigen ruinösen Verfassung beeindruckt des ›Landes Krone‹ – und lohnt den Besuch. Zumal man von der Restaurantterrasse einen großartigen Rundblick genießt und die im äußeren Burghof in den Sommermonaten täglich veranstalteten Greifvogel-Flugschauen (s. S. 106) einen bleibenden Eindruck hinterlassen.

s. Villach-Information, S. 95.

Stift Ossiach: 9570 Ossiach 1, Tel. 042 43/86 64, Drei-Sterne-Komfort in altehrwürdigem Ambiente, zugehörig: Café-Restaurant mit Gastgarten und Seeblick, DZ ab 84 €.

Strandgasthof Seewirt: 9570 Ossiach 2, Tel. 042 43/22 68, Fax 3168, www.seewirt-ossiach.at. Familiär geführtes Traditionshaus in Traumlage gleich neben dem Stift, riesige Liegewiese, zugehörig: gutbürgerliches Gasthaus mit schattigem Gastgarten direkt am See, DZ ab 84 €.

Seefriede: 9570 Ossiach, Ostriach 13, Tel. 042 43/22 04, Fax 22 04-4. Gemütliche Pension mit Gartenstrand und Panoramablick, abseits der Straße, DZ ab 60 €.

Stiftsschmiede: Ossiach 4, Tel. 042 43/455 54, April, Mai, Okt. tgl. ab 18 Uhr, Sa, So auch mittags, Juni–Ende Sept. tgl. mittags u. abends. Über dem Seeufer thronendes Fischrestaurant und Bar, schöne Sommerterrasse, mittel–gehoben.

Fünfhaus: Ossiach, Ostriach 85, Tel. 042 43/432, Anfang April–Mitte Okt. tgl. 9–23, Küche 11.30–14, 17.30–20.30 Uhr. Gemütliches Restaurant mit Seeterrasse und Kinderspielplatz (auch Zimmer), mittel.

Burg Landskron: Landskron, Schlossbergweg 30, Tel. 042 42/415 63, Mai bis September, kein Ruhetag, warme Küche 11.30 bis 21.30 Uhr. Gepflegtes Speisen auf der Panoramaterrasse oder im Kronensaal, besonderes Gourmet-Candle-Light-Dinner im Juli und August jeden Do ab 20 Uhr.

Holzspielzeug Manufaktur: Ossiach/Ossiacher Tauern, Tel. 042 43/81 11, 06 64/590 00 12. Qualitätvoll-Originelles in liebevoller Handarbeit gefertigt.

Das Mitbringsel: Stift Ossiach, Mai bis Sept. Von kreativem Kunsthandwerk über Keramik bis zu Trachten- und Modeschmuck.

Schiffsrundfahrten auf dem See

Eine nette Art, den Ossiacher See zu erleben: Zwei schmucke Schiffchen, die mit Bordrestaurant und Kinderspielplatz ausgestatette MS Ossiach und die MS Villach samt Buffett, durchpflügen tagsüber im Linienbetrieb zwischen neun Anlegestellen und abends auf Romantikfahrten bei Kerzenlicht mit Livemusik die Wellen zwischen Steindorf und Annenheim.

Mitte April–Anfang Oktober, Tel. 042 42/580 71, www.schifffahrt.at.

Carinthischer Sommer in Stift Ossiach (und im Congress-Center Villach); Büro bis Ende Mai: 1060 Wien, Gumpendorfer Str. 76, Tel. 01/596 81 98, ab Anfang Juni: 9570 Ossiach 1, Stift, Tel. 042 43/25 10, www.carinthischersommer.at.

Greifvogel-Flugschau auf Burg Landskron: Mai–Sept. (außer bei sehr schlechtem Wetter) tgl. 11 und 15, Juli/Aug. zusätzl. 18 Uhr, Tel. 042 42/428 88.

Affenberg Landskron: Landskron, Schlossbergweg 18, Tel. 042 42/43 03 75, www.affenberg.com, 1. April–31. Okt. tgl. 9.30–17.30 Uhr. 65 Japan-Makaken ohne Käfiggitter – wie in freier Natur; 40-minütige Führungen (mit der Kärntencard ist der Eintritt gratis).

Sommerrodelbahn: Ossiach, Info-Tel. 042 43/775.

Von Steindorf nach Annenheim

Reiseatlas: S. 236, C 2

Das Nordufer des Ossiacher Sees präsentiert sich als touristisch weit intensiver genutzt, hat sich seinen dörflichen Charakter aber dennoch weitgehend bewahrt. Einen Aufsehen erregenden Kontrapunkt zu der allgemeinen Idylle hat Günter Domenig, seines Zeichens Architekturprofessor an der Uni Graz, in **Steindorf** gesetzt: Sein futuristisches Steinhaus, dessen Tore einige Male pro Jahr zu festgesetzten Terminen für neugieriges Publikum offen stehen, ließ unter konservativ gesinnten Einheimischen die Wogen hoch gehen, hat sich andererseits aber als Magnet für Fans avantgardistischer Baukunst erwiesen (s. S. 104, 107). Bodenständigere Geschmäcker kommen, ebenfalls in Steindorf, in der Saugalerie auf ihre Rechnung – einem musealen Stall für mehr als 1000 Schweine aus Email, Glas, Quarz, Lapislazuli u. v. m. aus aller Herren Länder (s. S. 107).

Vom Nachbarort **Bodensdorf** führt eine kurvenreiche Mautstraße bis knapp unter den 1909 m hohen Gipfel der **Gerlitzen,** einem bei Wanderern wie Wintersportlern gleichermaßen beliebten, überdurchschnittlich sonnenreichen Aussichtsberg (Auffahrt bis direkt auf das Gipfelplateau an der Nordseite von Arriach aus möglich). Ebenfalls in lichte Höhen, auf immerhin 1526 m, führt von **Annenheim** an der Nordwestecke des Sees die **Kanzelbahn,** von deren Bergstation man per Sessellift gleichfalls die Gerlitzen erreicht. Auf halbem Weg, in der Pöllinger Hütte, informiert ein nettes Alm- und Bergbaumuseum über den Alltag hoch über dem Tal (Tel. 042 48/ 28 89).

Seehotel Hoffmann: 9552 Steindorf, Stiegl, Tel. 042 43/87 04, Fax 100, www.seehotel-hoffmann.at. Weitläufige Vier-Sterne-Ferienanlage mit Hotel, Landhaus und Bungalows direkt am See, Familienbetrieb in dritter Generation, äußerst umfassendes Sport- und Kinderprogramm, DZ ab 104 €.
Seerose: 9551 Bodensdorf, Tel. 042 43/ 25 14-0, Fax 25 14-33, www.seerose.info. Ruhiges Familien- und Sporthotel auf 3000 m² Seegrund, zugehörig: Tennisplätze und -schule, Reitbetrieb, Wassersportschule, professionelle Kinderbetreuung u. v. m., DZ ab 95 €.
Kärnten-Inn: 9551 Bodensdorf, H.-Wobischweg 82, Tel. 042 43/29 30, Fax 29 30-43, www.seehotel-Kaernten-inn.at. Nettes Mittelklassehaus mit eigenem Strand, idyllischer Blick auf Stift Ossiach, sehr persönlich geführt, auch Halbpension, ausgezeichnete Küche, ab DZ 78 €.

Urbani-Wirt: Bodensdorf, Bundesstr. 50, Tel. 042 43/456 27, Di–So 11–24 Uhr, winters auch Di Ruhetag. Regionale Spezialitäten, vom Almochsen über diverse Nudeln bis zum Seefisch auf außergewöhnlichem Niveau, gutbürgerliches Ambiente, kleines Minus: Verkehrslärm im Garten, Empfindliche reservieren besser für drinnen, gehoben.
Kreuzwirt: Steindorf, Dorfstr. 52, Tel. 042 43/87 07, Juni–Sept. tgl. außer Mi abends 12–14, 18–22 Uhr, Nebensaison Mi, Do Ruhetag. Nettes, bodenständiges Gasthaus mit sehr guter Küche, zwei Autominuten vom See im Ortskern, günstig bis mittel.

Steinhaus in Steindorf: Info-Tel. 042 43/83 83-23, 03 16/82 77 53.
Saugalerie: Steindorf, Dorfstr. 61, Tel. 06 64/357 34 74, Besichtigung nach Voranmeldung.

Gerlitzen Alpe, Kanzelbahn: Tel. 042 48/27 22, www.gerlitzen.com, Sonnenobservatorium, Tel. 04248/2717, www.solobskh.ac.at.

Das Gegendtal: von Treffen nach Radenthein

Reiseatlas: S. 236, B 3/A 2
Etwa auf halbem Weg zwischen Villach und Ossiacher See führt die B98 Richtung Nordwesten in eine beschauliche, besonders bei Familien beliebte Ferienregion, im Volksmund genannt ›Gegend‹. Als deren kräftigste Touristenmagnete wirken zwei idyllische Badegewässer, der **Afritzer** und der **Feld-** alias **Brennsee,** die sich beide, ihrer Kleinheit zum Trotz, zu veritablen Wonnegefilden für Wassersportler gemausert haben. Aus dem reichen Freizeitangebot hervorhebenswert: die über 1 km lange Sommerrodelbahn von Afritz-Verditz. **Oberwöllan** bei **Arriach** wartet mit einer sehenswerten gotischen Wehrkirche (Christophorus Fresko!) auf. Das Dorf, das heute als ›Wandergemeinde‹ und ›geographischer Mittelpunkt Kärntens‹ für sich wirbt, bildete einst jedoch wegen seiner Entlegenheit ein Zentrum des Geheimprotestantismus.

Hauptort des landschaftlich besonders unversehrten Gebietes ist, näher an Villach, die Marktgemeinde **Treffen.**

Hier stand im 9. Jh. ein karolingischer Königshof. Heutige Hauptattraktionen sind, im Ortsteil Winklern, eine Pilz-Wald-Erlebniswelt samt Kristallschau (Ostern–Ende Okt., tgl. 9–18 Uhr) und Elli Riehl's Puppenwelt mit ihren rund 600 herzigen, das bäuerliche Leben in all seinen Facetten darstellenden Porträtpuppen (Juni–Sept. tgl. 9–18, 2. Aprilhälfte, Mai 9–12, 14–18, 1. Okt.-Hälfte nur 14–18 Uhr).

Im Marmorsteinbruch im benachbarten **Krastal** findet alljährlich im Juli ein internationales Bildhauersymposium statt. Die seit 1989 gesammelten Werke bilden eine Freiluft-Skulpturenallee, die vom Treffener Gemeindeamt bereits über 1 km weit Richtung Ossiacher See führt.

Am nördlichen Ende des in vortouristischer Zeit sehr abgeschiedenen und deshalb als kleinbäuerlich-ärmlich verrufenen Tales, dort, wo sich der Weg schließlich Richtung Millstätter See (links) beziehungsweise Bad Kleinkirchheim und Nockberge (rechts) gabelt, liegt **Radenthein.** Noch vor hundert Jahren ein bescheidenes Bergdorf, ist es seither aufgrund reicher Magnesitvorkommen, die zur Herstellung feuerfester Auskleidungen für Brennöfen dienen, zu einer wohlhabenden, wenn auch touristisch wenig attraktiven Industriesiedlung mutiert.

Ein Stückchen oberhalb, im Dorf **Kaning**, lohnenswert: die kleine Wanderung entlang dem Mühlen- und Kneippwanderweg.

Stifts-Musiktage in Ossiach

Brennseehof: 9544 Feld am See, Seestr. 19, Tel. 042 46/24 95, Fax 24 95-85, www.brennseehof.at. Qualitätvolles Familien-Sporthotel mit großzügigen Freizeitanlagen, Hallen-Erlebnisbad samt Wellnessbereich, beheizter Außenpool, acht Tennisplätze, Segel-, Surf- und Bikeschule, ganztägig Kinderbetreuung u. v. m., DZ ab 118 €.

Metzgerwirt: Radenthein, Hauptstr. 22, Tel. 042 46/20 52, ganzjährig tgl. 11–22 Uhr. Beim Metzgerwirt gibt es exzellente Kärntner Küche mit Schwerpunkt auf fangfrischem Seefisch, aber – nomen est omen – auch auf Braten, Schinken, Innereien, gutbürgerliches Ambiente, mittel–gehoben.

Linderhof: Feld am See, Dorfstr. 8, Tel. 042 46/22 74, tgl. 11.30–14.30, 18 bis 22.30 Uhr. Gepflegtes Hotel-Restaurant mit reicher Auswahl regionaler und internationaler Spezialitäten, auch vegetarisch, mittel.

Destillerie Jesche: Einöde, Winklern 19, Tel. 042 48/28 07. Edelste Brände und Schnäpse aus eigener Erzeugung werden angeboten, auch zum Verkosten.

Juwelier Zieser: Radenthein, Hauptstr. 49. spezialisiert auf Granatsteine und Granatschmuck.

Internationales Bildhauersymposium in Krastal: jeweils im Juli, Infos: Tel. 042 42/420 00.

Alpenwildpark: Feld am See, Schattseite 4, Tel. 042 46/27 76, Mai–Ende Sept. tgl. 9–18, Okt. bis 17 Uhr. 11 ha großes Freigehege mit über hundert heimischen Wildtieren. Mit Streichelzoo und Kinderspielplatz.

Feldkirchen und Umgebung

Reiseatlas: S. 236, C 2

10 km nordöstlich des Ossiacher Sees liegt an einer seit alters wichtigen Straßenkreuzung die schmucke Kleinstadt **Feldkirchen.** Angesichts der biedermeierlichen Heiterkeit, die rund um ihren schön renovierten, von Kastanienbäumen und Open-Air-Cafés gesäumten Hauptplatz herrscht, würde man nicht annehmen, dass sie zu den ältesten Orten des Landes zählt.

Doch die Vorgängerin der zum Teil noch spätromanischen Stadtpfarrkirche (beachtenswert: die Freskenreste und der Flügelaltar!) wurde schon im Jahr 888 beurkundet. Prominentes Baudenkmal ist der schlossähnliche Amtshof. Von ihm aus kontrollierten die Vögte der Bamberger Bischöfe jahrhundertelang die zu ihrem Besitz zählende Stadt und das Umland. Das gotische Gemäuer beherbergt heute ein kleines, aber feines Regionalmuseum (geöffnet Juli und Aug. tgl. 9–13 und 14–18, zweite Juni- bzw. erste Sept.-Hälfte nur Di–Sa 14–17 Uhr). In unmittelbarer Nähe locken Urban-, Haiden- und Goggausee, Flatschacher und Maltschacher See schon früh im Jahr zum warmen Bad.

Empfehlenswert ist ein Abstecher in den Nachbarort **Tiffen,** wo auf hohem Fels eine ehemals stark bewehrte, mit etlichen famosen Kunstwerken ausgestattete Kirche thront (u.a. Wandgemälde von Thomas von Villach).

Mit weiteren sehenswerten Kirchen aus der Gotik und mit einer herrlich stillen, waldreichen Wandergegend obendrein, in der noch zahlreiche Bauernhäuser in alter Holzbauweise stehen, macht ein Ausflug Richtung Norden bekannt. Schöne Exemplare finden sich unter anderem in **Steuerberg, Sirnitz** und **Deutsch-Griffen.**

In **Himmelberg** zeugt das – leider nur von außen zu besichtigende – Renaissanceschloss Piberstein von jener längst vergangenen Blütezeit, als man im Ort Sensen und Sicheln in Hülle und Fülle erzeugte.

Hotel Germann: 9560 Feldkirchen, Rauterplatz 1, Tel. 042 76/21 05, www.hotel-germann.at. Angenehmes, gut ausgestattetes Haus in zentraler und doch ruhiger Lage; zugehörig: gutbürgerliches Restaurant und eigener Badestrand am Ossiacher See, DZ ab 60 €.

Seemandl: Feldkirchen/St. Stefan 41, Tel. 042 76/488 11 od. 06 64/424 38 66, tgl. 11–21, außerhalb der Hochsaison Mo, Di geschl., herzhaft gutes Essen in ruhiger, erholsamer Umgebung.

Schloss Albeck: Sirnitz, Tel. 042 79/303, Mi–So 12–21 Uhr. Gute österreichische und internationale Küche in historischem, gemütlichem Rahmen, Spezialitäten: fangfrische Fische aus der Gurk, Käsefondue (ab 2 Pers. nach Voranmeldung), mittel–gehoben.

Seebacher: Gnesau, An der Gurk 23, Tel. 042 78/257, Do–Di 11–2 (Küche bis 22 Uhr), Mitte Juni–Anfang Juli geschl. Qualitätsgasthof mit Regionalküche vom Feinsten, frischen Produkten aus der Umgebung, mittel.

Sommerrodelbahn in Sirnitz: Mitte Juli–Sept. tgl. ab 10, Juni und Okt. Sa, So 10–18 Uhr.

DAS ZOLLFELD UND UMGEBUNG

Auf der kleinen Ebene nördlich von Klagenfurt schlägt seit alters das historische Herz des Landes. Zwischen St. Veit an der Glan und Maria Saal, dem Magdalensund dem Ulrichsberg, stolpert man allerorten über römische Steine, stößt auf frühmittelalterliche Kirchenjuwele und wandelt auf den Spuren der Kärntner Herzöge. Und ganz in der Nähe wacht die Bilderbuch-Burg Hochosterwitz fotogerecht über den anmutigen Landstrich.

St. Veit an der Glan

Reiseatlas: S. 237, E 2
Rund 15 km nördlich von Klagenfurt, dort, wo sich das Flüsschen Glan in jähem Schwenk Richtung Süden wendet und sich bis zum Bau der Südautobahn der Hauptverkehrsweg von Wien nach Klagenfurt und ins Slowenische beziehungsweise nach Villach und weiter nach Italien gabelte, wurde schon im 12. Jh. Landesgeschichte geschrieben. Damals wurde der Ort St. Veit, nachdem er aus dem Besitz des Bistums Bamberg an die Spanheimer Familie gekommen war, zum Sitz des Kärntner Herzogshofes. Um 1220 mit dem Stadtrecht ausgestattet, sollte er bis 1518 Landeshauptstadt bleiben. Seine Glanzzeit erlebte St. Veit unter Bernhard von Spanheim (1202–56). Er baute die so genannte Herzogsburg und hielt, darin seinem Schwiegervater, dem Böhmenkönig Ottokar Przemysl, nacheifernd, prunkvoll Hof. Bernhard schuf auch jene bedeutsame Prägestatt, in der seinerzeit die heute älteste erhaltene Münze mit deutscher Inschrift geschlagen wurde. Wichtigste Einnahmequelle der Stadt war bis ins 19. Jh. der Handel, insbesondere jener mit dem Eisen aus der Norischen Region um Hüttenberg. Welchen Reichtum ihr dieser im Mittelalter beschert hat, bezeugt die 10 m hohe Stadtmauer, die die rechteckige Altstadt – von einem ehemaligen Wassergraben gesäumt, jedoch im 19. Jh. leider ihrer Stadttore und der meisten Bastionen beraubt – bis heute fast zur Gänze umschließt.

Allerdings wirkt St. Veit auch für die Zukunft wirtschaftlich bestens gewappnet: 2004 wurde am Stadtrand Europas größtes Biogaskraftwerk eröffnet, das künftig den im Zollfeld angepflanzten Mais umweltschonend in Energie verwandeln wird. Und bereits in den 1990er Jahren ist im örtlichen Industrie- und Gewerbepark ein ›Solar-Cluster‹ entstanden, dem etliche österreichweit führende Firmen aus dem Be-

Fuchs-Palast in St. Veit

reich der Sonnenenergie-Nutzung angehören.

Stadtrundgang

Herzstück und zugleich Hauptattraktion des 14 000 Einwohner zählenden Städtchens, das sich allsommerlich mit über 70 000 Blumen, Kakteen und Zierbäumchen dekoriert und dafür den Titel der ›schönsten Blumenstadt Kärntens‹ tragen darf, bildet der **Hauptplatz.** Das lang gestreckte, schmale Geviert, das im nordöstlich angrenzenden Unteren Platz eine malerische Fortsetzung findet, gilt mit seinem geschlossenen Ensemble herausgeputzter Bürgerhäuser als Musterbeispiel einer homogenen, mittelalterlichen Platzanlage. Sein Schmuckstück ist dank der prachtvollen, spätbarocken Stuckfassade das **Rathaus** (Nr. 1). Über dem Portal des im Kern gotischen Gebäudes beachtenswert: die metallene Wappentafel von 1468, ein Geschenk der damaligen Partnerstadt Nürnberg, sowie die Justitia-Figur als Hinweis, dass hier einst Kärntens oberstes Gericht tagte. Der eindrucksvolle Renaissance-Innenhof mit seinen dreigeschossigen, sgraffitoverzierten Arkaden wurde kürzlich mit einem Glasdach überspannt und damit zu einem ganzjährig nutzbaren Veranstaltungsraum.

Vorbei an der Pestsäule und dem Schlüsselbrunnen, dessen ›bronzener Bergmann‹ auf einer Steinschale aus römischer Zeit steht, führt der Weg zur **Stadtpfarrkirche zum hl. Veit.** Die dreischiffige Pfeilerbasilika ist in ihren Grundzügen romanisch, in ihrer Erscheinung spätgotisch, in wesentlichen Teilen jedoch das Ergebnis einer Wiederherstellung nach dem Stadtbrand von 1829. Sie besitzt mehrere prachtvolle Barockaltäre – allesamt Werke des Holzbildhauers Johann Pacher, der Mitte des 18. Jh. in St. Veit eine überregional tätige und berühmte Schnitzwerkstatt betrieb. Beachtung

verdient der benachbarte Karner, ein romanischer, zur Kriegergedächtnisstätte umfunktionierter Rundbau, in dem ein wunderschönes Kruzifix (um 1500) hängt.

Gleich um die Ecke lädt die Klagenfurter Straße als komplett glasüberdachte Passage zum Shoppingbummel. Ein baugeschichtliches Kuriosum hat sich südöstlich der Stadtmauer erhalten: das **Bürgerspital,** eine burgartig bewehrte Gebäudegruppe aus dem Spätmittelalter samt Kirche und Innenhof mit Laubengängen, die allein durch ihre exzentrische Lage außerhalb der Altstadt eine urbanistische Rarität ersten Ranges darstellt. Sie soll in Bälde, nach Abschluss der Generalrenovierung, ein Kultur- und ein Jugendzentrum, vor allem aber die ansehnliche Sammlung des zur Zeit noch im ehemaligen Zeughaus untergebrachten **Stadtmuseums** (s. S. 116) beherbergen. Direkt gegenüber erhebt sich die ebenfalls besuchenswerte **Kirche des** ehemaligen **Klarissinnenklosters.** Auch sie birgt einen Prachtaltar von Johann Pacher. Ein Abstecher noch in das liebevoll gestaltete **Verkehrsmuseum** (Hauptstr. 29, Anfang Mai–Mitte Okt. 9–12, 14–18 Uhr, Juli/Aug. durchgehend). Dann aber gilt es, das landschaftlich reizvolle und an Sehenswürdigkeiten reiche Umland zu erkunden.

Das nahe Umland

Mehr als dreißig Burgen und Schlösser haben sich die Ministerialen der Landesherren einst in der Umgebung von St. Veit, vor allem auf der so genannten **Sonnenterrasse** an den Abhängen der Wimitzer Berge, bauen lassen. Die meisten wie etwa Liebenfels, Freiberg, die drei Kraiger Schlösser oder, östlich der Stadt, Taggenbrunn sind längst zu Ruinen verkommen und dienen bloß noch als romantische Wanderziele. Vereinzelt aber wurden Besitztümer von privater Hand instandgehalten oder wieder instandgesetzt. Eindrucksvollstes Beispiel hierfür ist das **Schloss Frauenstein,** das, halb noch wehrhafte Wasserburg, halb schon repräsentativer Schlossbau, unbestritten zu den schönsten Adelssitzen in ganz Kärnten zählt (Innenbesichtigung leider nicht möglich).

Mit einem Superlativ wartet auch das ehemalige Benediktinerinnenstift **St. Georgen** auf: Der wuchtige Vierkant-Komplex, der weithin sichtbar über dem Südufer des **Längsees,** einem weitgehend unverbauten Badeidyll, thront, geht auf eine Gründung aus der Zeit um 1010 zurück und gilt als ältestes Kloster im Lande. Von Joseph II. wurden die Nonnen Ende des 18. Jh. ihrer Ämter enthoben. Die schon davor immer wieder um- und ausgebaute Anlage dient heute als Erwachsenenbildungsstätte und Fremdenpension.

Ein kostbarer Sakralbau findet sich auch in **St. Donat,** am Südrand von St. Veit: eine Pfarrkirche, in deren Außenmauern besonders viele Reliefsteine und Skulpturfragmente aus Römerzeiten eingemauert sind. Von speziellem Interesse sind hier, an der Südseite, die weibliche Statue (eine Göttin Isis-Noreia?), der Jünglingstorso und das so genannte Froschmaul, eine angeblich 6000 Jahre alte, also vorkeltische Kopfskulptur. Unterhalb des Ortes, an der Hauptstraße, steht, recht verborgen hinter Bäumen, der **Stadlhof,** ein reizvolles, aber nicht zugäng-

St. Veiter Wiesenmarkt

Seit 1362, also demnächst zum 650. Mal, findet alljährlich Ende Sept./Anfang Okt. am Stadtrand von St. Veit der berühmte Wiesenmarkt statt. Bierzelte, ein großer Krämermarkt und allerlei Brauchtum mit historischen Gewändern locken noch heute während der zehn Tage rund eine halbe Million Besucher an.

Infos: Tel. 042 12/55 55-668.

Längsee bei St. Georgen

liches Barockschlösschen. Einen stilistisch kühnen Kontrapunkt setzt ein Stück stadteinwärts linker Hand das **Werk III** von **Funder,** dem in der Region führenden Holzverarbeitungsbetrieb: Die buchstäblich schräge Glas-Stahl-Konstruktion ist eine Schöpfung des renommierten Avantgarde-Teams Coop Himmelblau – ein gelungenes Beispiel für dekonstruktivistische Industriearchitektur.

Tourismusbüro St. Veit: 9300 St. Veit an der Glan, Hauptplatz 1, Tel. 042 12/55 55-668, www.stveit.carinthia.at.

Ernst-Fuchs-Palast: 9300 St. Veit/Glan, Prof.-Ernst-Fuchs-Platz 1, Tel. 042 12/46 60, Fax 46 60-611, www.fuchspalast.com. Exzentrisches, sehenswertes Kunsthotel im Stil des Phantastischen Realismus, mit 1100 m² großer, knallbunter Tiffany-Außenfassade, 4-Sterne-Komfort, DZ 150 €.

Weißes Lamm: 9300 St. Veit/Glan, Unterer Platz 4–5, Tel. 042 12/23 62, www.weisseslamm.at. Vier-Sterne-Komforthaus mit romantischem Arkadenhof, zentrale Lage, empfehlenswertes Spezialitätenrestaurant, DZ ab 80 €.

Glantaler Hof: 9556 Lebmach/Liebenfels, Tel. 042 15/24 40, Fax 2940. Behagliches Mittelklassehaus, gute Küche, schöne Terrasse, 2 km südwestlich von St. Veit, DZ ab 80 €.

Bad & Pension Kraigersee: 9311 Kraig, Seebichl 4, Tel. 042 12/35 65, www.kraigersee.at. Nettes Ruhequartier, direkt am großen, hauseigenen Badesee, freie Strandbenutzung, Halbpension, DZ ab 54 €.

Nagele: St. Veit/Glan, Spitalg. 136, Tel. 042 12/25 33, Mo–Sa 8–22 Uhr. Renommierter Feinschmeckertreff. Kärntner Spezialitäten auf hohem Niveau.
La Torre: St. Veit/Glan, Grabenstr. 39, Tel. 042 12/392 50, Di–Sa (außer feiertags) mittags und abends geöffnet. Weithin gerühmter Spitzen-›Italiener‹, mittel–gehoben.
Liegl: St. Peter bei Taggenbrunn 2, nahe St. Georgen, Tel. 042 13/21 24-0, tgl. 12–14, 17.30–21.30 Uhr, Okt.–April Di, Mi Ruhetag. Exquisiter Landgasthof, verfeinerte Kärntner Küche mit frischen saisonalen Produkten vom eigenen Hof, gepflegtes Ambiente, beachtliches Weinsortiment (auch schöne Zimmer!), mittel–gehoben.
Hirter Bierstüberl: St. Veit/Glan, Postg. 11, Tel. 042 12/25 51, tgl. 9–24, Fr, Sa bis 2 Uhr. Gemütlicher Gasthof, schattiger Garten an der Stadtmauer, bodenständig-gute Küche, exzellentes Bier, günstig–mittel.
Holzmann: St. Veit/Glan, Hauptplatz 4, Tel. 042 12/37 07-03, Mo–Sa 7–19, So 9.30–19, im Winter bis 18 Uhr. Traditionsreiche Café-Konditorei, ideal zur Stärkung nach dem Stadtrundgang.

Ellersdorfer: St. Veit, Unterer Platz. Viel gepriesene selbstgemachte echte Kärntner Nudeln, vorfabriziert, zum Mitnehmen für daheim.
Schöffmann: Herzog-Bernhard-Platz. Reindling als süßes Souvenir, frisch aus der Bäckerei.
Rikki Reiner: St. Veit, Hauptplatz 20. Qualitätvolle, internationale Damen-Designermode.

Bieradies: St. Veit, Hauptplatz 24, Tel. 042 12/23 12, Mo–Sa 10–1, So, feiertags 16–24 Uhr. Netter Intreff für Freunde edler Gerstensäfte.

Stadtmuseum Herzogburg: St. Veit, Burgg., Öffnungszeiten s. Anschlagtafel.

Maria Saal

Reiseatlas: S. 237, E 3
Im südöstlichen Zollfeld, schon recht nahe an Klagenfurt, grüßt von einer Hochterrasse weithin sichtbar die Doppelturmfassade der **Wallfahrtskirche** von Maria Saal ins Land. Bei dem mächtigen Bau handelt es sich nicht nur um Kärntens größtes, sondern auch um sein ältestes urkundlich erwähntes Gotteshaus. Seine Geschichte beginnt bereits im Jahr 767. Damals hatte Bischof Virgil von Salzburg einen Missionar namens Modestus ausgeschickt, um ›Karantanien‹ nach den Wirren der Awaren- und Slaweneinfälle ein zweites Mal zu christianisieren. Und der fromme Mann wählte – vielleicht, weil hier zuvor ein heidnisches Heiligtum gestanden hatte? – die religionspsychologisch und auch strategisch günstige Anhöhe zum Bischofssitz. Es entstanden erst ein karolingisches und in der Folge ein romanisches Gotteshaus. Der imposante Bau, wie wir ihn heute sehen, mit seinen drei Schiffen und drei Chören, den beiden grauen Bruchsteintürmen und dem mit ›Steinplattln‹, also gewöhnlichen gespaltenen Steinen gedeckten Dach ist das Ergebnis spätgotischer Baukunst. Auch die sie umgebenden

Wohn- und Wehranlagen entstanden mehrheitlich erst angesichts der Bedrohung durch das ungarische Heer im späten 15. Jh. Und doch lässt sich Kärntens Kulturgeschichte an dieser Kirchenburg wie an einem steinernen Buch in viel umfassenderem Sinn ablesen. Man nehme nur etwa das Grab des Modestus in der so genannten Sachsenkapelle: Die Reliquie ruht in einem römischen Kindersarkophag. Darüber steht auf einem karolingischen Tischaltar eine gotische Statue des Heiligen mit dem Kirchenmodell. Schräg vis-à-vis, über dem Sakristeiportal, zeigt ein 1928 von Herbert Boeckl geschaffenes Wandbild Christus, der Petrus vor dem Ertrinken rettet (wobei der Apostel eindeutig die Züge Lenins trägt). Während auf den Fresken im Querhaus darüber von den Evangelisten und Kirchenvätern bis zu den Heiligen Drei Königen fromme Gestalten aus der Blüte der Gotik die Wände bevölkern. Auch sonst findet sich unter dem Netzrippengewölbe des mystisch düsteren Langhauses und des ungleich helleren Hauptchores ein wundersames Gemisch an Stilen zur faszinierenden Synthese vereint: eine römische Brunnenschale als Taufstein, ein Venusaltar als Opferstock und ein Säulenkapitell als Sockel des Weihwasserbeckens; herrliche gotische Flügelaltäre (u. a. im Nordchor der berühmte Arndorfer Altar aus der Villacher Werkstatt), die Kanzel hingegen in üppigem Barock, ebenso der monumentale Hochaltar mit dem Gnadenbild jener gotischen Madonna, die das ganze Mittelalter hindurch von weit her Pilgerscharen anlockte, in seiner Mitte. Um nichts weniger anregend erweist sich das Äußere der Kirche. In der Vorhalle des Südportals begegnet man der Romulus und Remus säugenden Wölfin, rechts davon, an der Südseite, ist eine Steinkugel der 1480 vergebens die Kirchenburg belagernden Ungarn eingemauert. Weiters aus der Vielzahl an Römer- und Grabsteinen hervorhebenswert: die Marienkrönung aus rotem Marmor, ein Werk des Regensburgers Hans Valkenauer, das Relief mit der Schleifung Hektors durch Achill vor Troja sowie der berühmte Pferdewagen. Letzterer dürfte übrigens nicht, wie lange Zeit vermutet, eine Postkutsche oder einen Totenwagen darstellen, sondern, glaubt man neuesten Erkenntnissen, eine hohe Dame aus der nahen Römerstadt Virunum auf dem Weg zu einem Empfang zeigen. Zwei kostbare Kleindenkmäler stehen daneben: eine gotische, wunderbar filigran gearbeitete Lichtsäule, deren Ewiges Licht einst helfen sollte, die am hiesigen Friedhof Bestatteten vor Dämonen zu schützen, und der Karner, jener im Kern romanische Rundbau, dem man um 1500 in Nachahmung des Heiligen Grabes in Jerusalem einen doppelgeschossigen Arkadengang samt Fresken angebaut hat.

Ein wenig unterhalb des Ortes, an der Straße nach Arndorf, steht noch das **Pestkreuz,** eine turmartige Kapelle mit schönen Fresken, an der sich einst die Pilger, bevor sie zur Kirchenburg hinaufzogen, zu versammeln pflegten. In Sichtweite befindet sich der Eingang zum **Kärntner Freilichtmuseum.** Aus allen Landesteilen hat man hier Bauernhöfe zusammengetra-

DER MAGDALENSBERG

Römisch-keltische Siedlung auf dem Magdalensberg

Im Jahr 1502 stieß ein Bauer beim Pflügen seines Feldes am Helenenberg, dem heutigen Magdalensberg, auf ein »gantz Kupffernes grosses Manns Bild, neun Schuch lang gantz nackend mit einem runden kupffernen Hut, wie ein Schüssel, so vergült gewesen. Es ist aber dieses Bild damals gen Saltzburg geführet worden aus Befehl ...«. Der berühmte »Jüngling vom Magdalensberg« hat Kärnten seither nicht wiedergesehen. Die bedeutende römische Statue, eine Kopie nach einem griechischen Original, steht heute im Kunsthistorischen Museum in Wien. Und selbst diese ist eine Kopie aus dem 16. Jh. – aus der echten Statue soll eine Brunnenfigur gefertigt worden sein.

Es verwundert, dass trotz dieses spektakulären Fundes erst sehr viel später, nämlich 1867, mit Grabungen begonnen wurde. Kontinuierlich tätig sind Archäologen auf dem Magdalensberg überhaupt erst seit 1948. Seither ist der 1058 m hohe Waldrücken, der unweit von St. Veit an der Glan die östliche Seite des Zollfeldes begrenzt, freilich zur größten Grabungsstätte Österreichs geworden.

Es begab sich im dritten vorchristlichen Jahrhundert, dass keltische Stämme, die in das Gebiet des heutigen Kärnten einwanderten, diesen Berg wegen seiner guten Sichtverbindungen zum Standort einer leicht zu befestigenden Siedlung erkoren. Damals entsteht ein Verwaltungs- und Handelszentrum, in dem man unter anderem das norische Eisen verarbeitet. Im Jahr 170 v. Chr. wird zwischen den norischen Stämmen und dem benachbarten Römischen Reich ein Handelsvertrag abgeschlossen, der die wirtschaftlichen und kulturellen Beziehungen intensiviert. Im Jahr 15 v. Chr. besetzen römische Truppen Noricum. 60 Jahre später wird das Königreich dem Imperium als Provinz einverleibt.

Die auf künstlichen Terrassen angelegte Stadt auf dem Magdalensberg profitiert zunächst von dieser Entwicklung, wird zum Sitz der militärischen und zivilen Territorialverwaltung. Ihre Blüte ist jedoch nur von kurzer Dauer. Bereits 50 n. Chr. wird die Stadt aufgegeben. Die politische, wirtschaftliche und militärische Macht übersiedelt in das unten im Tal neu gegründete ›Municipium Claudium Virunum‹. Für die Nachwelt ein Glücksfall: Die Stadt am Berg wird weder durch Feuer noch durch kriegerische Einwirkungen zerstört. Daher bleiben viele Fundstücke und die urbane Struktur gut erhalten.

Insgesamt drei verschiedene Bauabschnitte lassen sich auf dem drei Hektar umfassenden antiken Siedlungsgebiet ausmachen: Auf dem Gipfel des Magdalensbergs, auf dem heute die spätgotische, der hl. Helena und Maria Magdalena geweihte Wallfahrtskirche steht, befand sich ursprünglich ein keltisch-römischer Tempel des Latobius-Mars. Um ihn erstreckte sich die vorrömische Siedlung, die von einem dreifachen Mauerring mit Toren und Bastionen umgeben war. Von dieser keltischen Siedlung konnten bisher allerdings keine Reste lokalisiert werden. Die ausgegrabene Stadt der Antike beruht indes auf italischen Stadtplanungskonzepten. Unterteilt wird sie heute in sechs Bereiche: das Forum mit den Händlerniederlassungen, das Wohn- und Werkstättenviertel, den Tempelbezirk, das Praetorium, das Repräsentationshaus sowie den Distrikt mit Bad und Terrassenhäusern. Hinzu kommt als architektur- und verwaltungsgeschichtlich einzigartiger Baukomplex die kaiserliche Goldschmelze.

Auf dem Magdalensberg wurden allerdings nicht nur Grundmauern und urbane Strukturen frei gelegt. Man hat auch Gegenstände des täglichen Gebrauchs, etwa Glasgefäße, Tafel- und Bronzegeschirr, gefunden. Besondere Bedeutung kommt den Wandmalereien zu, die hinsichtlich ihrer Motive wie Qualität jedem Vergleich mit italischen Beispielen standhalten.

Das Grabungsgelände ist als Freilichtmuseum zugänglich, in dem sommers ›Römerwochen‹ und ›Römerfeste‹ mit ›Sklavenmarkt‹, Quadrigafahrten, Senatssitzungen, Musik und Tanz veranstaltet werden. In die antike Welt eintauchen kann man aber die gesamte warme Jahreszeit über im Zuge eines Rundgangs durch das Gelände – etwa zu den 20 Museen in antiken Gebäuden, zu Werkstätten und Wohnhäusern, zu den Resten des Podiumstempels und zum Warmwasserbad mit Badewanne. Von dem wohlproportionierten ›Jüngling‹ ohne Kleider ist vor Ort freilich nur noch die Kopie der Kopie der Kopie zu sehen.

Anfang Mai–Mitte Okt. 9–19 Uhr. Information: Archäologischer Park Magdalensberg, 9064 Pischeldorf, Tel. 042 24/22 55, www.landesmuseum-ktn.at.

Festival für Alte Musik

Trigonale – unter diesem Namen geben sich neuerdings alljährlich von Mitte Juni bis Mitte Juli Koryphäen der Alten-Musik-Szene aus aller Welt rund um das Zollfeld ein Stelldichein. Die Idee: an historischen Orten wie dem St. Veiter Rathaus, dem Dom von Maria Saal, Stift Georgen und Schloss Tanzenberg wenig bekannte Werke aus Barock und Renaissance der Vergessenheit zu entreißen. Infos und Karten: 9020 Klagenfurt, Feldmarschall-Conrad-Platz 8, Tel. 04 63/50 03 60, www.trigonale.com.

gen und fein säuberlich wieder aufgebaut – über vierzig auf vier Hektar verteilte Objekte, von der Dörrhütte und Flodermühle über Bildstock und Badstube bis zu diversen Stadeln, Scheunen und gestandenen Bauernhäusern, die Einblicke in die Wohnformen, Lebensweisen und bäuerlichen Handwerke vergangener Jahrhunderte vermitteln (Anfang Mai–Mitte Okt. Di–So 10–18 Uhr).

Karnburg – Tanzenberg – Virunum

Reiseatlas: S. 237, D 2
Mindestens ebenso tiefe Einblicke in die Landesgeschichte kann man vis-à-vis, am Westsaum des Zollfeldes, gewinnen. Dort leuchtet als heller Fleck aus Waldesgrün der Weiler **Karnburg.** Dessen schlichtes Kirchlein mutet als einer von vielen Sakralbauten der Region aus dem Mittelalter an. Doch kam bei Restaurierungsarbeiten vor dem Zweiten Weltkrieg zutage, dass es sich um die Kapelle einer karolingischen Pfalz, der einzigen in Österreich, handelt. Geweiht wurde das Gotteshaus im 8. Jh. Arnulf von Kärnten, der erst Herzog, dann ostfränkischer König und 896 schließlich römischer Kaiser wurde und hier 888 das Weihnachtsfest feierte. Der archaische Charakter des Baus wird angesichts der vielen eingearbeiteten Römersteine offenkundig. Geradezu kurios: das Sammelsurium an Sarkophagdeckeln, Reliefsteinen und anderen Spolien an der Balustrade des Turmaufgangs. Ob man durch ihre Verwendung heidnische Geister bannen wollte? Für Segen sorgte jedenfalls innen, an der Nordwand über der zugemauerten Tür, die Gotteshand, ein karolingisches Steinrelief von überragender Bedeutung. Die Chorschranken bestanden aus Flechtwerksteinen, von denen Teile zwei Dörfer weiter, an der Fassade des romanischen Kirchleins von **St. Peter am Bichl,** Verwendung fanden.

Nahe der Karnburger Kirche stand, noch innerhalb der Wehranlage, jahrhundertelang der so genannte **Fürstenstein** – eine in die Erde gerammte römische Säulenbasis, die heute im Landesmuseum aufbewahrt wird und bei der Einsetzung der Kärntner Herzöge eine zentrale Rolle spielte. Im Rahmen dieses Zeremoniells, das vom 9. bis ins 15. Jh. ausgeübt wurde, empfing ein Bauer im Herzogsgewand, auf dem Stein sitzend, den in Bauernkleidern erschienenen künftigen Herrscher. Er ließ sich von diesem eine gerechte und fromme Amtsführung zusichern und tauschte schließlich nach allerlei symbolischen Handlungen mit ihm den Platz. Im Anschluss holte sich der solcherart inthronisierte Landesherr in Maria Saal den Segen des Bischofs. Im Anschluss begab er sich, nunmehr in standesgemäßen Gewändern, zu einem Festmahl und nahm schließlich unten im Tal auf dem legendären **Herzogsstuhl** Platz. Auf diesem urtümlichen, aus römischen Platten zusammengesetztem Doppelthron (der übrigens direkt an der Bundesstraße, von einem Eisengitter umfriedet, als ein einzigartiges rechtshistorisches Denkmal bis heute unverändert im Felde steht) leistete der Herzog den Ständen den Eid, empfing ihre Huldigungen, vergab Lehen und hielt zum ersten Mal Gericht.

Zentrale Bedeutung als Kultort hat seit urdenklichen Zeiten auch der **Ulrichsberg,** der sich, dicht bewaldet, unmittelbar hinter Karnburg erhebt. Der ›Mons Carantanus‹, wie er bis ins Spätmittelalter hieß, gilt als einer der vier heiligen Berge Kärntens und bildet dementsprechend eine Etappe auf dem berühmten Vierbergelauf (s. S. 35). Auf seinem 1022 m hohen Gipfel, den man von Pörtschach aus anfangs per Auto und dann auf rund einstündigem Fußmarsch erreicht, haben Archäologen die Reste eines spätantiken Heiligtums, einer frühchristlichen Kirche sowie diverser Siedlungsbauten frei gelegt. Die Ruine der gotischen Ulrichskirche wurde als Kriegergedächtnisstätte adaptiert. Das Treffen, das dort alljährlich zum Gedenken ›an die Gefallenen der beiden Weltkriege und des Kärntner Abwehrkampfes sowie an die Opfer der Volksdeutschen‹ unter Teilnahme zahlreicher Veteranenverbände stattfindet, war bis in die jüngste Vergangenheit wegen so mancher, das Soldatentum heroisierender Untertöne politisch ziemlich umstritten.

Von Karnburg gelangt man auf der Landesstraße zum **Hörzendorfersee,** einem idyllischen Badegewässer. Kurz davor führt rechter Hand ein Sträßchen zum **Schloss Tanzenberg.** In dem imposanten, im Kern gotischen Renaissancekomplex betreibt der Orden der Olivetaner seit gut 100 Jahren ein Gymnasium samt Internat. Die zugehörige, im Laufe des 20. Jh. nach und nach erbaute neoromanische Basilika würde mit ihrer fremdartigen Loggiafassade, der Rundapsis und dem Mosaikschmuck wohl besser nach Sizilien passen. Ihr weiter Innenraum mit der schönen Holzkassettendecke und dem so modernen wie ergreifenden goldenen Flügelaltar des einheimischen Künstlers Valentin Oman lohnt den Abstecher auf jeden Fall (während des Schuljahres Zutritt über den ebenfalls sehenswerten Arkadenhof). Zumal man vom Kirchenvorplatz aus erneut, wie in Maria Saal, einen herrlichen Panoramablick über Kärntens historisches Kerngebiet genießt.

Virunum

Apropos Historie: Wenn man unten an der Bundesstraße, exakt vis-à-vis von

Tanzenberg, in den alteingesessenen Familiengasthof Fleissner einkehrt, findet man dort neben dem Eingang ein römisches Medaillon und ein Relief und drinnen, neben der Theke an der Wand, den großformatigen Stich einer rekonstruierten Römerstadt. Ein Beitext erklärt: »Hier an dieser Stelle des Zollfeldes stand einst die Stadt **Virunum.** Sie wurde um das Jahr 45 n. Chr. unter dem römischen Kaiser Claudius als Hauptstadt der Provinz Noricum erbaut. In der einst reichen Stadt befanden sich Tempel, Bäder, ein großer Marktplatz mit öffentlichen Bauten sowie ein Bühnentheater. In den Wirren der Völkerwanderung des 5./6. Jh. wurde Virunum zerstört.«

Kann man die Vergänglichkeit alles Irdischen drastischer vor Augen geführt bekommen? Dort, wo heute dichter Wald wächst, Mais- und Sonnenblumenfelder wogen, pulsierte einst auf einer Fläche von circa zwei Quadratkilometern tatsächlich das Leben einer reichen Provinzmetropole mit 30 000 Einwohnern. Geblieben ist von all der Urbanität so gut wie nichts. Denn nach der Völkerwanderung haben die Anrainer die Stadtruine jahrhundertelang als Steinbruch für ihre Neubauten benutzt. Und die Natur tat ein Übriges. Zwar hat man inzwischen im Zuge sporadischer Grabungen das Zentrum lokalisiert, viele Details ermittelt und auch einige archäologische Schätze gehoben. Vor ein paar Jahren wurden sogar eine Insula mit den Grundmauern von Wohngebäuden und das Amphitheater freigelegt und aus der Luft die Strukturen

Burg Hochosterwitz

eines Militärlagers identifiziert. Noch heute stoßen die örtlichen Bauern beim Pflügen regelmäßig auf steinerne Überbleibsel. Doch eine großflächige systematische Erforschung lässt weiterhin auf sich warten. Dementsprechend gibt es für interessierte Laien nichts zu sehen. Oder doch: Im späten 17. Jh. ließ ein Privatarchäologe namens Johann D. Prunner dem Schutzpatron aller Suchenden, dem hl. Antonius, eine Kapelle bauen und darin gut zwei Dutzend Römersteine vermauern. Dieses so genannte **Prunnerkreuz** steht seither – zwei Gehminuten hinter dem Gasthof Fleissner (und dank Wegweisern leicht zu finden) – als eine Art architektonisches Memento mori im freien Feld.

Sandwirt: Maria Saal, Hauptplatz 5, Tel. 042 23/22 84, Mi–Mo 9–23 Uhr. Gemütliches Gasthaus mit ganztägig warmer, guter Küche, direkt gegenüber dem Dom, günstig–mittel.
Seefriede: Hörzendorf, Tel. 042 12/38 94, sommers tgl. 10–24, winters Di–So 11 bis 24 Uhr. Gemütlicher Gasthof (und Pension) direkt am idyllischen Badesee, gute Hausmannskost, fangfrische Fische, günstig–mittel.
Fleissner: Maria Saal, Zollfeld (nahe dem Prunnerkreuz), Tel. 042 23/22 18, Di–So 11.30–23, Juli, Aug. ab 8 Uhr. Gestandener Gasthof auf historischem Boden, günstig.
Gipfelhaus Magdalensberg: Pischelsdorf, Magdalensberg 16, Tel. 042 24/22 49, tgl. durchgehend 9–20 Uhr. Ideal nach der Besichtigung der archäologischen Grabungen, köstliche warme Schmankalan, phantastischer Panoramablick, günstig.

Burg Hochosterwitz

Reiseatlas: S. 237, E 2
Sie gilt mit gutem Grund als eines der Wahrzeichen von Kärnten und als wohl imposanteste Feste Österreichs: jene Burg, die sich, viel besucht und wahrscheinlich noch viel öfter fotografiert, ein paar Kilometer östlich von St. Veit an der Glan auf einem 150 m hohen frei stehenden Kalkfelsen in den Himmel reckt. **Hochosterwitz** wirkt in der Tat auf jeden Betrachter wie der Archetypus eines uneinnehmbaren, mittelalterlichen Festungsbaus. Kein Wunder, dass sich auch Walt Disney mit seinem untrüglichen Gespür für das Kitschig-Romantische in diese Traumburg vernarrt haben soll. ›Astarnuiza‹, wie sie ursprünglich hieß, wurde um 860 erstmals erwähnt. Bis etwa Mitte des 12. Jh. gehörte sie dem Bistum Salzburg. Danach wechselten ihre Besitzer häufig, bis sie im Jahre 1541 in die Hände der Khevenhüller, jener damals hochbedeutsamen Adelsfamilie, kam, in deren Besitz sie bis heute ist. Zu ihrer gegenwärtigen Form wurde sie unter Georg Khevenhüller, seines Zeichens im zarten Alter von 22 Jahren Landeshauptmann, ausgebaut (1571 bis 1586), und zwar als Hauptfestung gegen Habsburgs Erzfeind, die Türken – »zum Nutzen des Staates, auf eigene Kosten«, wie der Bauherr selbstbewusst verlauten ließ. 14 Tore, jedes für sich ein kleines Kastell mit eigenen Verteidigungsinstallationen, warteten auf den potentiellen Eroberer, den es freilich nie geben sollte. Dieselben 14 Tore gilt es heute zu durchschreiten, will man über die steile, mehrfach ge-

Zeit für eine Jause ...

wundene Straße die Burg friedlich bezwingen. Fähnrichs-, Wächter-, Nau-, Engelstor etc. – jedes Tor hat seinen eigenen Namen, seine eigene Form, Aufgabe und sogar künstlerische Ausstattung. Das letzte, das so genannte Kulmertor, ist gar mit Zugbrücke, Fallbaum und Gatter versehen. Von Tor Nr. 13 führt ein Weg zur gotischen Burgkirche, in der die ehemaligen Burgherren ruhen.

Vom Tor Nr. 14 gelangt man zunächst in den Zwinger und schließlich über eine steile Treppe hinauf zu der abermals massiv bewehrten Hochburg. Oben angekommen, gibt es allerhand zu besichtigen: den schönen Arkadenhof mitsamt altem Ziehbrunnen, die – allerdings häufig geschlossene – Nikolauskapelle und das Burgmuseum mit seinen zahlreichen Rüstungen, Waffen, diversen Objekten aus der Bau- und Familiengeschichte sowie Kunstgegenständen wie etwa einem Bronzerelief der Hl. Familie, einem Bronzealtar, dem knienden Georg Khevenhüller aus Holz oder der lebensgroßen Renaissancestatue einer unbekleideten Frau (Burg und Museum: Mai–Sept. tgl. 8–18, April, Okt. 9–17 Uhr; Personenaufzug und Burgrestaurant vorhanden).

Unterkärnten

Pfarrkirche
von Feistritz

Reiseatlas S. 237 und S. 238/239

METNITZ-, GURK- UND GÖRTSCHITZTAL

Die etwas abseits der großen Touristenströme gelegene Region im Nordosten ist dank ihrem Waldreichtum ein wunderbares Wander- und Erholungsgebiet. Mit der Burgenstadt Friesach, dem Gurker Dom und dem alten Bergbauzentrum Hüttenberg bietet sie Fünf-Sterne-Attraktionen. Nicht zu vergessen die zahlreichen kunsthistorischen Kleinode.

Friesach

Reiseatlas: S. 238, C 1
Ein guter Startplatz, um den Norden von Kärntens geschichtsträchtigem Zentralraum zu erkunden, ist der kleine Ort **Hirt.** Dies nicht so sehr (obwohl auch!), weil man hier seit mehr als 725 Jahren ein köstliches Bier braut, das sich in einer gemütlichen Gaststätte verkosten lässt, sondern vor allem, weil man hier kürzlich einen stillgelegten Hochofen in eine multimediale Erlebniswelt verwandelt hat. Hier können sich Neuankömmlinge über die Geschichte und Attraktionen der Region, des so genannten Hemmalands, umfassend informieren (Mitte Mai–Ende Sept. tgl. 10–18 Uhr, www.hirterbier.at).

Friesach, das urbane Zentrum und historische Herz dieser Grenzgegend zur Steiermark, liegt nur wenige Autominuten nördlich von Hirt an jener seit der Römerzeit viel frequentierten Nord-Süd-Route, die heute B317 heißt. Schon von weitem grüßt von Hügelkuppen über dem Talboden ein imposantes Ensemble aus Burgruinen, Wehrmauern und Kirchen. Sie sind untrügliche Zeichen für die überregionale Bedeutung des Ortes, seinen einst großen und dementsprechend umkämpften Reichtum – und für seinen touristischen Charme.

Bereits 1215 als ›civitas‹ bezeichnet, ist Friesach nicht nur die älteste Stadt Kärntens, sondern auch eine besonders sehenswerte. Wo sonst findet sich noch eine so geschlossene mittelalterliche Baustruktur? Wo sonst hat sich trotz der unzähligen Besetzungen und Zerstörungen durch böhmische, habsburgische, türkische, ungarische, französische und andere Truppen und durch fast zwei Dutzend Feuersbrünste eine ähnlich intakte Stadtbefestigung erhalten? 820 m ist ihre Zinnenmauer lang, und 11 m hoch. Der ihr vorgelagerte Graben ist, als einziger in Europa, sogar noch mit Wasser gefüllt. Dabei muss man sich vergegenwärtigen: Zu seiner Blütezeit im 13. Jh. war Friesach noch wesentlich weiträumiger als der heute ummauerte Stadtkern. Als Handelszentrum und Mautstätte, in der man aus heimischem Silber den begehrten Friesacher Pfennig schlug, in der etliche Ordensgemeinschaften Klöster unterhielten und auch eine große jüdische Gemeinde lebte, übertraf es an Bedeutung Städte wie Wien und Graz.

Als Ausgangspunkt für den Rundgang empfiehlt sich der Fürstenhof. An der Stelle des mächtigen, spätmittelalterlichen Gebäudekomplexes stand wahrscheinlich jener Wirtschaftshof ›ad Friesah‹, den König Ludwig der Deutsche 860 dem Erzbischof von Salzburg schenkte (worauf das Gebiet bis 1803 weitgehend im Besitz des Salzburger Klerus blieb). Heute sind hier Gemeindeamt und Touristeninformation zu Hause. Im zugehörigen Getreidespeicher lädt als Nachspiel zur Landesausstellung von 2001, mit der sich Friesach als ›Schauplatz Mittelalter‹ präsentierte, die Dauerschau ›Die Spur des Einhorns‹ in eine virtuelle Mythenwelt, zu der auch die Sprechenden Steine, der Speerwurf, das Labyrinth des Lebens und andere Installationen auf dem Vorplatz gehören (Mai–Okt. tgl. 9–18 Uhr).

Die nahe, ursprünglich romanische **Stadtpfarrkirche** mag durch ihre Wuchtigkeit, insbesondere das extrem breite Mittelschiff, beeindrucken. Auch ihre Ausstattung weist einige Kostbarkeiten wie die Glasfenster im Chor (teilweise 13. Jh.) oder diverse Grabplatten (14./15. Jh.) auf. Doch Stilpuristen rümpfen angesichts der massiven Umbauten in späteren Jahrhunderten, vor allem der um 1900 nach einem Brand neu aufgesetzten Turmhelme, nicht ganz zu Unrecht die Nase. Der benachbarte **Hauptplatz** präsentiert sich wohltuend verkehrsbefreit und gesäumt von reizvollen Bürgerhäusern. Speziell bemerkenswert: das Alte Rathaus (Nr. 1), die Apotheke mit schöner freskierter Fassade (Nr. 7) und der italienisch anmutende, achteckige Stadtbrunnen aus dem 16. Jh. mit seinen mythologischen Motiven als Marmorreliefs. Wenige Schritte entfernt, zu Füßen der Ruine Rotturm im so genannten Sack, steht die **Heiligblutkirche**, in deren einschiffig-schlichtem Inneren ein prächtiger Barockaltar (Skulpturen aus dem frühen 15. Jh.) mit einem gotischen Reliquiar (in der Sakramentsnische) kontrastiert. Ein lohnender Abstecher führt von hier durch die Lange Gasse in kurzem, steilem Anstieg auf den **Virgilienberg,** den eine überaus romantische Propsteiruine (13. Jh.) bekrönt.

Als regelrechtes Schatzhaus sakraler Kunst erweist sich die südöstlich der Altstadt gelegene, im Kern romanische Kirche des **Deutschen Ordens.** Dessen Schwestern, die übrigens heute noch im angrenzenden, modernst ausgestatteten Krankenhaus Dienst tun, hat vor gut 100 Jahren ein Kunstsammler eine Kollektion gotischer Meisterwerke – Schnitzaltäre, Tafelbilder, Heiligenstatuen – vermacht. Eine Sensation bedeutete 1946 die Wiederentdeckung der Fresken aus dem 12. Jh. im Chor.

Den Stadtgraben entlang, vorbei an dem metallenen ›Rad der Fortuna‹, führt der Weg zu einem weiteren, außerhalb der Stadtmauer gelegenen Gotteshaus, dessen Ausstattung Kunstfreunde begeistert: Die frühgotische **Dominikanerkirche** ist mit ihrer

Burgenstadt Friesach

Länge von 74 m Kärntens größte Kirche und gehorcht in ihrer noblen Strenge voll und ganz dem einstigen Bauprinzip der Bettelorden. Neben allerlei neogotischen Mittelmäßigkeiten birgt sie u. a. den Johannes-Altar (nach 1500), ein kostbares Epitaph aus rotem Marmor (1516), ein monumentales Ast-Kruzifix und, last but not least, die ob ihres speziellen Liebreizes viel gerühmte »Friesacher Madonna« (beide 14. Jh.). Die ein Stück nördlich auf steilem Fels thronende, schön renovierte **Burg Geiersberg** ist in Privatbesitz und lässt sich nur aus der Ferne bewundern.

Zum Abschluss steigt man auf den **Petersberg** zur gleichnamigen Burgruine, dem ehemaligen Domizil der Salzburger Erzbischöfe. Deren über 28 m hoher Bergfried wurde auf Geheiß von Konrad I. im 12. Jh. erbaut und gilt als einer der mächtigsten im deutschen Sprachraum. Dennoch wäre er 1891 um ein Haar abgerissen worden. Heute beherbergt er, auf fünf Geschosse verteilt, ein sehenswertes **Stadtmuseum.** Dieses präsentiert (in der Rupertikapelle) wertvolle Fresken, Plastiken und einen berühmten Flügelaltar. Vor allem aber dokumentiert es die Geschichte Friesachs – von den Anfängen zur Zeit der Hemma von Gurk, die ja eine Gräfin von Friesach-Zeltschach war, über jene Jahre als Doppelmarkt, als sich die heftig rivalisierenden Bistümer Gurk und Salzburg die Vorherrschaft teilten, und hier jenes legendäre Ritterturnier stattfand (1224), das der Minnesänger Ulrich von Liechtenstein romanhaft beschrieb, bis zum Niedergang im 14./15. Jh. und noch weiter bis in die jüngste Vergangenheit (Anfang

Juni–Anfang Sept. tgl. außer Mo 10 bis 17, Mai und Sept.–Mitte Okt. 13 bis 17 Uhr).

Tourismusinformation Friesach: 9360 Friesach, Fürstenhofplatz 1, Tel. 04268/4300, Fax 4280, www.friesach.at.

Metnitztaler Hof: 9360 Friesach, Hauptplatz 11, Tel. 042 68/251 00, Fax 251 00-54, www.metnitztalerhof.at. Gediegenes Vier-Sterne-Hotel mit ebensolchem Restaurant unter 500-jährigen Gewölben, zentralste Lage, DZ ab 88 €.
Pilgramhof: 9360 Friesach, Pichling 41 (4 km nördl. der Stadt), Tel. 042 68/22 35. Komfortabler Bauernhof am Waldrand, eigener Bade- und Angelteich mit großer Liegewiese, Streichelzoo und Spielplatz, DZ ab 50 €.

Hirter Braukeller: Micheldorf, Hirt 2, Tel. 042 68/20 50-45, tgl. 10–24 Uhr. Traditionsreiche Kleinbrauerei, gemütlicher Garten, mittel.
Burgschenke am Petersberg: Friesach, Petersbergweg 18, Tel. 042 68/500 30, www.burgschenke.at. Herzhafte Kost Marke Graupensuppe, Bettelbrot und Raubritterplatte, Ritteressen und -turniere in mittelalterlichem Gemäuer, mittel.
Schenke zum Krebsen: Friesach, Neumarkter Str. 19, Tel. 042 68/23 36, tgl. 10–2, warme Küche 11–23 Uhr. Nette Gastwirtschaft in urigem Ambiente, mittelalterliche Schmankerln, Kaminstüberl, Garten, Kinderspielplatz, günstig–mittel.
Speckladle Höferer: Friesach, Wiener Str. 12, Tel. 042 68/23 92, Mi–Mo 9–24, Küche 11–21 Uhr. Rustikales Wirtshaus mit Bio-Zertifizierung am Stadtgraben, im Sommer Terrasse mit nettem Altstadtblick, günstig.

Wellcure-Hotel Agathenhof

5 km südlich von Friesach, außerhalb von Micheldorf, wurde um 1900 eine mit fortschrittlichsten, naturverbundenen Methoden betriebene Kuranstalt begründet. Gut 100 Jahre später kann man auf dem 170 Hektar großen Areal immer noch auf zeitgemäße Weise Heilung suchen und Vitalität tanken. Fachpersonal aus Allgemein- und Komplementärmedizin, Homöopathie, Psychologie und Physiotherapie schaffen in gediegenem Rahmen die Grundlagen für umfassendes Wohlempfinden; u. a. im Angebot: Esoterikseminare, Schönheits- und Heilfastenkuren (Infos: Tel. 04268/50170-0, www.agathenhof.at).

Craigher: Friesach, Hauptplatz 3, Mo–Sa 7–20 Uhr. Alteingesessene, gutbürgerliche Café-Confiserie.

Boos & Co: Stadtgrabeng. 5 (Dominikanerkloster). Fabrikverkauf von Trachten- und Landhausmode aus edlen Naturmaterialien.
Friesacher Leinen: Weberweg (1,5 km südl. von Friesach an der B83). Fabrikverkauf von Bett-, Tisch-, Küchenwäsche sowie Meterware.
arsvitaest: Hauptplatz 1, Mo–Sa 16–18 Uhr. Charmante Galerie und Vinothek, auch Imbisse.

Berni's Bar: Hauptplatz 17, Di–Do 19–1, Fr, Sa 19–4 Uhr. Winzige, sympathische Bar mit gutem Wein- und Spirituosensortiment, im Sommer Outdoor-Treff.

Friesacher Burghofspiele: Ende Juni–Mitte Aug. Klass. Weltliteratur von Shakespeare bis Nestroy auf der Freilichtbühne im Oberhof der Burgruine Petersberg (www.burghofspiele-friesach.at). **Spectaculum:** Kärntens größtes Mittelalterfest, ca. Ende Juli, 16–24 Uhr (Auskünfte für beide Veranstaltungen s. Tourismus-Info, S. 131).

Das Metnitztal

Reiseatlas: S. 238, B 1
Folgt man der Metnitz, an der Friesach liegt, flussaufwärts Richtung Westen, erreicht man nach 14 km **Grades.** Die kleine Gemeinde besitzt ein mächtiges Schloss und eine hübsche Pfarrkirche. Ihre alles überstrahlende Attraktion ist freilich die etwas außerhalb auf einer Anhöhe am Waldrand gelegene, dem hl. Wolfgang geweihte Wallfahrtskirche. Der Bau, der nach wie vor durch eine mächtige, mit Schießscharten versehene Mauer und zwei schwer befestigte Tore geschützt ist (Schlüssel im Pfarramt unten im Ort, Marktplatz 10, Ausweis zu hinterlegen), verkörpert die schlichte Schönheit der Spätgotik in Reinkultur. Demgemäß gilt der Bau als eine der schönsten (Wehr)Kirchen ganz Österreichs aus der zweiten Hälfte des 15. Jh. Blickfang in dem hohen, lichtdurchfluteten, von filigranen Netzrippen überwölbten Innern ist der Flügelaltar – ein Werk, das in seiner vollkommenen Harmonie aus Architektur, Malerei und Plastik selbst in dem an gotischen Altären so reichen Land Kärnten seinesgleichen sucht. Die Erlesenheit der Arbeit und die Stille des Ortes legen nahe, die zahllosen Details, etwa die Figuren im Schrein (die Heiligen Wolfgang, Laurentius und Stephan), die Motive auf den Flügeln (Verkündigung, Geburt Christi, Tod und Krönung Mariens) oder, auf deren Rückseiten, die Szenen aus der Wolfgangs-Legende und diversen Martyrien, eingehend zu betrachten.

Nächste Station ist, am Ende einer schluchtartigen Talverengung, **Metnitz.** Der Ort, dessen Name, wie so viele in der Region, auf slawischen Ursprung hinweist (*motnica* = trübes Wasser), besitzt eine prächtige Pfarrkirche mit bemerkenswerten Fresken und einer pompösen Barockeinrichtung. Seinen kunstgeschichtlichen Ruhm verdankt er freilich dem nebenstehenden, gotischen Karner. Dieser kleine, achteckige, mit Lärchenschindeln gedeckte Bau wurde um 1500 außen mit einem Totentanzfresko verziert. Im Laufe der Jahrhunderte hatten Wind und Wetter den Bildern so zugesetzt, dass man sie 1968/70 ins Kircheninnere übertrug. Von den einst 28 Motiven haben sich nur vier Figurenpaare – der Tod mit Koch, Bauer, Mutter und Kind – im Original erhalten. Sie sind die einzigen dieses Genres in Österreich und seit einigen Jahren, gemeinsam mit Aquarellkopien des Bilderzyklus aus dem späten 19. Jh., in einem kleinen Museum ausgestellt (Anfang Mai–Ende Okt. Di–So 10–12, 14–17 Uhr).

Statt dieselbe Strecke zurück nach Friesach zu nehmen, empfiehlt sich die Weiterfahrt nach Westen. Durch eine unberührte, waldreiche Mittelgebirgslandschaft geht es, vorbei an vereinzelten Weilern und Höfen, auf die Flattnitzer Höhe, eine Almregion, die sich in jüngerer Zeit zu einem populären Wintersport- und Wandergebiet gemausert hat. Ein Abstecher lohnt noch ins Dorf **Flattnitz** mit seiner malerischen, architektonisch sehr originellen Wehrkirche. Dann folgt man dem Glödnitzbach entlang ins Gurktal. Hier verdient **Weitensfeld** einen ersten längeren Stopp. Denn auch diese kleine Gemeinde, die man für ihre Karl-May-Festspiele und das Kranzlreiten, einen speziellen, nur hier gepflegten Pfingstbrauch (s. S. 35), im ganzen Land kennt, besitzt eine interessante Wehrkirche. Die alles überstrahlende Sehenswürdigkeit der Region jedoch, ein Kunstdenkmal von europäischem Rang, wartet 9 km talauswärts – in Gurk.

Gurk und Oberes Gurktal

Gurk

Reiseatlas: S. 238, B 2
Der abseits aller Fernverkehrsrouten gelegene Markt ist untrennbar mit dem Namen der Kärntner Landesmutter, der hl. Hemma, verbunden. Die Gräfin (980–1045) hatte, nachdem ihre zwei offenbar gottlosen Söhne von aufgebrachten Leibeigenen erschlagen worden waren und auch ihr Gatte verstorben war, ihr riesiges Vermögen zum Bau etlicher Kirchen und Klöster verwendet. An der Gurk stiftete sie ein Benediktinerinnenkloster, das freilich schon 1072 von dem Salzburger Erzbischof Gebhard aufgehoben und zum Sitz eines von Salzburg abhängigen Bistums gemacht wurde. Zwei Generationen später beschloss Bischof Roman I., ein allem Anschein nach sehr durchsetzungskräftiger Herr, der sich mit Unterstützung seines Freundes Kaiser Friedrich I. Barbarossa von Salzburg emanzipieren wollte, die Errichtung eines neuen, monumentalen Domes. Zwei Absichten standen dabei im Vordergrund: zum einen den Rivalen an der Salzach auch architektonisch Paroli zu bieten und zum anderen den sterblichen Überresten der Stifterin eine repräsentativere letzte Ruhestatt zu schaffen. Denn inzwischen hatte sich das Grab der frommen Hemma, die übrigens 1287 selig und 1938 heilig gesprochen wurde, zu einem viel besuchten Wallfahrtsort entwickelt, an dem Gläubige wundersame Heilungen erhofften und anscheinend auch erfuhren.

Mit dem Bau der dreischiffigen Basilika und ihrem 60 m hohen Turmpaar wurde um 1140 begonnen. Um 1220 war sie vollendet. Und seit damals ist sie dank der abgeschiedenen Lage in dem dünn besiedelten Tal außen von gotischen oder gar barocken Ergänzungen (mit Ausnahme der Zwiebelhelme) weitgehend verschont geblieben. Deshalb darf sie als einer der bedeutendsten romanischen Sakralbauten Österreichs gelten.

Heute betritt man den **Gurker Dom** durch ein modernes Metalltor (T. Hoke, 1988). Die Vorhalle dahinter besitzt Glasfenster und einen wunderschönen Freskenzyklus mit 32 Bildern aus dem Alten und Neuen Testament (beide um

1340). Ihr Schmuckstück freilich ist das siebenfach abgestufte Portal mit seinen reichen Steinornamenten und den hölzernen Schnitzreliefs (kurz vor bzw. nach 1200). In dem gewaltigen, 1591 mit einem Netzrippengewölbe versehenen Innenraum bildet der 16 m hohe, golden schimmernde Hochaltar den Blickfang. Er umfasst als ein Meisterwerk frühbarocker Theatralik 72 Figuren und 82 Engelsköpfe (um 1630, von M. Hönel), die sich um die zentrale Marienstatue gruppieren. Ihm vorgelagert ist eine aus 18 t Blei gegossene Pietà (1740, von G. R. Donner). Nur in den Wochen vor Ostern zur Schau gestellt wird hier das berühmte Gurker Fastentuch. Es wurde 1458 von Konrad von Friesach mit 99 alt- und neutestamentlichen Szenen bemalt und gilt nicht nur als ältestes und schönstes, sondern mit seinen 81 m^2 auch als größtes Fastentuch Kärntens.

Im linken Seitenschiff besonders bemerkenswert sind die schönen romanischen Fresken und das viel gerühmte Samson-Tympanon (um 1200). Apropos Fresken: Einen Höhepunkt jeder Führung bildet der Raum über der Eingangsvorhalle, die Bischofskapelle. Dort verschmilzt ein alle Wände bedeckender Bilderzyklus im so genannten Zackenstil mit der ihn umgebenden Architektur und Bauplastik zu einem spätromanischen Gesamtkunstwerk allerersten Ranges.

Das Herzstück des Doms bildet allerdings sein ältester Teil, die Krypta. Sie wird als großartigste im gesamten deutschen Sprachraum gerühmt. Der Superlativ wird nur allzu verständlich, wenn man in dem mystisch-dämmrigen Wald aus 100 Marmorsäulen still verharrt. Eine würdigere Aura hätte sich Hemma, deren Gebeine hier in einem von Säulen mit fremdartigen Köpfen getragenen, in der Barockzeit überbauten Steinsarkophag liegen, für ihre letzte Ruhestatt wohl nicht wünschen können (ganzjährig tgl. 9–17, Führungen tgl. 10.30, 13.30, 15 Uhr, Tel. 042 66/82 36-0, www.dom-zu-gurk.at).

Hochaltar im Gurker Dom

Von Straßburg nach Althofen

Reiseatlas: S. 238, B/C 2

4 km östlich thront auf einem 1000 m hohen Hügel über dem Städtchen **Straßburg** ein mächtiges Burgschloss. Es wurde, wie der Gurker Dom, ursprünglich im 12. Jh. von Bischof Roman I. erbaut und sollte wie jener die Unabhängigkeitsbestrebungen gegenüber Salzburg unterstreichen. Die wehrhafte, immer wieder erweiterte Anlage stammt in ihrer heutigen Form hauptsächlich aus dem 16. bis 18. Jh. Sie diente den Bischöfen von Gurk über 500 Jahre lang als Residenz und wurde, nachdem ein Erdbeben sie 1767 unbewohnbar gemacht hatte und als nach dem Zweiten Weltkrieg der endgültige Verfall unaufhaltbar schien, aufwendig generalsaniert. Heute birgt sie ein Volkskunde- und Jagdmuseum und immer wieder auch sehenswerte Wechselausstellungen (Anfang Mai bis Ende Okt., tgl. 9–17 Uhr). In dem schönen Arkadenhof ist eine Schlossschenke untergebracht.

Museum für ein Genie

Der Chemiker und begnadete Forscher Carl Freiherr Auer von Welsbach (1858–1929) erfand u. a. den Glühstrumpf, die Metallfadenlampe und das Cer-Eisen für das Feuerzeug. Auch entdeckte er vier chemische Elemente. An das Leben und bahnbrechende Werk des genialen Mannes erinnert ein hochinteressantes, reich mit originalen Geräten und Apparaturen bestücktes Museum in Althofen.

Anfang Mai–Ende Okt. Di–So 10 bis 17 Uhr, Führungen gegen Voranmeldung, Tel. 042 62/43 35, www.althofen.at/welsbach.htm.

Ein Abstecher vielleicht in das westlich angrenzende Dörfchen **Lieding,** wo, auf markantem Hügel erbaut, die spätgotische Margarethenkirche im Verbund mit Lichtsäule, rechteckigem (!) Karner und Pfarrhof ein hübsches und kunsthistorisch beachtenswertes Ensemble bietet?

Dann geht es – vorbei an dem prachtvollst renovierten Schloss von **Pöckstein-Zwischenwässern,** einem Barockjuwel des Salzburger Architekten Johann Georg Hagenauer, in dem Ende des 18. Jh. interimistisch die Gurker Bischöfe residierten und dessen künftige Nutzung noch ungewiss ist – nach **Althofen,** den Hauptort des so genannten Krappfelds (14 km von Straßburg). Einem toskanischen oder umbrischen Bergstädtchen gleich, grüßt seine Silhouette von einem Höhenkamm, der schon in urgeschichtlicher Zeit besiedelt war. Dieser Obere Markt mit seinen teilweise noch existierenden Befestigungsanlagen war im Mittelalter ein wichtiger Umschlagplatz für das Hüttenberger Eisen und stand im Besitz der Salzburger Bischöfe. Zwischen seiner gotischen, merkwürdigerweise dem hl. Thomas von Canterbury geweihten Pfarrkirche und dem Bergfried hat sich ein geschlossenes, bis auf die Fassaden weitgehend mittelalterliches Ensemble erhalten. In einem der Häuser lockt das Auer-von-Welsbach-Museum an Naturwissenschaft und Technik interessierte Besucher (s. o.). Ein bedeutsames Kunstdenkmal im Unteren Markt ist die im Kern romanische Cäcilien-Kirche. Das moderne, geschäftige Stadtzentrum unten im Tal ist mittlerweile mit der Nachbargemeinde **Treibach** zusammengewachsen. Diese besaß um 1700 das fortschrittlichste Hüttenwerk des Landes und ist auch gegenwärtig von Industrie geprägt. Leitbetrieb ist die 1897 von Carl Freiherr Auer von Welsbach begründete, im Bereich Chemie und Metallurgie bis heute global erfolgreich tätige Treibacher Industrie AG. Ein Stück außerhalb hat man, unübersehbar auf waldigen Hang, ein riesiges und sehr renommiertes Kur- und Rehabilitationszentrum gestellt.

Regionalentwicklung Mittelkärnten: 9300 St. Veit/Glan, Hauptplatz 23, Tel.042 12/288 80-69 31, www.hemmaland.at.

Prechtlhof: 9330 Althofen, Schobitzstr. 1, Tel. 042 62/26 14, www.

prechtlhof.com. Vier-Sterne-Komfort im romantischen Landhausstil in der alten ›Oberen Stadt‹, Sauna, Dampfbad, vorzügliche Küche, DZ ab 100 €.
Herrenhaus Krainer: 9341 Straßburg, Hauptplatz 3, Tel. 042 66/22 51. Garten, Liegewiese, Swimmingpool, Kur- und Gesundheitsangebot, zentrale Ruhelage (nur Ende April–Ende Okt.), DZ ab 89 €.
Gästehaus St. Hemma: 9342 Gurk, Domplatz 11, Tel. 042 66/82 36-14, Fax 82 36-16, www.dom-zu-gurk.at. Tadellose, aber klösterlich-schlichte Komfortzimmer, auch in Kombination mit ›Tagen der Stille‹ oder ›Kloster auf Zeit‹, ab 54 €.

Bachler: Althofen, Silberegger Str. 1, Tel. 042 62/38 35, tgl. 9–2 Uhr, Küche 11.30–14, 18–22 Uhr. Erstklassige kreative Küche mit regionalen Frischprodukten, hauseigene Vinothek und Spezialitätenladen mit eigens produzierten Marmeladen, Ölen, Essig u. v. m., mittel.
Bäckwirt: Grades, St.-Wolfgang-Str. 1, Tel. 042 67/340, tgl. außer Mi 9–1, Küche 11–14, 17–20.30 Uhr. Gemütlicher Traditionsgasthof mit schönem Gastgarten, typische Kärntner Küche, Spezialitäten aus eigener Landwirtschaft, günstig–mittel.
Schloss-Restaurant Straßburg: Tel. 042 66/23 75, Mai–Okt. tgl. 9–21, Nov.–April Do–So 10–21 Uhr. Gute bodenständige Küche, im Sommer Tische im Schlosshof, Rittermahle, günstig–mittel.

Karl-May-Festspiele in Weitensfeld, Mitte Juli–Anf. Sept., Tel. 027 42/731 77, zur Saison auch 042 65/209 99, www.karl-may-festspiele.at.

Zwergenpark Gurk: Tel. 042 66/ 80 77, www.zwergenpark.com, Mitte Mai–Sept. tgl. 11–16, Juli, Aug. 10–18 Uhr.

Gurkthalbahn: auf schmaler Spur von Treibach-Althofen bis Pöckstein-Zwischenwässern, Ende Juni–Anfang Sept. jeweils So und feiertags, Tel. 06 64/17 07 136, www.gurkthalbahn.at.

Stollenmuseum in Hüttenberg

Entlang der Görtschitz

Reiseatlas: S. 238/239, C 2/D 1
Von Althofen über Guttaring, von St. Veit an der Glan, ebenfalls ostwärts, über Brückl oder vom Lavanttal über das Klippitztörl gelangt man an die Görtschitz. Deren waldreiches, dünn besiedeltes, von Saualpe, Seetaler Alpen und Waldkogelzug umrahmtes Tal ist ein herrliches Wander- und Erholungsgebiet. Kaum zu glauben, dass hier viele Jahrhunderte lang das wirtschaftliche Herz des Landes schlug. Das Eisenerz der Norischen Region war schon zur Römerzeit ein weithin begehrtes Gut. Das ganze Mittelalter hindurch bescherte es dem Gebiet Reichtum und Ruhm. Auch Silber und andere Metalle wurden damals en masse hier geschürft. Freilich wurde der letzte Hochofen der Gegend 1908 ausgeblasen, die letzte Mine 1978 geschlossen. Seither hat man vor allem die Gegend um **Hüttenberg,** das seit alters das Zentrum des Bergbaus bildete, in einen Museums- und Naturpark verwandelt. In dessen Mittelpunkt steht das Schaubergwerk im Ortsteil **Knappenberg** – ein 900 m langer Stollen aus dem 16. Jh., der die einstige Arbeitswelt ›unter Tag‹ wieder auferstehen lässt. Die örtliche Geschichte des Bergbaus, die Abbautechniken und Gerätschaften der Knappen, aber auch deren Brauchtum und Mythen vermittelt das neben dem Stolleneingang, im Grubenhaus, eingerichtete Museum, das auch eine beeindruckende Mineralienschau birgt. Mineralien kann man unter kundiger Führung auch in der freien Landschaft selbst suchen und anschließend im ›Geozentrum‹ genau bestimmen und zu Schmuck verarbeiten. Die 2 km nordöstlich von Hüttenberg gelegene, so genannte **Heft** zählt zu den europaweit größten Eisenwerkanlagen aus dem 19. Jh. Längst stillgelegt, bildet sie heute, erreichbar auf einem wunderschönen Wanderweg entlang der ehemaligen Erzbahntrasse und ergänzt durch eine futuristische Glas-Stahl-Konstruktion des Architekten Günther Domenig (s. auch S. 104), ein faszinierendes Freilichtmuseum. Darin integriert ist eine ›Werkstatt‹ für zeitgenössische Kunst.

Nicht wirklich in mitteleuropäischen Gefilden fühlt man sich als Neuankömmling im ersten Moment am südlichen Ortsrand von Hüttenberg. Der Auslöser der Irritation: eine Felswand, die ein gigantischer Buddha ziert. Das Bildnis des ›Erleuchteten‹ markiert den Beginn eines Lingkor, eines tibetischen Meditations- und Pilgerpfades. Die Verblüffung über diese für Kärntner Verhältnisse recht exotischen Einrichtung weicht, wenn man das vis-à-vis, im Tal befindliche – äußerst anregend gestaltete und informative – **Heinrich-Harrer-Museum** besichtigt: Harrer (s. S. 139) war nämlich gebürtiger Hüttenberger und stellte seine in aller Welt zusammengetragene ethnographische Sammlung seit 1992 in seinem Heimatort zur Schau (Anf. April–Ende Okt. tgl. 10–17, Juli, Aug. bis 18 Uhr, Führungen nach Voranmeldung, Tel. 042 63/81 08).

Ein Muss für jeden Kunstfreund ist der Abstecher hinauf zur Wallfahrtskirche von **Maria Waitschach,** einem in seiner Architektur höchst ungewöhnlichen, angesichts der Abge-

KÄRNTEN – TIBET UND RETOUR

»Viele behaupten, ich sei ein Tutor Seiner Heiligkeit gewesen, doch dem war nicht so. Wir waren lediglich Freunde und er wollte viel von mir wissen«, erinnert sich Heinrich Harrer an sein Verhältnis zu dem jugendlichen Tenzin Gyatso, dem 14. Dalai Lama von Tibet.

Heinrich Harrer und Tibet – das ist eine Geschichte, die nicht ohne Grund von Hollywood als reizvoller Filmstoff (mit Brad Pitt in der Rolle des Kärntners) erkannt und genutzt wurde. Eine Geschichte freilich, die im Grunde genommen lange vor Harrers Aufenthalt in Tibet ihren Anfang nahm: 1912 in Obergossen bei Hüttenberg geboren, beginnt der spätere Völkerkundler und Weltreisende schon früh, Bergtouren zu unternehmen und sich auch sonst sportlich zu betätigen. Und zwar höchst erfolgreich: 1936 gehört er dem österreichischen Skikader bei den Olympischen Spielen an, 1937 wird er akademischer Weltmeister im Abfahrtslauf. Am meisten fühlt er sich freilich herausgefordert, wenn es gilt, extreme Situationen im Hochgebirge zu meistern. 1938 durchsteigt er erstmals mit drei Freunden die bis dahin unbezwungene Nordwand des Eiger, was ihm 1939 die Teilnahme an der deutschen Expedition zum Nanga Parbat einbringt.

Als das Team in Karatschi ankommt, ist in Europa der Krieg ausgebrochen. Die Teilnehmer werden interniert. 1944 gelingt Harrer und Peter Aufschnaiter die Flucht über die Pässe des Himalaya nach Tibet. Der Rest ist Geschichte. Die beiden Österreicher verbringen sieben Jahre in Tibet, wo vor allem Harrer zu einem Vertrauten des jungen Dalai Lama wird. Und zu einem Chronisten Tibets vor der chinesischen Invasion, die ihn 1951 zum Verlassen des Landes zwingt. Sein Erinnerungsbuch »Sieben Jahre in Tibet« wird zu einem Bestseller und dessen Autor zum Reisenden aus Profession. Er durchquert West-Neuguinea, reist in die Anden und an den Kongo, nach Grönland und in das Amazonasbecken, nach Borneo und auf die Andamanen. Und immer wieder zieht es ihn in das Himalayagebiet, nach Ladakh, nach Sikkim und Buthan, nach Nepal und, 1982, sogar nach Tibet.

Harrer verfasst mehr als 20 Bücher, gestaltet über 40 Fernsehsendungen, und wird zum vielfach ausgezeichneten Wissenschaftler. 1983 beschließt er, seine umfangreichen Sammlungen in Hüttenberg der Öffentlichkeit zugänglich zu machen. Seit 1992 beherbergt ein neu gebautes, von einem Lingkor, einem tibetischer Pilgerpfad, flankiertes Museum rund 4000 Exponate, deren Mehrheit aus der Heimat des Dalai Lama stammt.

Als Jean-Jacques Annaud 1997 »Sieben Jahre in Tibet« verfilmte, wurden Vorwürfe laut, Harrer sei im Dritten Reich Mitglied der SS gewesen. Darauf angesprochen, bezeichnet Harrer seither konsequent die Mitgliedschaft als rein nominell und verweist darauf, dass er zwischen 1939 und 1952 nicht in Europa war. Vor allem aber beteuerte er bis zu seinem Tod 2006, dass der tibetische Buddhismus ihn zu einem strikten Gegner jeglicher Nazi-Ideologie werden ließ.

schiedenheit erstaunlich großen und reich ausgestatteten, spätgotischen Gotteshaus. Für Naturliebhaber ein großartiges Erlebnis ist eine Wanderung entlang des ökologisch kostbaren und deshalb unter speziellen Schutz gestellten **Hörfeld-Moores.**

Einige Empfehlungen noch für die Rückfahrt durch das Görtschitz-Tal: In **Klein St. Paul** experimentiert der Konzeptkünstler Werner Hofmeister seit mehr als 25 Jahren damit, sein Heimatdorf im Sinne eines Gesamtkunstwerks zu einem QNSTORT umzugestalten. Das Ergebnis: ein Netz von über den Ort und die gesamte Norische Region verstreuten Ausstellungen und Installationen. Im Zentrum: die Sammlung »Die Quellenkultur« im Talmuseum (So 10–17 Uhr; Auskünfte und Gruppenführungen: Tel. 042 64/23 41, www.qnstort.at). Und kurz hinter **Eberstein** mit seinem imposanten, neoromantischen Burgschloss führt ein Sträßchen die Ausläufer der Saualpe hinauf nach **Hochfeistritz.** Die dortige Wallfahrtskirche ist ein kunsthistorisches Juwel aus dem späten 15. Jh. mit wunderschönem Sternrippengewölbe, Maßwerk und einem prächtigen barocken Hochaltar. Zugleich stellt sie mit ihrer wuchtigen Umfassungsmauer, den Türmen und Schießscharten ein Parade-Exemplar einer Wehrkirche dar – jener Gotteshäuser, die im 15. Jh. angesichts der Bedrohung durch marodierende Türken vielerorts in Kärnten zu regelrechten Festungen ausgebaut wurden.

Gemeinde Hüttenberg: 9375 Hüttenberg, Reiftanzplatz 1, Tel. 042 63/247, www.huettenberg.at.

Brunnwirt-Kassl: 9334 Guttaring, Unterer Markt 2, Tel. 042 62/81 25, www.kassl-brunnwirt.at. Gediegen-bürgerliches Ambiente, familiäre Führung, weitläufiger Park, Swimmingpool, exzellentes Restaurant (Mi Ruhetag, Jan.–März auch Do, eigene Metzgerei), DZ ab 76 €.
Zur Post: 9375 Hüttenberg, Reiftanzplatz 14, Tel./Fax 042 63/212. Einziger Nächtigungsbetrieb im Ort, schlicht, aber sauber und nett geführt, mit Café-Restaurant und Wintergarten, 4 Zi., DZ ab 50 €.

Zum Dorfschmied: Klein St. Paul, Marktstr. 16, Tel. 042 64/22 80, Mo ganztags, So und feiertags abends geschl. Kärntnerisch-friulanische Küche auf hohem Niveau, gediegener Rahmen, Gemüse und Fleisch vom familieneigenen Hof, Edelbrände aus eigener Destillerie (20 Komfortzimmer), mittel–gehoben.
Neugebauer: Lölling, Graben 6, Tel. 042 63/407, Di–So, Juni–Sept. tgl. 11–21 Uhr. Ehemalige ›Brat- und Backhuhn-Station‹, heute gutbürgerlicher Landgasthof mit haubengekrönter Gourmet-Küche, Geflügelspezialitäten, vorzügliches Weinsortiment (nette Zimmer; im Keller angeschlossen: ein Schmiede- und Schlossereimuseum), mittel.

Hüttenberger Reiftanz: Info-Tel. 042 63/81 08. Österreichs bekanntestes und größtes Bergmannsfest (s. S. 35f.), alle drei Jahre, das nächste Mal am 30. Mai 2010.

Geozentrum Knappenberg: Forschungszentrum, Seminar- und Gästehaus (div. Fach- und Sommerkurse), Tel. 042 63/720, www.geozentrum.at.
Puppenmuseum Helga Riedel: Hüttenberg, Reiftanzplatz 18, Tel. 042 63/631, 1. Mai–Mitte Okt. tgl. 10–12 u. 13–17 Uhr.

Dalai-Lama-Weg in Hüttenberg

ROSENTAL UND JAUNFELD

Die von der Drau durchflossene Beckenlandschaft rund um Ferlach, Bleiburg und Völkermarkt gilt größtenteils noch als Geheimtipp für Genießer. Zwischen Flussauen und Karawankengipfeln finden Familien und Aktivsportler ein reichhaltiges Betätigungsfeld. Auch auf Freunde alter und zeitgenössischer Kunst warten mannigfaltige Entdeckungen. Und Baderatten genießen das klare, überdurchschnittlich warme Wasser des Klopeiner Sees.

Reiseatlas: S. 236/237, C/D 3
Östlich des Faaker Sees erstreckt sich, im Süden gesäumt von den schroffen Felswänden der Karawanken, im Norden von den sanfteren Höhen des Sattnitzzuges, das Rosental. Diese Niederung war seit alters Siedlungsgebiet überwiegend slowenischsprachiger Bauern und wurde im 20. Jh. von Menschenhand nachhaltig umgestaltet: Eine Kraftwerkskette staut hier die Drau zu großen Seen. Das Umland liegt vielerorts etliche Meter unter dem Wasserspiegel und wird, ähnlich den niederländischen Poldern, per Pumpen über Deiche entwässert. Dessen ungeachtet erweist sich die örtliche Natur als vollkommen intakt und das Rosental, das im Osten kurz vor dem Klopeiner See endet, insgesamt als eine Urlaubsregion par excellence für all diejenigen, die Erholung fernab großer Touristenströme suchen. Und auch für Freunde moderner Kunst. Denn mehrere Galerien zeigen hier regelmäßig hochkarätige aktuelle Arbeiten (s. S. 148).

Das westliche Rosental

Ganz im Westen dieses Landstrichs, unweit von Velden, wo die Drau eine große Schleife bildet, liegt **Rosegg.** Das örtliche, frühklassizistische, von vier herrlichen Lindenalleen gesäumte Schloss birgt ein Figurenkabinett. Ihm angeschlossen sind ein 24 ha großer Wildpark und ein klassisches Gartenlabyrinth (s. S. 148). Im Ortsteil **Frög** führt ein Lehrpfad durch ein Gräberfeld, immerhin das nach Hallstatt zweitwichtigste aus der Zeit von 850 bis 300 v. Chr. im gesamten Ostalpenraum. Ein Teil der örtlichen Funde ist im Urgeschichtszentrum ausgestellt (April–Okt. 10–18, Mi u. Fr Nachtführungen um 20.30 Uhr).

Die Gegend von **Maria Elend,** wo eine gotische Kirche (schöner Flügelaltar) seit dem Spätmittelalter Wallfahrer anzieht, ging kurz nach Kriegsende, im Sommer 1945, als Schauplatz grausamer Machtpolitik in die Zeitgeschichte ein: Die britische Befreiungsarmee hatte hier mehr als 10 000 Kosaken und andere frühere Kämpfer gegen die kommunistischen Partisanen an Jugoslawien beziehungsweise die Sowjets ausgeliefert und sie damit in den sicheren Tod geschickt.

Im benachbarten **Suetschach** veranschaulicht das Krampusmuseum anhand von Kostümen und Masken, mit welch pomphafter Diabolik sich der sagenhafte Begleiter des hl. Nikolaus Anfang Dezember in diesem Dorf stets zu gebärden pflegt (ganzjährig nach Voranmeldung, Tel. 06 76/473 59 23).

In **Feistritz,** wo ein besonders schöner Wander- oder Mountainbike-Weg durch das Bärental und weiter auf die Klagenfurter Hütte (1664 m) führt, harren mit dem altehrwürdigen Kraigherhaus und dem Renaissanceschloss Ebenau im Ortsteil Weizelsdorf zwei interessante Kunstgalerien der Besucher.

Ferlach und Umgebung

Reiseatlas: S. 237, D 3
Der Hauptort des Rosentals, an der Straße von Klagenfurt ins Slowenische gelegen und einst ein wichtiger Etappenpunkt an der Strecke Wien–Triest, ist seit dem 16. Jh. weithin berühmt für die Handwerkskunst der hier ansässigen Büchsenmacher (s. S. 144f.). Im örtlichen Schloss hat man vor wenigen Jahren ein einschlägiges Museum eröffnet, das sich auch mit dem Thema Jagd beschäftigt und 2001 durch eine Trophäensammlung der Milliardärsfamilie Horten ergänzt wurde. Ein weiteres, sehr sehenswertes Museum haben die Ferlacher der so genannten Carnica-Biene gewidmet, deren Königinnen man einst in der Gegend gezüchtet und in alle Welt exportiert hat und die findige Tourismusmanager zum Marken-Logo der Region erkoren haben. Das ›lebendige‹ Museum umfasst neben Imkerwerkzeugen, Wachsmodellen und Honigschleudern auch bevölkerte Schaustöcke und einen Zeidlerwald, also einen Bienenzüchterwald.

Das Städtchen selbst, übrigens das südlichste Österreichs, ist infolge seines gewerblich-industriellen Erbes von nur beschränktem Liebreiz. Umso Attraktiveres findet sich in seiner Umge-

Land-Art

Parallel zur Rosentaler Schlösserstraße haben internationale Künstler von Rang in den letzten Jahren eine ›wanderbare Kulturmeile‹ geschaffen, indem sie riesige Objekte aus Materialien wie Stein, Erde, Schwemmholz, Eichenstämmen in die freie Natur setzten. Herausragende Exponate dieses großräumigen Skulpturenparks: Johann Feilachers »Tor zum Rosental« beim Gasthof Singer an der Straße unterhalb der Hollenburg, Tim Curtis' Stein-Stahl-Skulpturen »leben und zeit« (im Schlosspark Ferlach), das Projekt »Drau.art« der Gebrüder Hoke im Hafen von Selkach/Ludmannsdorf, Patrick Doughertys Karaffen und Teekanne aus Weidenruten sowie Mo Edogas »www.weltkugel« (beide im Schlosspark von Ebenau).

DIE TRADITION DER FERLACHER BÜCHSENMACHER

Büchsenmacher bei der Arbeit

Unter Jägern ist die ›Ferlacher‹ ein Begriff. Ebenso unter Waffensammlern. Denn die Gewehre, die man in Ferlach, der südlichsten Stadt Österreichs, fertigt, zählen mit zu den besten Jagdwaffen der Welt. Die Ursprünge der örtlichen Büchsenmacherei reichen in das 16. Jh. zurück. Kaiser Ferdinand I. soll es gewesen sein, der aus nahe liegenden Gründen – von Süden her drohte ständig die Gefahr türkischer Angriffe – 1558 mehr als 100 Waffenschmiede aus den österreichischen Niederlanden nach Kärnten beorderte. Damals wurden Militärgrenzen geschaffen, Städte wie Graz, Klagenfurt und Ljubljana befestigt, Waffenarsenale neu angelegt oder ausgebaut. Und es wurde die Produktion von Gewehren forciert.

Ursprünglich erzeugte man in Ferlach Luntenschlossgewehre, später die ausgefeilteren Radschlossbüchsen, die die unhandliche Lunte überflüssig machten und über 150 Jahre von der österreichischen Armee verwendet werden sollten. Die technische Neuerung führte zugleich zu einer Arbeitsteilung zwischen Rohrschmieden, Schlossern und Schäftern.

Die erste Blütezeit erlebt die Ferlacher Büchsenindustrie zur Zeit des Dreißigjährigen Krieges. Damals bemühen sich die Handwerker erstmals auch um eine eigene Zunftordnung, in der die Rechte der Meister ebenso festgelegt wie die

Pflichten der Lehrlinge und Qualitätsstandards definiert werden. Im 18. Jh. bestimmt der Wiener Hofkriegsrat, dass die Bewaffnung sämtlicher Truppen der Monarchie ausschließlich aus Ferlacher Produktion zu erfolgen hat. Rund 40 000 Stück werden pro Jahr angefertigt – inzwischen schon das Steinschlossgewehr, das auch bei nassem Wetter eingesetzt werden kann. Im 19. Jh. indes erwächst den Ferlachern in der Wiener k.k. Gewehrfabrik und später in Steyr ernsthafte Konkurrenz. Die Produktionszahlen sinken. Alternativen sucht man in der Herstellung von ›Eisengeschmeidewaren‹ und im Bereich ziviler Jagdwaffen. Um schließlich der militärischen Massenproduktion in Steyr gegensteuern zu können, verlegen sich die Ferlacher Büchsenmacher mit Erfolg auf Qualität anstelle Quantität.

Heute gibt es in Ferlach gerade noch 13 Büchsenmacher, doch die sind international bekannt und ihre Produkte weltweit gefragt. So hat beispielsweise Ing. Peter Hambrusch das stärkste Gewehr der Welt entwickelt – begehrt vor allem bei Großwildjägern, die in Afrika auf Safari gehen wollen. Ein eigener, unverwechselbarer Stil sei, sagen die Büchsenmacher, ebenso wichtig wie Innovativkraft im Bereich der Qualität. Vor allem aber legen sie Wert darauf, dass es ›die‹ Ferlacher eigentlich gar nicht gibt. Es gibt 13 verschiedene Namen, 13 verschiedene Identitäten, 13 verschiedene Stile und Ausrichtungen.

Mit Nostalgie hat solch Beharren auf Individualität nichts zu tun, auch wenn die Betriebe teilweise auf eine über 200-jährige Geschichte zurückblicken können und Josef Koschat gar den ›Bad Ischler Stutzen‹ Kaiser Franz Josefs wieder baut und erfolgreich anbietet. Dafür erfordert die Herstellung der Büchsen zu viel Wissen und Hingabe. Bei vielen ›Ferlachern‹ ist es etwa üblich, mit ihren Kunden jedes Detail der Waffe, von der Wahl des Schaftholzes bis zur Gravur, zu besprechen. Mit Preisen ab 22 000 Euro ist eine solche ›Büchse‹ nicht eben wohlfeil – aber begehrt allemal.

Es sind indes nicht alleine die Büchsenmacher, die die Tradition in Ferlach lebendig halten. Noch zu Zeiten der Monarchie wurde in der Stadt die k.k. Fachschule für Gewehrindustrie eingerichtet, auf der heute Schüler aus Europa, den USA, aus Südafrika und Indonesien zu Büchsenmachern, Graveuren, Gold- und Silberschmieden ausgebildet werden. Dazu hat sich auch noch eine Höhere Lehranstalt für Maschinenbau-Waffentechnik etabliert.

Das geballte Know-how hat auch den weltführenden Pistolenhersteller Gaston Glock dazu bewogen, seine Produktion in Ferlach anzusiedeln. 250 Beschäftigte fertigen für die Firma 2000 Stück pro Tag. Die Zahl der jährlich hergestellten Büchsen nimmt sich mit gerade einmal 300 Stück dagegen verschwindend gering aus.

Wer sich ein Ferlacher Gewehr nicht leisten kann oder will, wohl aber an der Geschichte der Büchsenmacherei interessiert ist, dem steht übrigens das Büchsenmacher- und Jagdmuseum im Schloss Ferlach offen. Wobei es in dieser aufwendig präsentierten Dauerschau nicht nur um die Schusswaffen und ihre Geschichte, sondern auch um die Jagd in all ihren Spielarten geht (Mitte Mai–Mitte Okt. tgl. 10–18, Mitte Okt.–Mitte Mai Di–Fr außer feiertags 14–18 Uhr).

bung: An seinem Südrand etwa führt ein wildromantischer, tadellos gesicherter Steig entlang tosender Wasser durch die **Tscheppaschlucht** bis zum 26 m hohen Tschaukofall (Ende April bis Ende Okt., Gehzeit: ca. 2,5 Std.). Von der Straße auf den Loiblpass, den schon die Römer als Übergang nutzten, zweigt etwa auf halbem Weg zur Grenze Richtung Westen eine Straße in den uralten Bergwerksort Windisch Bleiberg und weiter ins **Bodental** ab. Hier warten zwei weitere extrem pittoreske Ausflugsziele: ein sagenumwobener Quelltümpel, das so genannte Meerauge, und, vor dem Hintergrund der zerklüfteten Vertatscha-Wand, die Märchenwiese.

Nördlich von Ferlach, jenseits der Drau, überragt die **Hollenburg** auf steilem Fels den Fluss. Die über 800 Jahre alte ›Wächterin des Rosentals‹ besitzt einen reizvollen Innenhof mit doppelgeschossigen Lauben aus der Renaissance und beherbergt in den Sommermonaten Ausstellungen moderner Kunst. Von ihrem Bergfried schweift der Blick über das Tal mit seinen Seen bis zur Felskulisse der Karawanken. Einen Zwischenstopp wert ist auch im benachbarten **Maria Rain** die Wallfahrtskirche mit ihren schlanken Zwiebeltürmen und schönen Altären. Wegen der Prachtlandschaft unbedingt empfehlenswert ist außerdem die Fahrt in das idyllische Hochtal von **Zell-Pfarre** und weiter, am Fuße der grauweißen Kalkwände der Koschuta, über den **Schaidasattel** ins Vellachtal.

Tscheppaschlucht in den Karawanken

Carnica – Region Rosental: 9170 Ferlach, Sponheimerplatz 1, Tel. 042 27/51 19, Fax 49 70, www.carnica-rosental.at.

Rosentaler Hof: 9184 Mühlbach 28, Tel. 042 53/22 41, Fax 22 41-8, www.tiscover.at/rosentalerhof.at. Vier-Sterne-Standard mit Tradition, 6 km südlich von Velden nahe der Drau, Hallen- und Outdoor-Bad, 10 000 m^2 Liegepark, hauseigener Kneippweg, gute Küche, DZ ab 80 €, 106 € inkl. HP.

Gasthof Ratz: 9162 Ferlach, Kirschentheuer 6 (bei Ferlach), Tel. 042 27/23 28, Fax 23 28-13, www.ratz.at. Komfortables Mittelklasse-Haus mit eigenem Badesee, Tennisplätzen, Sauna, Stockschießanlage, DZ ab 56 €.

Ogris: Ludmannsdorf 13, Tel. 042 28/22 49. Sympathisches Landgasthaus sowie Gostisce-Trattoria mit generationenlanger Tradition, ausgezeichnete Regionalküche, Spezialitäten: fangfrischer Fisch, diverse Nudelvariationen, mittel.

Plöschenberg: Köttmannsdorf, Plöschenberg 4, Tel. 042 20/22 40, 8 bis 24 Uhr, je nach Saison wechselnder Ruhetag. Freundlicher Landgasthof auf 800 m Seehöhe mit herrlichem Tal- und Karawankenblick, Sonnenterrasse, Kinderspielplatz, regionale Schmankerln, Frischprodukte vom hauseigenen Bauernhof (auch nette Pensionszimmer), günstig bis mittel, DZ ab 60 €.

Deutscher Peter: Unterbergen, Loiblpass 4, Tel. 042 27/62 20-0, Jan.–Okt. tgl. 7–21, warme Küche durchgehend ab 11 Uhr. Legendärer Familiengasthof am Ausgang der Tscheppaschlucht mit über 500-jähriger Tradition, hausgemachte Kärntner Spezialitäten und Mehlspeisen, günstig.

Der Heimat-Sammler: Ferlach, Unterferlach 13, Tel. 042 27/40 86. Typisch kärntnerische Antiquitäten, z. B. Bienenbretter, Schwarzhafner-Keramik, Lobisser-Bilder, Mineralien aus Hüttenberg u. v. m.
Carnica-Bienenmuseum: Ferlach/Strau, Kirschentheuer 6. Bienen- und Honigprodukte, vom Met und Honiglikör bis zu Propolis und Wachskerzen.
Josef Just: Ferlach, Hauptplatz 18. Jagdbüchsen und entsprechendes Zubehör, Souvenirs.
Peter Kelich: Ferlach, Schaidaweg 10. Jagd- und Sammelmesser.

Rosegg: Schloss mit Labyrinth Mai–Okt 10–18, Juli/Aug. tgl., sonst Mo Ruhetag, Tel. 042 74/30 09; Tierpark April–Nov. tgl. 9–17 (Einlass), Juli/Aug. bis 18 Uhr, Tel. 042 74/523 57, www.rosegg.at.
Galerie Sikoronja: Rosegg, St. Lamprecht 13, Tel. 042 74/44 22, Fr–So 15 bis 18 Uhr und n. V. Bis zu zehn Ausstellungen pro Jahr zur Gegenwartskunst aller Genres aus Österreich und Slowenien, www.galerie-sikoronja.at.
Kraigher Haus: Feistritz, Am Kraigher Weg 25, Tel. 042 28/32 20, Fr–So 11 bis 18 Uhr und n. V., Eintritt frei.
Galerie J. Walker: Schloss Ebenau, Feistritz/Weizelsdorf 1, 042 28/21 10, Mai–Okt. Fr–So 14–18 Uhr bzw. n. V.

Zahlreiche **Erlebnisplätze und Themenpfade** für Kinder: z. B. Erlebniswald Drachenstein in **St. Jakob** (Tel. 042 53/22 95-24), Naturlehrpfad Zwergohreule in **Köttmannsdorf** (Tel. 042 20/22 03), Abenteuerpfad in die Welt des Waldes in **Ludmannsdorf-Bilcovs** (Tel. 042 28/22 20), Mühlen- und Sägenweg in **Zell-Pfarre** (Tel. 042 27/72 10).

Nostalgie pur: per Dampfbummelzug durch das Rosental, jedes Sommerwochenende zwischen Weizelsdorf und Ferlach (auch Kombi-Programm mit Oldtimerbus), Tel. 04 63/74 03 68, 06 64/530 19 33.

Kinder, aufgepasst! ›Unterwegs‹ nennt sich das Kinderferienprogramm, das in den Sommerferien fünf Wochen lang täglich Ausflüge für Kinder anbietet. Zwei ausgebildete Pädagoginnen begleiten euch auf spannenden Waldabenteuern, zu geheimnisvollen Schlössern und alten Mühlen. Ein Rucksack voller Spaß!

Völkermarkt und Umgebung

Völkermarkt

Reiseatlas: S. 237, F 2
Auf einer keilförmigen Terrasse am Nordufer der zu einem langen See gestauten Drau liegt **Völkermarkt,** der Hauptort des Unterlandes. Um das Jahr 1090 von einem Volko gegründet (daher der Name), bildete er über Jahrhunderte einen Brückenkopf für die aus dem Hüttenberger Bergbaurevier kommende Straße. Den daraus resultierenden Zolleinnahmen und diversen Privilegien, allen voran dem Stapelrecht für Eisen und Wein sowie einer bedeutenden Münzstätte, verdankte die Stadt seit alters ihren beträchtlichen Wohlstand.

Dieser spiegelt sich, abgesehen von den eher bescheidenen Resten der einst mächtigen Befestigungsanlagen, vor allem in den stattlichen Bürgerhäusern wider, die den Hauptplatz und die angrenzenden Gassen säumen. Von ökonomischer und damit künstlerischer Potenz zeugen auch das Alte und das Neue Rathaus sowie die beiden reich ausgestatteten Pfarrkirchen St. Ruprecht (neugotisch über romanischem Kern) und St. Magdalena (teils gotisch, teils barock).

Nach dem Ersten Weltkrieg wurde die Bezirkshauptstadt zu einem Brennpunkt des Abwehrkampfes. Fünf Monate lang war sie sogar von jugoslawischen Truppen besetzt. Die damaligen dramatischen Geschehnisse, die in die denkwürdige Volksabstimmung vom 10. Oktober 1920 mündeten (s. S. 28), finden sich im örtlichen Stadtmuseum detailreich dokumentiert (2. Mai bis 31. Okt. Di–Fr 10–13, 14–16, Sa 9 bis 12 Uhr, feiertags geschl.).

Spezialität Had'n

Ganz im Osten des Unterlandes, in und um Neuhaus, haben sich 1997 etliche Bauern und Wirte zwecks Wiederentdeckung eines traditionsreichen, von den Feldern lange Zeit verschwundenen Agrarprodukts zu einem Verein zusammengetan. Dank ihnen feiert der so genannte Had'n (Buchweizen) neuerdings wieder kulinarische Urständ. Wer also Brot, Nudeln, Ravioli, Kekse, aber auch Torten und Schnaps aus dem gesunden Getreide probieren will: Sie werden in vielen Gasthöfen der Gegend serviert und von Bauern ab Hof verkauft.

Weitere Infos unter Tel. 043 56/23 13 oder 20 44 oder www.hadn.info.

Diex – Haimburg – Griffen

Reiseatlas: S. 239, D/E 3
Von Völkermarkt schlängelt sich eine Serpentinenstraße die südlichen Ausläufer der Saualpe hinauf nach **Diex.** Das schmucke, auf 1160 m Höhe gelegene Bergdörfchen rühmt sich, mit über 2000 Sonnenstunden der sonnigste Ort im Land zu sein – und ein Eldorado für nebelfreies und familienfreundliches Wandern und Mountainbiken. Die blumenreichen Almwiesen, sattgrünen Wälder und das Panorama Richtung Karawanken bilden in der Tat eine prächtige Kulisse.

Blickfang und große Sehenswürdigkeit des Ortes ist seine doppeltürmige Kirche. Sie bildet mit ihren meterdicken Mauern und Türmen ein weiteres Paradebeispiel einer mittelalterlichen Wehrkirche. Ihr romanischer Kern wurde bis ins 18. Jh. wiederholt erweitert und verändert. Im krassen Kontrast zum wuchtigen Äußeren steht die Innengestaltung im Rokokostil. Zwei weitere schöne Beispiele für sakrale Wehrarchitektur finden sich ein wenig östlich, in **Grafenbach** und **Greutschach.**

Zurück im Tal sollte man in **Haimburg** einen Zwischenstopp einlegen: In der hiesigen Kirche, einem Juwel aus der Gotik, findet sich in vorösterlicher Zeit eines der schönsten Fastentücher des Landes aufgehängt. Und im Sommer bietet auf der Ruine Heunburg das

Kärntner Burgtheater (k.l.a.s.) zeitgenössische Bühnenkunst vom Feinsten.

Von hier ist es bloß noch ein Katzensprung nach **Griffen.** Der Markt, eine im Wesentlichen aus zwei Häuserzeilen bestehende Straßensiedlung, bietet, obwohl bereits im frühen 9. Jh. urkundlich erwähnt, nichts Besonderes. Mit umso Imposanterem wartet der benachbarte Schlossberg auf: Wer über die funkelnagelneue, 250-stufige Treppe auf seinen 180 m hohen Gipfel steigt, kann dort die – frei zugänglichen – Ruinen einer der einst mächtigsten Festungen des Landes inspizieren.

Die Drau bei Völkermarkt, im Abendlicht die Karawanken

Und gegenüber der Pfarrkirche, unten im Tal, liegt der Eingang in die Griffener Tropfsteinhöhle. Sie ist nicht nur für ihre bunten Sinterablagerungen bekannt (s. S. 152), sondern auch für Knochen von Wollnashörnern und Höhlenlöwen, auf die man hier im Zweiten Weltkrieg beim Bau eines Luftschutzraumes stieß und die den Beweis für die älteste menschliche Besiedlung (ca. 30 000 bis 25 000 v. Chr.) in Kärnten lieferten.

Literaturfreunde pilgern außerdem in das 2 km westlich gelegene, ehemalige Prämonstratenserstift. Denn dort hat man Peter Handke zu Ehren, dem großen Sohn des Ortes (s. S. 43), ein kleines, aber feines Museum eingerichtet.

Tourismusverband Südkärnten: 9141 Eberndorf, Stift Eberndorf, Tel. 042 36/31 77, Fax 31 77-4, www.tiscover.at/suedkaernten.

Gutshof Gotschmar: 9103 Diex 17, Tel. 042 31/81 13, Fax 81 13-20, www.gutshof-gotschmar.at. Gehobenes Mittelklasse-Haus mit überdachtem Schwimmbad, eigenem Tennisplatz und reichhaltigem Aktivprogramm für Kinder, DZ ab 65 €.

Sicher: Tainach 42, Tel. 042 39/26 38, Mitte April–Ende Dez. Di–Sa 11.30–14, 18–21.30 Uhr (feiertags geöffnet). Weithin gerühmtes Fischrestaurant, mittel–gehoben.
Mochoritsch: Rückersdorf 5 (südl. des Turner Sees), Tel. 042 37/24 13, tgl. 11.30 bis 14.30, 18–22 Uhr. Vorzeige-Gasthaus mit Qualitätsprodukten aus der eigenen Landwirtschaft, Filialbetrieb an der Autobahnstation Griffner Rast, mittel.
Schneider: Griffen, Haimburgerstr. 19, Tel. 042 33/23 43, Mi–Mo 11.30–14.30, 17.30–21 Uhr. Schmuckes Gasthaus an der Straße Richtung Völkermarkt, empfehlenswert: Forellen-Cordon Bleu, mittel.

Nicht nur bei Regen

Zwei wunderschöne **Tropfsteinhöhlen** laden zum Gang in die Unterwelt:

Die im Schlossberg von **Griffen** fasziniert vor allem durch ihre Farbenpracht (ca. 30-min. Führungen von Mai–Sept. 9–12, 13–17, Juli/Aug. durchgehend, Okt. 10–11, 13–16 Uhr, Tel. 042 33/20 29).

Jene im **Obir** gilt mit ihren drei Grotten gar als größte und prächtigste Tropfsteinhöhle Österreichs und ist als multimedialer Erlebnispark, Schaubergwerk inklusive, ausgestaltet (Mitte April bis Mitte Okt. tgl., Zubringerbus ab Bad Eisenkappel zwischen 9.30 und 15.30 Uhr (halb)stündlich, Gesamtdauer ca. 3 Std., Reservierung empfohlen, Tel. 042 38/82 39).

Don Carlo: Völkermarkt, Herzog-Bernhard-Platz 8, Tel. 042 32/42 35, tgl. 11 bis 23.30 Uhr. Pizzeria/Restaurant am Stadtrand mit sehr qualitätvoller Küche und behaglicher Atmosphäre, mittel.
Karawankenblick: Völkermarkt, Ruhstatt 17, Tel. 042 32/21 86, tgl. 11–24 Uhr, Okt.–Mai Mo RT. Bodenständig-gute Gasthofküche, von der Terrasse Traumblick über den Stausee ins Jauntal, günstig–mittel.

Terra Nigra: Griffen 65. Mirjana Kukowetz' Manufaktur für das schwarze Porzellan der Antike (Verkaufslokal auch neben dem Höhleneingang).
Hafner: Mittertrixen, Waisenberg 6 (westl. von Haimburg), Tel. 042 31/20 43. Joghurt, Käse, Fleisch und andere Frischprodukte vom Schaf aus eigener Produktion, ab Hof Fr 14–19, Sa 9–15 Uhr und nach Vereinbarung.
Bauernmarkt Hirschenau: Griffen, St. Jakob, Fr 15–18 Uhr.

Galerie Magnet: Völkermarkt, Hauptplatz 6, Mo–Fr 9–12, 15–18 Uhr. Kärntner Klassiker und Gegenwartskünstler in architektonisch reizvollem Rahmen.
Atelier-Galerie Wiegele: Haimburg 1, Tel. 042 32/72 32. Schwerpunkt zeitgenössische Kärntner Kunst in 450 Jahre altem, neu renoviertem Pflegehaus.

k.l.a.s.: Sommertheater auf der Heunburg, Tel. 042 32/446 07 50, www.klas.at.

Fischen im Stausee und **Vögelbeobachten** im Schutzgebiet Neudenstein, Info-Tel. 042 32/25 71.

Vom Klopeiner See nach Bleiburg

Reiseatlas: S. 239, D/E 4
Er gilt dank seiner windgeschützten Lage und geringen Durchflutung als wärmster Badesee Österreichs. Sein Wasser erreicht bis zu 28° C und hat Trinkqualität, seine Ränder sind flach, also von Natur aus prädestiniert für Familien mit Kindern. Kein Wunder also, dass der **Klopeiner See** die touristische Kernzone Südkärntens bildet.

Die Anrainergemeinde **St. Kanzian** zählt über 900 000 Übernachtungen pro Jahr. Dementsprechend dicht besiedelt und mit Badestegen bestanden präsentiert sich der Großteil des Seeufers, dementsprechend dicht ist auch das Hotel-, Sport- und Freizeitangebot. Die rund um den See verlaufende Promenade ist über weite Strecken von Strandbädern, Cafés und Eissalons gesäumt und verströmt geradezu mediterranes Flair. Ungleich stiller und naturbelassener geht es an den Gestaden des nahen, knapp halb so großen **Turner Sees** sowie im angrenzenden Naturschutzgebiet **Sablatnigmoor** zu. Beide lassen die Herzen von Vogelkundlern höher schlagen (s. S. 156).

Die Anmut der Gegend hat offensichtlich schon die Kärntner Urahnen zum Bleiben bewogen. Auf dem **Gracarca-Hügel,** zwischen dem 18-Loch-Golfplatz und dem See, haben Archäologen Siedlungsreste von der Jungsteinzeit bis in die frühe Römerzeit entdeckt.

Eine reizvolle Verbindung sind alte und moderne Kunst ein paar Kilometer westlich, in **Stein im Jauntal,** eingegangen: Dort führt ein von einheimischen Gegenwartskünstlern ausgestalteter Kreuzweg hinauf zur romanischen Pfarrkirche. Die Innenwände des zugehörigen – für gewöhnlich versperrten, aber von außen einsehbaren – Karners hat die Kärntner ›Pop-Artistin‹ Kiki Kogelnik 1996 mit avantgardistischen Motiven zum Totentanz versehen.

Ein Stück südlich, nahe dem Dorf Gallizien am Fuß des Hochobir (2139 m), stürzt der **Wildensteiner Bach** über den gleichnamigen **Wasserfall** 54 m in die Tiefe – ein zu Recht viel besuchtes Naturdenkmal, das man vom Parkplatz aus zu Fuß in rund 20 Minuten erreicht.

Folgt man dem sich verengenden Tal der Vellach flussaufwärts, gelangt man bald nach **Bad Eisenkappel.** Der Ort, einst ein wichtiger Umschlagplatz an dem Handelsweg über den Seebergsattel Richtung Süden, hat sich dank seiner kohlensäurehaltigen Mineralquellen einen Namen als Kurort gemacht. Kunstfreunde sollten am nördlichen Ortsrand zu der gotischen Wallfahrtskirche Maria Dorn emporsteigen. Wanderern seien die beiden Naturschutzgebiete **Trögener Klamm** beziehungsweise **Vellacher Kotschna** ans Herz gelegt. Für eine Ausflugsfahrt empfiehlt sich die Panoramastraße über den Paulitschsattel ins slowenische Logartal.

Östlich des Klopeiner Sees beherrscht **Stift Eberndorf** den gleichnamigen Ort. Die im Kern an die 900 Jahre alte Anlage, erhielt ihre heutige, barocke, auffallend wehrhafte Vierkantform Mitte des 17. Jh. Jahrhundertelang von den Augustiner-Chorherrn betrieben, wird sie heute von der Gemeinde zu Schul- und Verwaltungszwecken genutzt. Ihr kunsthistorisches Schmuckstück ist die Kirche Maria Himmelfahrt mit einem von herrlichen Schlingrippen überwölbten Langhaus (um 1500) und einer weiträumigen Krypta (um 1380).

Wie tief die spirituellen Traditionen in Südostkärnten in der Vergangenheit wurzeln, offenbart der **Hemmaberg** bei **Globasnitz:** Auf ihm errichteten schon die Kelten einen Weihetempel. Von Iouenat, ihrer Gottheit, stammt Iuenna, der Name jener Straßenstation ab, die wenig später unten im Tal die Römer schufen (und der etymologisch noch im ›Jauntal‹ steckt). Deren Bewohner verlegten ihre Siedlung in den gefahrvollen Zeiten der Völkerwanderung erneut auf den Hemmaberg und nutzten ihn ebenfalls als Kultstätte.

Aus dieser Zeit, dem 5./6. Jh., haben sich auf dem Gipfelplateau des steilen, über 800 m hohen Kalkfelsens die Reste eines frühchristlichen Wallfahrtsortes samt ausgedehntem Gräberfeld erhalten. Die – ganzjährig frei zugänglichen – Grundmauern der insgesamt fünf Sakralbauten gelten als archäologische Sensation; insbesondere jene zwei Doppelkirchenanlagen, die allem Anschein nach parallel von arianischen wie katholischen Christen genutzt wurden und somit seltene Symbole für eine konfessionelle Koexistenz darstellen.

Um 1500 wurde übrigens auf dem energetisch offenbar besonders wirksamen Berg eine spätgotische Wallfahrtskirche erbaut. Etwas unterhalb, in der so genannten Rosaliengrotte, sprudelt Wasser aus dem Fels, dem man seit alters heilende Wirkung nachsagt. Die seit 1978 auf dem Hemmaberg gefundenen antiken Schätze, allen voran kostbare Mosaikböden und Grabbeigaben, sind im alten Schulhaus von Globasnitz dauerhaft ausgestellt.

Der mächtige Gebirgsstock, der, direkt an der Grenze das flache Land überragt, heißt **Petzen.** Er ist ein viel frequentiertes Wander- und Skirevier und dank einer Kabinenseilbahn bequem zu erklimmen. Wer ihn mit eigener Muskelkraft in der Vertikalen bezwingen will, kann am Kletterturm auf dem Sportplatz im nahen St. Michael seine Muskel stählen.

Bleiburg, der kleine Hauptort des östlichen Jaunfeldes, dessen Name vermutlich von den Bleivorkommen im Petzen-Gebiet herrührt, ist dank zweierlei Attraktionen weithin bekannt: dem Bleiburger Wiesenmarkt, einem stets Ende August/Anfang September veranstalteten Mega-Fest, das auf eine über 600(!)-jährige Tradition zurückblickt und mittlerweile alljährlich über 100 000 Menschen anlockt, und der Werner Berg Galerie. Ihr Namenspatron (1904–81) hatte sich 1930, aus Nordwestdeutschlands stammend, hier im Kärntner Unterland niedergelassen, um fortan 50 Jahre lang als Maler und Bauer der schlichten Schönheit und Eigenwilligkeit der hiesigen Menschen und Natur auf den Grund zu gehen.

Die wunderbare, vom deutschen Expressionismus mitgeprägte Form- und Farbensprache der Ölbilder und Holzschnitte Werner Bergs kann man in der kürzlich hervorragend ausgebauten Werner Berg Galerie bewundern (10.-Oktober-Platz 4, Anfang Mai–Ende Okt. Mi bis So 10–12, 14–17, Di nur 14–17 Uhr, www.wernerberg.com).

Ebenfalls auf dem malerischen Hauptplatz, zu Füßen des von einem imposanten Renaissancebau bekrönten Schlossbergs, steht der 1994/95 entstandene Freyungsbrunnen von Kiki Kogelnik.

Tourismusverband Klopeiner See-Turner See: 9122 Seelach/Klopeiner See, Schulstr. 10, Tel. 042 39/22 22, Fax 30 65, www.klopeinersee.com.

Idylle pur

America-Holzer: 9122 St. Kanzian, Tel. 042 39/22 12, Fax 042 39/21 58, www.amerika-holzer.at. Exquisites Vier-Sterne-Haus mit 200 m privatem Strand und beheiztem Strandpool sowie Wellness- und Beauty-Center, Gourmet-Restaurant, DZ ab 130 €, 144 € inkl. Halbpension.

Mori: 9122 Seelach/Klopeiner See, Kleinseeweg 20, Tel. 042 39/28 00-0, Fax 28 00-61, www.hotel-mori.at. Bestens ausgestattetes Tennis-Golf-Wellness-Hotel mit mehreren Dependancen im Ort, 18 Tennis-Frei- und Hallenplätze, große Thermenlandschaft und Zugang zum hauseigenen, völlig unverbauten Badesee, DZ mit HP ab 124 €.

Schmautz: 9133 Miklauzhof bei Bad Eisenkappel, Jerischach 4, Tel. 042 37/ 22 21, Fax 22 21-21. Sympathischer, modern ausgestatteter Familiengasthof, DZ ab 68 €.

Breznik: 9150 Bleiburg, Hauptplatz 9, Tel. 042 35/20 26-0, Fax 20 26-20, www.brauhaus.breznik.at. Gemütliches, sehr persönlich geführtes Qualitätshotel, teilweise mit Themenzimmern, im Erdgeschoss zum Essen: das ›Alte Brauhaus‹, DZ ab 60 €.

Gasthof am See: Turner See, Obersammeldorf, Tel. 042 39/23 45, Mai bis Sept. tgl. 11.30–22 Uhr. Fisch- und Grillspezialitäten sowie Schmankerl aus eigener Landwirtschaft, Kärntner Brettljause, schöner Terrassenblick auf den See.

Ferienzentrum Camping Süd: Unterburg, Tel. 042 39/23 22, tgl. 11.30–14, 17.30–21 Uhr. Ein Gasthof am Campingplatz, weithin gerühmt für den fangfrischen Fisch aus dem See bzw. hauseigenen Fischereigewässern, günstig–mittel.

Hafner: Bleiburg, Oberdorf 14, Tel. 043 56/20 44, Mi–So 11–14, 17–21 Uhr. Gemütliches Landwirtshaus mit sehr guter Regionalküche, ein Pionier der Had'n-schmankerln (s. S. 149), günstig–mittel.

Menüwirt: St. Kanzian, Kleindorf, Tel. 042 39/22 48, April–Okt. tgl. 11–20.30 Uhr. Tgl. 20 verschiedene Niedrigpreis-Menüs, gute Qualität, Spezialität: Hendl (Huhn), günstig.

Stöckl: Bleiburg, 10.-Oktober-Platz 18. Lebkuchen und Wachskerzen aus eigener Produktion.

St. Louis Bar: Bleiburg, Hauptplatz 9, Di–So ab 19 Uhr. Netter Treff für Nachteulen im jazzigen Bohemien-Ambiente, Spezialität: das hausgebraute Steinbier.

Südkärntner Sommerspiele: Komödien in Stift Eberndorf, Tel. 042 36/30 04, www.sks-eberndorf.at, Anfang Juli–Mitte Aug.

Vogelpark am Turner See: St. Primus, Tel. 042 39/27 07, April bis Sept. 9–18, Okt.10–16 Uhr. Mehr als 1000 Vögel plus Zuchtstation.

Sablatnigmoor: Führungen Anfang Juni–Ende Sept., Terminauskünfte: Tel. 042 36/22 21.

Sommerrodeln: in Eberndorf, Bahnlänge: 1200 m, Anfang Juni– Anfang Sept., nur bei trockenem Wetter, Tel. 042 36/ 27 36.

Bungy-Jumping: von der Jauntalbrücke bei Ruden, April–Okt., Zeiten auf Anfrage, Tel. 042 34/222.

Kabinenbahn auf den Petzen: Anfang Juni–Ende Sept. und im Winter, Tel. 042 35/22 46.

LAVANTTAL

Das Lavanttal im äußersten Osten des Landes ist ein uraltes, fruchtbares, touristisch noch wenig entdecktes Bauernland. Sein Charme liegt in der liebreizenden Natur, seinen wanderbaren Wiesen und Almen. Dazwischengestreut warten geschichsträchtige Kleinstädte wie Bad St. Leonhard, Wolfsberg oder St. Andrä. Über allem strahlt als eine Wiege der Kärntner Kultur das Stift St. Paul.

Das Obere Lavanttal

Reiseatlas: S. 239, E 1/2

Die zwischen den Bergrücken der Sau- und der Koralpe hingebreitete, von der Lavant durchflossene Tallandschaft steht im Ruf eines riesigen Obstgartens und wird von ihren Bewohnern gerne als ›Kärntens Paradies‹ bezeichnet. Historisch betrachtet, verdankt der liebliche Landstrich seinen Wohlstand allerdings nicht in erster Linie der Fruchtbarkeit ober Tag, sondern der früheren Fülle an Bodenschätzen. **Reichenfels** – der Name des nördlichsten, nahe der Grenze zur Steiermark gelegenen Ortes erinnert ganz unverblümt daran, dass einst in seiner Umgebung en masse Silber gewonnen wurde. Offensichtlicher noch ist in **Bad St. Leonhard** der Reichtum, der einst aus dem Inneren der Berge kam: Weil hier bis in die frühe Neuzeit der Gold- und Silberabbau blühte, konnte sich der Ort, der schon 1325 das Stadtrecht erhielt und sein Attribut ›Bad‹ heilkräftigen Schwefelquellen verdankt, den wohl großartigsten gotischen Sakralbau des Landes leisten. Die Pfarr- und Wallfahrtskirche St. Leonhard, die auf einem Hang außerhalb der Stadt steht und, wie bei Kirchen für den Schutzheiligen der Gefangenen üblich, mit einer Eisenkette umschlossen ist, beeindruckt mit ihren Strebepfeilern, Fialen und dem feinen Maßwerk schon von außen. Ihr großer, landesweit einzigartiger Schatz sind freilich die 139 gotischen Glasfenster. Knapp die Hälfte von ihnen, darunter Christus, Maria und die Apostel (im Chor) sowie die Szenen aus dem Leben Christi (im nördlichen Seitenschiff) und aus der Leonhardslegende (westliche Fenster) stammen aus der Zeit um 1340/50. Der Rest ist nur wenige Jahrzehnte jünger. Beeindruckend sind außerdem der mächtige Hochaltar, der Flügelaltar im rechten Nebenchor sowie die fast 400 Votivgaben aus Eisen. Ebenfalls vom Geld und Einfluss der Stadt zeugt die westlich des hübschen, von Biedermeierhäusern gesäumten Hauptplatzes emporragende, teilweise noch vierge-

Hof am Sobot-Pass

schossig erhaltene Burgruine Gomarn. Ein flüssiges Markenzeichen des Ortes ist das stark kohlesäurehaltige Mineralwasser aus dem ›Preblauer Sauerbrunn‹.

Bei **Twimberg,** wo die Autobahn A2, vom Packsattel kommend in das Lavanttal einschwenkt und sich dieses kurz schluchtartig verengt, wachen eine Burgruine und, ein Stück östlich, im Waldensteingraben, das gleichnamige Schloss mit seinem mächtigen, romanischen Bergfried (Privatbesitz) über das Land. Am südlichen Ausgang des Talgrabens, kurz vor **St. Gertraud,** steht rechts der B70, der Packer Straße, ein ungewöhnlicher, mit gotisierenden Bauelementen verzierter Turm. Es handelt sich um einen über 150 Jahre alten Hochofen – eines von mehreren frühindustriellen Relikten, die diese Strecke säumen. Ganz in der Nähe, im Ortsteil Frantschach, fällt der Blick auf eine riesige Zellstoff- und Papierfabrik, die für etliche hundert in der Region dringend benötigte Arbeitsplätze sorgt.

Wolfsberg – St. Andrä – St. Paul

Wolfsberg

Reiseatlas: S. 239, E 2/3

Wolfsberg, die Bezirkshauptstadt, ist mit 378 km² nach Wien Österreichs flächenmäßig zweitgrößte Gemeinde. Seit der ersten Hälfte des 11. Jh. über 700 Jahre lang in bambergischem Besitz, diente es seit alters als eine wichtige Handelsstation entlang der Straße vom Pack- beziehungsweise Obdachersattel Richtung Süden. Wirtschaftliche Bedeutung erlangte es am Beginn der Neuzeit auch als Ort der Verhüttung von Eisenerz aus dem Oberen Lavanttal. Zuvor schon hatte verblüffenderweise vor Ort auch der Weinbau des Längeren eine nicht unwesentliche Rolle gespielt. Eine gute Vorstellung vom frühen Wohlstand vermittelt ein Spaziergang vom Ufer der Lavant durch die Obere Stadt. Das stattliche Rathaus an der steinernen Brücke, der Hohe Markt mit der Mariensäule und seiner Front aus Bürgerhäusern, hinter deren Biedermeierfassaden sich manch bemerkenswerter Renaissance-Arkadenhof verbirgt, der Getreidemarkt mit dem gotischen Reckturm und dem ehemaligen Landesgericht, die von historistischen Gebäuden gesäumte Johann-Offner-Straße – sie alle verströmen bürgerliches Selbstbewusstsein. Die Sakralbauten, allen voran die in großen Teilen romanische Markuskirche mit ihrem Hochaltarbild des ›Kremser Schmidt‹ sowie, gleich nebenan, die spätgotische Annakapelle mit ihrem feinen Flügelaltar, tragen zum Gesamteindruck eines gut situierten Gemeinwesens maßgeblich bei.

Beherrscht wird die Stadt – die übrigens so schwer befestigt war, dass weder Türken noch Ungarn sie zu besetzen vermochten – vom Schloss. Die bambergische Burg auf dem Berg, »auf dem einst die Wölfe hausten«, wurde 1178 erstmals urkundlich erwähnt. 1759 wurde sie mitsamt der Grafschaft Wolfsberg an Maria Theresia, die habsburgische Kaiserin, verkauft. Knapp 100 Jahre später ging sie in den Besitz der Grafen Henckel-Donnersmark über. Diese ließen die mittelalterliche, im 16. Jh. festungsartig ausgebaute Anlage mit ihren zwei Rundtürmen, von englischen Vorbildern inspiriert, im neugotischen Tudorstil umgestalten und um ihn herum einen prachtvollen, historistischen Landschaftsgarten anlegen. Heute ist das Schloss mit seinen 1000 m² umfassenden Prunkräumen, die vor kurzem aufwendig restauriert wurden, im Rahmen von Festen, Konzerten und Wechselausstellungen öffentlich zugänglich (Auskünfte: Tel. 043 52/23 65-22, www.schloss-wolfsberg.at). Nicht zu besichtigen versäumen sollte man außerdem: das um 1860 vom preußischen Hofarchitekten F. A. Stüler erbaute Mausoleum der Grafen Henckel-Donnersmark (südlich des Schlosses auf einem bewaldeten Hügel), das im Kern über 700 Jahre alte Schloss Bayerhofen mit seinem schönen Arkadenhof (rechts der Lavant, im Süden der Stadt) und Lavmus, das vor allem zum Thema Agrargeschichte gut bestückte Lavanttaler Heimatmuseum (Mai, Juni, Sept., Okt. Di–Fr 10–17, Juli, Aug. Mo–Fr 10–17, Sa, So, feiertags 11–16 Uhr).

St. Andrä und St. Paul

Reiseatlas: S. 239, E 2/3
Einer von Kärntens ältesten Orten, dessen Kirche vermutlich schon unter Bischof Modestus im 8. Jh. begründet wurde, bildet die nächste Station: **St. Andrä.** Hier residierten von 1228 bis 1859, als ihr Bistum einenteils nach

Gurk, anderenteils nach Marburg in Krain verlegt wurde, die Bischöfe von Lavant. Dementsprechend sind es vor allem zwei Gotteshäuser, die nähere Beachtung verdienen: die Pfarr- und einstige Domkirche St. Andreas, eine stattliche, dreischiffige Basilika aus gotischer Zeit, und, mehr noch, die gerne für Hochzeiten genutzte Wallfahrtskirche Maria Loretto, ein pompöser Barockbau mit weithin sichtbarer Doppelturmfassade.

Das kulturelle Herz schlägt seit mehr als 900 Jahren auf einem Felshügel oberhalb der Mündung des Granitzbaches in die Lavant. Dort verwandelte der Spanheimer Graf Engelbert I. im Jahre 1091 die im Jahrhundert zuvor auf keltisch-römischen Fundamenten errichtete Burg Lavant in ein **Benediktinerkloster.** Die ersten Mönche dieser neben Ossiach und Millstatt dritten großen Niederlassung des Ordens in Kärnten kamen aus dem berühmten Reformkloster Hirsau im Schwarzwald. Sie machten ihr Kloster, das anfangs Lauent (= Lavant) hieß und erst später den Namen des zu Füßen liegenden Marktes **St. Paul** annahm, rasch zum zivilisatorischen Mittelpunkt des Tales, an dem Lesen und Schreiben gelehrt sowie Geistes- und Naturwissenschaften, Latein und Griechisch gepflegt wurden und die Anrainer als Bauern und Handwerker Arbeit fanden.

Ihre heutige, dreiflügelige Form erhielt die Anlage – nach Brand und Türkenbelagerung – größtenteils im Laufe des 17. Jh. Treibende Kraft war damals der oft als ›zweiter Gründer‹ apostrophierte Abt Hieronymus Marchstaller. Er nahm für den Wiederaufbau den spanischen Escorial zum Vorbild. 1782 wurde St. Paul, wie so viele Klöster, von Joseph II. aufgehoben, doch bereits 1809 von Mönchen aus St. Blasien im Schwarzwald wieder besiedelt. Sie, die rund 90 Jahre später ein bis zum heutigen Tag renommiertes Stiftsgymnasium gründen sollten, brachten die Särge von 13 Angehörigen der Familie Rudolphs von Habsburg aus dem 13./14. Jh. aus ihrem Stammkloster mit an die Lavant. Vor allem aber hatten sie jene Kostbarkeiten im Gepäck, die die Basis für eine der heute wertvollsten Sammlungen sakraler Kunst in ganz Europa bildeten und St. Paul den Beinamen ›Schatzhaus Kärntens‹ bescherte. Skulpturen, liturgische Gewänder, Kelche, Monstranzen, vieles davon aus dem 12./13.Jh., weiters Silber- und Goldschmiedearbeiten, darunter das so genannte Adelheidkreuz, eine 30 000 Stücke umfassende Münz- und Medaillensammlung, Grafiken, Holzschnitte, Kupferstiche und eine Gemäldegalerie, deren Werkliste, von Dürer und Holbein über Leonardo da Vinci, Rubens, van Dyck, Veronese und Piazetta bis Troger und den Kremser Schmidt reichend, sich nahezu wie ein Who's who der abendländischen Kunstgeschichte liest ... Der Bestand an Kunstobjekten, den das Stiftsmuseum – untergebracht in mit herrlichen Holzkassetten-Decken ausgestatteten Repräsentationsräumen im Westtrakt – auf fast 3000 m² vereint, ist immens.

Nicht minder großartig bestückt ist die Stiftsbibliothek: Unter Decken, die man im 17. Jh. mit Tierkreiszeichen, Jahreszeiten und Himmelswinden bemalt hat, sind in ihr rund 50 000 Bücher, an die 700 Früh- und Wiegendrucke sowie rund 2000 Handschriften und ebenso viele Urkunden aufbewahrt. Zu den größten Kostbarkeiten zählen das älteste Buch Österreichs aus dem 5. Jh., der berühmte, prachtvoll illustrierte »Ramseypsalter« (13. Jh.), und eine Kapitularien- und Volksrechtsammlung aus dem 9. Jh. Eine Gutenberg-Bibel wurde freilich schon in der Zwischenkriegszeit an die Kongressbibliothek in Washington verkauft. Auf sie schwören seither die neu gewählten US-Präsidenten ihren Eid.

Bleibt die Stiftskirche: Sie wurde in ihrer heutigen Form als dreischiffige Pfeilerbasilika bereits im 13. Jh. fertig gestellt und zählt zu den bedeutendsten romanischen Gotteshäusern in Österreich. Ihre monumentale Doppelturmfassade mit dem Westportal – in dessen Bogenfeldrelief Christus Paulus und Graf Engelbert, den Stiftsgründer, segnet – sind wie die Raumordnung im Innern und die reich ornamentierten Chorabschlüsse rein romanisch. Das Südportal hingegen wurde erst anfangs des 16. Jh. aus alten Versatzstücken pseudoromanisch zusammengefügt. Die gotischen Rippengewölbe wurden, nachdem ein Brand die alte Holzdecke vernichtet hatte, sukzessive im 14. und 15. Jh. eingezogen. Überhaupt haben mit den Jahrhunderten viele Bau- und Kunststile ihre Spuren hinterlassen: Das Stiftergrabmal im nördlichen Querhaus stammt aus dem späteren 13. Jh. Gut 100 Jahre jünger ist das Fresko – von Thomas von Villach – darüber. Ebenfalls im späten 15. Jh. steuerten Michael Pacher und seine Werkstatt die Figuren und Ornamente an den Schlusssteinen und Vierpässen des Gewölbes bei. Auch die Rabensteinerkapelle ist hochgotisch, die Auferstehungskapelle hingegen barock. Die prächtige Kanzel sowie Chor- und Beichtgestühl schließlich stammen aus der Rokokozeit.

Kunst, Natur und Kulinarium

Unter diesem Motto bietet das **Stift St. Paul** für jeden Geschmack das Richtige: für Kunstfreunde zum Beispiel im Stiftsmuseum die Kunstschätze und alljährlich interessante Themenausstellungen (Anfang Mai–Ende Okt. tgl. 9 bis 17 Uhr); außerdem eine Sammlung chinesischer und, in der Kunsthalle, zeitgenössischer Kunst. Im Rahmen des **St. Pauler Kultursommers** finden im Stift im Juni/ Juli hörenswerte Festmessen und Konzerte statt. Und auf Feinschmecker wartet eine gut sortierte Vinothek sowie, im Hofrichtergebäude, ein Obstbaumuseum (Mai–Okt. tgl. 10–12.30, 14 bis 17 Uhr).

Auskünfte im Stift (Tel. 043 57/ 20 19-22, www.stift-stpaul.at) oder im Verkehrsamt (9470 St. Paul, Tel. 043 57/20 17-22, Fax 20 17-23).

Regionalverband Lavanttal: 9400 Wolfsberg, Minoritenplatz 1, Tel.

043 52/28 78, Fax 2878-9, www.region-lavanttal.at.

Moselebauer: 9462 Bad St. Leonhard, Kliening 30, Tel. 043 50/23 33-0, Fax 2333-48, www.moselebauer.at. Renommiertes Vier-Sterne-Haus am Fuß des Klippitztörl, eigene Tennishalle, Hallenbad, Kegelbahnen, Wellness-Landschaft, Almhütte, DZ ab 150 €.
Hecher: 9400 Wolfsberg, Wiener Str. 6, 043 52/29 46, Fax 2946-45, www.hecher.at. Modern, zentral, Vier-Sterne-Komfort, exzellente Café-Konditorei im Haus, DZ ab 75 €.
Zur alten Mühle: 9463 Reichenfels, Bamberger Str. 10, Tel. 043 59/22 11, Fax 2211-200. Kinderfreundliches Hotel in schönem Wander- und Bikegebiet, große Sauna-Landschaft, riesiges Spielzimmer, diverse Kinderprogramme, DZ ab 40 €.

Trippolts Zum Bären: Bad St. Leonhard, Hauptplatz 7, Tel. 043 50/22 57, Di–Sa 11–14, 18–23 Uhr. Landgasthof mit gediegener Tisch- und Weinkultur, haubengekrönte, zugleich kreative und bodenständige Küche, Spezialitätenverkauf in der angeschlossen ›Weinbotschaft‹, gehoben.
Alter Schacht: St. Stefan, Hauptstr. 24, Tel. 043 52/31 21, www.alterschacht.at, tgl. 12–14, 16–22 Uhr, So abends und Mo geschl. Ausgezeichnete Küche, gepflegtes Weinsortiment, geschmackvoll eingerichtet, mittel–gehoben.
Rainsberghof: Reichenfels, Am Rainsberg 115, Tel. 043 59/27 77, tgl. 7–24 Uhr. Gepflegte Gastlichkeit und ausgezeichnete Küche. Auch Zimmer mit All-Inclusive-Angebot (Vollpension und Getränke), DZ ab 40 €.
Dölder: Wolfsberg, Rossmarkt 2, Tel. 043 52/26 98, tgl. 8–22 Uhr. Köstliche Hausmannskost in rustikalem Ambiente (nette Zimmer), günstig.
Cafe & Restaurant Schloss Wolfsburg: Wolfsberg, Hoher Platz, Tel. 043 52/303 46, Mo–Sa 8–22 Uhr. Feine Imbisse, Mehlspeisen, Eis, leckere Spezialität: Jaganudl, günstig.
Harrach: Lavamünd-Magdalensberg 22, Tel. 043 56/26 62, tgl. 11–22 Uhr. Ausflugsgasthof, 1000 m über dem Tal, Terrasse mit Traumaussicht, gute Kärntner Schmankalan à la Nudelgerichte und Brettljause, günstig; auch nette Zimmer, DZ 50 €.

Lavanttaler Bauernmarkt: Wolfsberg, ganzjährig Fr 13–18, Sa 7.30–11 Uhr. Von Kürbiskernöl bis Edelbrand – alle kulinarischen Köstlichkeiten der Region.
Mostbarkeiten: St. Paul, Hundsdorf 2, Galerie am Zogglhof, Tel. 043 57/31 41. Most, Apfelweine und edle Brände zum Verkosten und Kaufen, Besuch nach tel. Voranmeldung.

Rockbeisl, Dolce Vita etc.: Am Hohen Platz in Wolfsberg sind nette Lokale für Nachteulen dicht an dicht gereiht.

Bartlbauer: Wolfsberg, Tel. 043 52/515 46, www.bartlbauer.at Kürbiskernöl, Liköre, Schnäpse, Sirup und Konfitüren – alles aus eigener Produktion.

500 km markierte Wanderwege im Tal, u. a. **Mostwanderwege** in St. Georgen und im Granitztal.

Stift St. Paul im Lavanttal

Oberkärnten

Heiligenblut mit Großglockner

Reiseatlas S. 234/235 und S. 236

MÖLLTAL UND HOHE TAUERN

Seltene Tiere und Pflanzen, einsame Hochalmen, Wasserfälle, Gletscher und kühne Gipfel – im Nordwesten von Kärnten zeigt sich die Natur von ihrer unberührtesten und spektakulärsten Seite. Rund um den Nationalpark Hohe Tauern finden Wanderer und Wintersportler gleichermaßen ihr Paradies. Ein Muss, selbst für eilige Besucher der Region: die Fahrt über die Großglockner-Hochalpenstraße.

Unteres Mölltal

Reiseatlas: S. 235, D 2
12 km nordwestlich von Spittal, wo die Möll in die Drau mündet und die B106 von der Drautal-Bundesstraße (B100) rechts ab Richtung Alpenhauptkamm abzweigt, liegt **Möllbrücke.** Die strategische Bedeutung des Ortes erkannten schon die Römer: Sie nannten ihn Lurno. Im 17. und 18. Jh. wurden hier Kupfer und Eisen aus den Hohen Tauern verarbeitet. 1809 lieferten sich die Kärntner mit napoleonischen Soldaten heftige Kämpfe, von denen auf der Fassade des alten Gasthofs Zur Post Wandbilder und Einschüsse von Kanonenkugeln zeugen. Sehenswürdigkeit Nummer eins ist freilich die etwas außerhalb des Zentrums gelegene Leonhardskirche – ein gotischer Bau mit einem herrlichen Flügelaltar, dessen Protagonisten, der Namenspatron mit der Kette sowie die Heiligen Rochus und Sebastian, dem Betrachter erstaunlich lebensecht gegenüberstehen.

Folgt man der Möll talaufwärts, passiert man zunächst das aus dem Kölnbreinstausee (s. S. 183) gespeiste Krafthaus Rottau. Auch im benachbarten **Kolbnitz** stechen Anlagen zur Stromerzeugung ins Auge. Sie sind Teil jenes gewaltigen Reißeck-Kreuzeck-Kraftwerkes, das seit seiner Eröffnung 1961 maßgeblich zu Kärntens Strom- versorgung und -export beiträgt.

Von hier führt eine Standseilbahn auf das **Reißeck-Seenplateau** und eine Schmalspurbahn weiter bis zur Bergstation Schoberboden (2237 m; Tel. 050 31/322 59, Mitte Mai–Mitte Okt. 8.30 bis 17 Uhr). An der südlichen Talseite erleichtert die nostalgische **Kreuzeckbahn** den Aufstieg zu einem wunderschönen Bergwandergebiet (Tel. 06 64/904 66 81, Ende Juni–Mitte Sept. Mo–Sa 9–17 Uhr). Auf der bewaldeten Kuppe des **Danielsbergs,** die sich wenig weiter mitten im Mölltal erhebt, steht – auf den Fundamenten eines Herkules-Tempels aus der Römerzeit – ein dem hl. Georg geweihtes Kirchlein. Ein Stück besonders unberührter Bergnatur bietet das vom nahen Dorf Napplach erreichbare **Teuchltal**.

Obervellach, der auf einem Schuttkegel entstandene und im Lauf der Zeit des Öfteren von Überschwemmungen heimgesuchte Hauptort an der Unteren Möll, war im ausgehenden Mittelalter ebenfalls ein Bergbauzentrum, ja sogar Sitz des Oberstbergmeisters für die innerösterreichischen Länder. Von jener dem Gold und später dem Kupfer zu dankenden Blütezeit zeugen das Spalier stattlicher Bürgerhäuser am Marktplatz und die mauerbewehrte, spätgotische Pfarrkirche. Letztere birgt einen kostbaren Barockaltar mit Tafeln des Niederländers Jan van Scorel.

Beschirmt ist Obervellach, das sich in jüngerer Zeit als Luft- und Schrothkurort einen Namen gemacht hat, nicht nur von Bergkolossen, sondern auch von einem Kranz imposanter Burgen: dem barocken, u. a. von J. F. Fromiller freskierten **Schloss Trabuschgen**, das heute als Fremdenpension geführt wird, im Nordwesten der trutzigen, im Kern über 700 Jahre alten **Feste Groppenstein** und im Südwesten, umrahmt von der Bogenbrücke der Tauernbahn, dem historistisch-romantischen **Burgschloss Niederfalkenstein** (beide in Privatbesitz und nicht zugänglich).

Wanderern besonders ans Herz gelegt sei u. a. der Dreischluchtenweg (mit Kräuterlehrpfad) oder der Aussichtsberg Polinik (knapp 3 Std. Aufstieg vom letzten Parkplatz), Kunstfreunden ein Abstecher zur Wallfahrtskirche Maria Tax im Ortsteil **Stallhofen** (Stampfer-Kapelle mit Fromiller-Fresken).

Urlaubsinformation Großglockner/Mölltal: 9822 Großglockner/Mölltal, Tel. 048 25/200 49, Fax 048 25/20 04 94, www.nationalpark-hohetauern.at.
Tourismusbüro: 9821 Obervellach, Tel. 047 82/25 10, Fax 25 05, www.obervellach.at.

Die Schrothkur: 9821 Obervellach, Tel. 047 82/20 43, Fax 20 43-14, www.schrothkur.at. Spezialisiert auf Schroth-(= Heilfasten)Kuren, Vier-Sterne-Standard für Gesundheitsbewusste, Ruhelage am Ortsrand, zugehörig: Kärntens einziger Fuß-Fit-Parcour, p. P. ab 108 € im DZ (im Rahmen von Wochenpauschalen, inkl. Kur).
Pacher: 9821 Obervellach, Hauptplatz 64, Tel. 047 82/22 59, Fax 047 82/22 59-4, www.hotel-pacher.at. Moderner Komfort in historischem Gemäuer, schöner Innenhof, parkähnlicher Garten, Sauna, Dampfbad, Wintergarten, DZ ab 62 €.
Herkuleshof: 9815 Kolbnitz, Am Danielsberg, Tel. 047 83/22 88, www.herkuleshof.com. Idyllischer, 100 Jahre alter Gasthof am Moorbadeteich, komfortable Zimmer, nett geführt, DZ ab 66 €.

Himmelbauer: Obervellach, Wolliggen 4, Tel. 047 82/20 38, Anfang April–Ende Okt., warme Küche 11–22 Uhr. 400 Jahre altes Bauernhaus in 1250 m Seehöhe, echte Kärntner Schmankalan mit traumhaftem (Terrassen)Blick, mittel.
Penkerwirt: Penk 11, Tel. 047 83/22 41, Mi–Mo 11–22 Uhr (Juni–Sept. kein Ruhetag). Einkehrgasthaus mit bodenständiger Küche, Augenmerk auf saisonalen Produkten von Spargel bis Wild, eigens für Radler und Biker: ›Lydias Jausenhütte‹ im Freien, günstig–mittel.
Café-Konditorei Kreinerhof: Möllbrücke, Hauptstr. 6, Tel. 047 69/22 21, tgl. 7.30–ca. 2 Uhr. Weithin gerühmter Treff für Leckermäuler, Eisspezialitäten, hausge-

machte Mehlspeisen, günstig–mittel (auch hervorragendes Hotel und Restaurant!).

Hopfgartner: Mühldorf bei Möllbrücke. Hochklassige Jagd-, Trachten- und Landhausmode aus Loden, Leinen und Leder.

Wildwassersport (Rafting, Kanu, Kajak, Hydrospeed, Skijak u. ä.) auf der Möll: Sporterlebnis-Camp Pristavec, Tel. 047 82/27 27, www.sportelebnis.at. **Bergwanderwoche** für Jedermann unter kundiger Führung, zahlreiche Pauschalangebote (Infos: s. Tourismusbüro S. 167).

Mallnitz und Fraganttal

Reiseatlas: S. 234, C 1/2
Von Obervellach führt die B105 in gut ausgebauten Kehren hinauf nach **Mallnitz.** Am Eingang in das ob seiner sauberen Luft und Höhenlage (1200 m) zum heilklimatischen Kurort geadelte Dorf liegt jener Bahnhof, an dem die ÖBB (Österreichische Bundesbahn) Autos huckepack auf Waggons verladen, um sie – zu Spitzenzeiten im 20-Minuten-Takt – durch den 8,5 km langen Tauerntunnel nach Böckstein im salzburgischen Gasteinertal zu überstellen. Dahinter, abseits des Transitverkehrs, entfaltet der idyllische Kern der Nationalparkgemeinde, die seit alters eine wichtige Station für den Saumhandel über den Hohen und Niederen Tauernpass bildete, seinen Charme. Bergwanderungen, geführte Hochgebirgstouren, Nordic Walking-Strecken, botanische und mineralogische Exkursionen und im Winter die Pisten des Ankogels, Kärntens höchstem Skiberg, auf dem bis Anfang Mai Schneegarantie gilt ... Das Angebot für Aktivsportler ist beinahe so überwältigend wie die Gipfelkulisse rundum. Ein Gustostück für alle (Hobby)Naturkundler ist der **Naturlehrpfad** vom Stappitzer See durch das **Seebachtal** zur Schwussnerhütte. Einen Anziehungspunkt für Jung und Alt stellt, insbesondere bei Regenwetter, das **Nationalparkzentrum BIOS** dar – eine 600 m^2 große Erlebniswelt, in der man die Grundgeheimnisse des Lebens mit allen Sinnen erkunden kann (Anfang Mai–Mitte Okt. tgl. 10–18 Uhr, www.bios.mallnitz.at). Zu den kulturgeschichtlichen Sehenswürdigkeiten zählen: die alten Stockmühlen (am nördlichen Ortsrand), das Alte Tauernhaus unterhalb der Hagener Hütte und das Venezianer-Sägewerk im Dösener Tal.

Der nächste Ort draußen im Mölltal ist **Flattach.** Auch hier wurden einst Gold, Eisen und Kupfer gewonnen, woran im Ortsteil **Schmelzhütte** ein Schauraum und mehrere Lehrpfade erinnern. Und auch hier wird heute eifrig gewandert und geraftet. Hauptattraktion jedoch ist für sportive Gäste der **Mölltaler Gletscher.** Von Innerfragant am hinteren Ende des Fraganttals gelangt man im Gletscher Express, der mit 4,8 km längsten unterirdischen Standseilbahn der Welt, in nur acht Minuten in Kärntens höchstgelegenes, von Oktober bis Ostern absolut schneesicheres, in Umweltschützerkreisen allerdings nicht unumstrittenes Wintersportgebiet, und per Eisseebahn und Sessellift weiter bis auf den 3122 m hohen Schareck-Gipfel

Rafting auf der Möll

(s. S. 172f.). Nicht minder spektakulär mutet die **Raggaschlucht** an, die der gleichnamige Bach südlich von Flattach in jahrtausendelanger Arbeit in die Flanke des Polinik gefräst hat. Kunstvoll angelegte Stege führen, an acht Wasserfällen vorbei, durch dieses 800 m lange und bis zu 200 m tiefe Naturwunder (Mitte Mai–Mitte Okt. tgl., je nach Jahreszeit zwischen 9/10–16/17 Uhr).

Urlaubsinformation Mallnitz: 9822 Mallnitz 11, Tel. 047 84/290, Fax 635, www.mallnitz.at.

Flattacher Hof: 9831 Flattach 13, Tel. 047 85/81 00, Fax 81 00-40, www.flattacherhof.at. Kleines, feines Vier-Sterne-Hotel mit großzügigen Zimmern, Wintergarten, 200 m² großem Sauna-Wellnessbereich mit Hallenschwimmbad u. v. m., sehr kindergerecht, DZ ab 120 €.
Hotel Alpengarten: 9822 Mallnitz, Rabisch 11, Tel. 047 84/81 00, Fax 81 00-15, www.alpengarten.at. Kärntens einziges Feng-Shui Hotel, Vier-Sterne-Standard, ganzheitlich geführt, Wellness, Meditation, Yoga u. v. m., Haubenküche, DZ ab 78 €.
Alpenhotel Badmeister: 9831 Flattach, Innerfragant 18, Tel. 047 85/81 05, Fax 81 05-55, www.hotel-badmeister.at. Behagliches Drei-Sterne-Haus in Ruhelage, direkt neben der Talstation zur Gletscherbahn, sehr gute Küche, Sonnenterrasse, Streichelzoo, Spielplatz, im Winter: Flutlichtrodelbahn, DZ ab 90 €.

Sonnenhof: Mallnitz 15, Tel. 047 84/260, Juni–Anfang Okt. und Mitte Dez. bis nach Ostern, kein Ruhetag, gemütliches Hotel-Restaurant, gute Hausmannskost und internationale Küche, mittel.

NATIONALPARK HOHE TAUERN

Während des Mittelalters waren es ausschließlich die so genannten Säumer gewesen, die mit Handelsware im Gepäck in die Kernregion der Hohen Tauern vorgedrungen waren. Ab etwa1800 jedoch begann eine merkwürdige neue Spezies Mensch die hochalpinen Gefilde zu erobern – eine bis dahin unbekannte Kreuzung aus Naturwissenschaftlern und Alpinisten. Belsazar Hacquet, David Heinrich Hoppe, Ulrich Schiegg, Sigmund Graf von Hohenwart, Franz Freiherr von Wulffen, Rudolf Hinterhuber sowie, ein bis zwei Generationen später, Johann Stüdl und Karl Hofmann, Ignaz von Kürsinger und Anton von Ruthner etc. All diese Männer, deren Namen heute so manche Schutzhütte trägt, durchstiegen, erstmals nicht von ökonomischen Interessen, sondern von schierer Neugier und sportlichem Ehrgeiz getrieben, unermüdlich die Almböden, Felsschründe und Gletscherbrüche der Region. Sie vermaßen mit ihren schweren, sperrigen Theodoliten die Gipfel, sammelten und katalogisierten Pflanzen und Insekten, machten auch Bekanntschaft mit den diversen Launen der örtlichen Wettergötter und hielten all diese aufregend neuen Erfahrungen in Reisetagebüchern und Journalen so authentisch fest, dass sie damit vor allem bei den Städtern ihrer Zeit jene Begeisterung für das Hochgebirge weckten, die schon bald in konkreten Taten zur Erschließung, aber auch zum Schutz eben dieser ihren Niederschlag fand.

Bereits 1832 waren am Fuße des Glockners die Hofmanns- und die Oberwalderhütte errichtet worden, die damit zu den frühesten derartigen Unterkünften in den Ostalpen zählen. Bereits 1880 entstand mit der Errichtung der Erzherzog-Johann-Hütte auf der Adlersruhe (3454 m) das bis heute höchstgelegene Schutzhaus Österreichs. Etwa zur gleichen Zeit begann der Alpenverein – nachdem inzwischen in Wyoming, im Nordwesten der USA, als weltweit erste derartige Schutzzone der Yellowstone Nationalpark gegründet worden war –, die Prinzipien des Landschafts- und Naturschutzes zu propagieren. 1909 riefen deutsche Naturfreunde gemeinsam mit dem österreichischen Reichsbund für Vogelkunde und Vogelschutz in München einen Verein Naturschutzpark ins Leben. Dessen erklärtes Ziel lautete, »in den Hohen Tauern die Flora und Fauna zu schützen, die Gebirgsbäche, Seen und Wasserfälle in ihrem Verlauf zu erhalten und sie vor Ausnutzung für die Industrie oder für Eisenbahnzwecke zu bewahren«. Und 1939 legte die Oberste Naturschutzbehörde in Berlin sogar einen Plan über die Errichtung eines Nationalparks Hohe Tauern vor. Doch es mussten noch mehrere Jahrzehnte vergehen und die Behörden in Straßburg ein Europäisches Naturschutzjahr ausrufen (was 1970 geschah), ehe sich Kärnten, Salzburg und Tirol zu einer konzertierten Aktion aufrafften. Am 21. Oktober 1971 schließlich trafen einander die Landeshauptleute der drei Bundesländer in Heiligenblut und bekundeten wenigstens einmal schriftlich die Absicht, einen solchen Nationalpark wirklich einrichten zu wollen.

Es folgte das bei solchen Projekten offenbar unvermeidliche Gefeilsche um Paragraphen. Wobei die Rolle der Buhmänner, sprich der hartnäckigsten Widersacher der Ökologen, bei den Herren der E-Wirtschaft in guten Händen lag. Immerhin herrschte noch die Hochblüte der Bettenburgen, Seilbahnen und Großkraftwerke, und Bauern und Bürgermeister sorgten sich mehr um Arbeitsplätze und Übernachtungszahlen als um Umwelt, Zukunft und Tradition. Doch 1983/84 machten die Kärntner und Salzburger Ernst und erklärten große Bereiche der Reichenspitz-, Venediger-, Granatspitz-, Glockner-, Schober-, Goldberg- und Ankogelgruppe – alles in allem eine Fläche von über 800 km² – per Gesetz zum Nationalpark, um, wie es im Vertragstext heißt, »deren Schönheit und Ursprünglichkeit zu erhalten, deren charakteristische Tiere und Pflanzen zu bewahren und einem möglichst großen Kreis von Menschen ein eindrucksvolles Naturerlebnis zu ermöglichen«. 1992 schlossen sich auch die Osttiroler mit beträchtlichen Flächen an. Da man allerdings neben die Protektion der Naturlandschaft gleichrangig die »Erhaltung, Pflege und Gestaltung der naturnahen Kulturlandschaft« stellte, gliederte man das nunmehr insgesamt 1800 km² große Gebiet in drei Zonen, in denen jeweils unterschiedliche Kriterien des Schutzes gelten: in die ›Kernzone‹ – die grandiose Gipfelwelt des ewigen Eises, der steilen Felswände und kristallklaren Gletscherbäche, in die ›Außenzone‹ – die Region der Almen und Wälder, Bergseen, Moore und Wasserfälle und in die ›Kulturzone‹, welche die Dörfer außerhalb in den Haupttälern umfasst. Darüber hinaus schuf man die Möglichkeit, so genannte Sonderschutzzonen zu errichten, in denen sowohl Beweidung und Jagd als auch das Schlagen von Holz und das Sammeln von Pflanzen oder Mineralien verboten sind.

Der Gesetzesbeschluss bereitete etlichen Großprojekten wie etwa Wasserkraftwerken oder dem industriellen Goldbergbau ein endgültiges Ende. Auch stellte man sämtliche Projekte für neue Skilifte, Seilbahnen und Hotels auf Nationalparkboden unverzüglich ein. Damals, 1983, waren über zwei Drittel der Bevölkerung gegen das Gesetz. Nur zehn Jahre später jedoch ergaben Umfragen, dass bereits neun von zehn Anrainern die Beibehaltung, ja sogar Ausweitung des Nationalparks wünschten. Ein prächtiger Erfolg für die zuständigen Behörden, die auch im dritten Jahrtausend, so ihr erklärter Wille, bei Einheimischen und Gästen beharrlich um Verständnis für die Naturschutzidee werben wollen.

Nationalpark-Informationsstellen:
In Großkirchheim: Nationalparkverwaltung Kärnten, Döllach 14, Nationalparkhaus Alte Schmelz, Tel. 048 25/61 61, www.hohetauern.at; weiters in Heiligenblut (Tel. 048 24/27 00; mit Bergführerbüro), auf der Franz-Josef-Höhe (Tel. 048 24/27 27, mit Beobachtungswarte), in Mörtschach (Schmutzerhaus, Tel. 048 26/701), in Mallnitz (BIOS-Zentrum, Tel. 047 84/200 02; Infohütte im Seebachtal) und in Malta (Tel. 047 33/220 16).

Gletschermühle: Flattach 119, Tel. 047 85/421, Di–So 11.30–22 Uhr. Feines Einheimisches, von Tolgnloabelen und Kärntner Reindl bis zum Nudel-Gustoteller, nettes Ambiente, günstig.

Almstuben (im Ferienhotel Alber): Mallnitz, Arnoldstr. 25, Tel. 047 84/ 525, tgl. 16–mind. 1 Uhr. Rustikale Gaststube mit Barbetrieb und Tanzfläche, zur Hauptsaison Mi Livemusik, mittel.

Pro Musica Mallnitz: Tel. 047 84/ 226. Kammermusikfestival im Nationalpark, Konzerte über das ganze Jahr verteilt.

Austria Sportschule Schusser: Mallnitz, Tel. 06 64/204 08 14. Vielerlei Angebote für Alpintouren, Wildwassersport, (Mountain)Biking etc.

Hochgebirgsbahnen Ankogel: Mallnitz, Sommer- und Winterbetrieb, Info-Tel. 047 85/81 10.

Mölltaler Gletscher/Express und Eisseebahn: Talstation in Innerfragant, Mit-

Wanderer im Mölltal am Säumer

te Juni–Anfang Mai, tgl. 8.30 bis 16.30 Uhr, Tel. 04 / 85/81 10, www.gletscher.co.at.

Oberes Mölltal

Reiseatlas: S. 234/235, C/D 2
Auch in seinem mittleren Abschnitt wartet das Mölltal mit einer herrlich unversehrten Alpinnatur und dementsprechend mannigfachen Wander- und Sportmöglichkeiten auf. Die kulturellen Anziehungspunkte jedoch sind eher dünn gesät: In der Schule in **Stall** hat man zur Erinnerung an den großen Sohn des Ortes, den Dichter, Denker und Anthropologen Fercher von Steinwand, ein Gedenkzimmer eingerichtet. Im Hotel Mölltalerhof in **Rangersdorf** lädt die Zeitfabrik zu einer Reise durch die Geschichte der Menschheit. Ihr angeschlossen sind eine Volkstrachtenschau und ein Handwerksraum (Mai bis Okt. tgl. 11–17 Uhr). In **Winklern,** wo die B107 über den Iselsberg ins Osttiroler Lienz führt und sich seit alters Fernwege kreuzen, erhebt sich, angeblich auf römischen Fundamenten, ein über 600 Jahre alter, aus Bruchsteinen gefügter und kürzlich generalrestaurierter Turm. Er ist der Rest einer kleinen, von den Görzer Grafen errichteten Burg, diente einst als Wohn-, Wehr- und Mautturm und zieht dank seiner Aussichtsplattform des Längeren schon Besucherscharen an. Seit dem Frühsommer 2004 beherbergt er eine interessante Multimedia-Schau zum Thema ›Wasser und Gold‹ und wird von einem riesenhaften, begehbaren ›Tauernwurm‹ aus Holz bewacht (Anf. Mai–Anf. Okt. tgl. 10 bis 18 Uhr).

Bei Winklern schwenkt das Tal der Möll, deren von Molina (= Bergbach) abgeleiteter Name übrigens keltische Wurzeln haben dürfte, jählings nach Norden. Mörtschach, Döllach, Apriach etc. – in den Namen vieler Talorte spiegelt sich die frühe slawische Besiedelung wider. Die oberhalb gelegenen

Panoramawandern

Ein paar Ausflugsziele rund um **Winklern,** die traumhafte Ausblicke versprechen: der Familienwanderweg Winkler Alm (ca. 2 Std.); durch das Wangenitztal entlang dem gleichnamigen See zur Wangenitz Hütte (ca. 3 Std.); vom Sadnig Haus (10 km nordöstl. von Mörtschach) durch das Obere Astental auf die Mohreralm und zum Astenmoos (ca. 1,5 Std.) und, einem besonders prachtvollen Panorama zuliebe, das von der Hochalmspitze über die Dolomiten bis zu den Julischen Alpen reicht, vom Zwischenbergen-Sattel auf den Ederplan (ca. 2 Std.).

Gehöfte und Weiler hingegen sind, ein Relikt der späteren Kolonisierung aus dem Westen, in der Regel deutsch benannt. Bis in die Römerzeit zurück reicht in der gesamten Tauernregion die Tradition des Goldbergbaus. Dass dieser für die Gegend auch im 15. und 16. Jh. von überragender Bedeutung war, offenbart ein Zwischenstopp in **Döllach.** Dort baute damals ein Gewerke jenes **Schloss Großkirchheim,** hinter dessen rot-weißen Fensterläden seit 1956 eine imposante Privatsammlung zur Geschichte des hiesigen Montanwesens zu Hause ist. Die Methoden zur Gewinnung und Verarbeitung des edlen Metalls finden sich hier ebenso umfassend dargestellt wie der Alltag der Knappen und, in den beiden Geschossen darüber, allerlei interessantes Natur- und Heimatkundliches (Mitte Juni–Mitte Sept. Mi–Mo 13–17 Uhr).

Im südlichen Nachbarort **Mörtschach** lohnt das historische Schmutzerhaus den Besuch, das unter seinem Dach eine Ausstellung des Nationalparks, eine Handwerkstube beherbergt (Ende Juni–Mitte Sept. tgl. 10–18 Uhr; Filzen-Workshops Mi, Do, Sa 14 Uhr, Anm. Tel. 048 26/419). 4 km nördlich von Döllach, in **Apriach,** bilden acht alte, funktionsfähige und ganzjährig frei zugängliche Stockmühlen, in denen die Bergbauern einst selbst ihr Getreide mahlten, eine volkskundliche Sehenswürdigkeit ersten Ranges. Und im nahen Bergbauernmuseum **Mentlhof** bekommt man das einst harte Alltagsleben in den Alpentälern auf authentische Weise vermittelt (Mitte Juni–Mitte Sept., Führungen So, Mo, Mi, Fr jeweils 12, 14, 16 Uhr, Tel. 048 24/25 27).

Schlosswirt: 9843 Großkirchheim, Döllach 100, Tel. 048 25/411, Fax 411-165, www.alpinreiten.com. Traditionshotel mit uriger Atmosphäre, Sauna, Tennis, Spezialprogramm: ein- und mehrtägiges Pferdetrekking auf den Spuren der historischen Säumer, DZ ab 80 €.
Hotel Post: 9841 Winklern, Großglocknerstr. 22, Tel. 048 22/254, Fax 273, www.hotelpost-winklern.at. Alteingesessenes Drei-Sterne-Haus zum Wohlfühlen, direkt neben dem Mautturm, geführte Wanderungen und Ausflüge, Biergartenkonzerte, DZ ab 70 €.

Mölltalerhof: Rangersdorf, Lainach 45, Tel. 048 22/381, tgl. 11.30 bis 21 Uhr (Nov. und Winterzwischenzeit geschl.). Sympathischer Familienbetrieb mit kärntnerisch-internationaler Speisekarte, Spezialität: selbst ausgelassenes Grammel(= Grieben)fett, mittel.

Mölltaler Handwerkstube: in Großkirchheim/Döllach 1, ganzjährig Mo, Mi, Fr 15–18 Uhr. Heimische Wollwaren, Filze, Imkerei- und andere bäuerliche Produkte, Ausstellungen, Kurse.

Outdoor Sportzentrum/Club Aktiv Mölltal: Flattach/Fragant, Tel. 047 85/410, www.cam.at. Von Kletter- und Bergtouren bis Pferde- und Wassersport.

Heiligenblut und Glocknerstraße

Heiligenblut

Reiseatlas: S. 234, A/B 1
Bei Pockhorn, wo der Fleissbach in die Möll mündet, haben Straße und Fluss eine markante Geländestufe zu überwinden. Dahinter entfaltet sich das vermutlich meist fotografierte Gebirgspanorama Kärntens: auf einem Schwemmkegel, geduckt zwischen steilen Waldhängen, Felswänden, sattgrünen Almmatten, ein Nest dicht gedrängter Hotels und wettergebräunter Gast- und Bauernhöfe, in seiner Mitte der bleistiftspitze Turm der berühmten Wallfahrtskirche und dahinter die ewig weiße Majestät von Österreichs höchstem Gipfel, dem Großglockner (3798 m) – so bilderbuchhaft idyllisch präsentiert sich die Nationalparkgemeinde **Heiligenblut** ihren zahlreichen Gästen. Noch vor nicht viel mehr als 100 Jahren war sie ein kleines Bauerndorf am äußersten Rand der bewohnten Welt. Dann kamen erste Forscher und Bergsteiger, später höhenhungrige Urlauber und schließlich scharenweise Touristen – zum Wan-

Erlebniswelt Großglockner

Highlights: Alm- und Schaukäserei am **Kasereck; Besucherzentrum** auf der **Kaiser-Franz-Josefs-Höhe** mit großer Glockner-Ausstellung, Kino, und Energieraum, Swarovski-Beobachtungswarte, Gamsgrubenweg zur Hofmannshütte, Gletscherbahn und Gletscherlehrpfad; botanischer Rundwanderweg **Schöneck;** Schautafeln und Naturschnee-Rutschbahn für Kinder am **Hochtor;** Geologischer Lehrweg; Ausstellung zum Straßenbau an der **Fuscher Lacke;** Arbeiter-Gedenkstätte am **Fuscher Törl;** Panoramablick von der **Edelweiß-Spitze; Museum Alpine Naturschau** samt Murmi-Show-Kino; Naturlehrweg **Piffkar** (Ausstellungen tgl. 10–17 Uhr).

Nähere **Informationen:** Tel. 065 46/650 bzw. www.grossglockner.at. Geöffnet von ca. Anfang Mai–Anfang Nov., Nachtsperre: Mitte Juni–Mitte Sept. jeweils 21.30–5, sonst 20–6 Uhr, letzte Einfahrt jeweils 45 Min. früher. Tageskarten: 28 € für Pkws, 17 € für Motorräder, Aufzahlungskarte für zweite Fahrt 4 €.

dern, Skifahren oder auf dem Weg zu der wohl bis heute spektakulärsten Panoramastrecke der Ostalpen: der Großglockner-Hochalpenstraße. Dadurch stieg Heiligenblut zu einem sommers wie winters viel besuchten, modernen, aber immer noch heimeligen Ferienort auf.

Fremde fanden freilich schon im Mittelalter ihren Weg in den malerischen Talschluss. Den Anlass dazu lieferte ein gewisser Briccius, seines Zeichens byzantinischer Feldherr aus Dänemark, der im frühen 8. Jh. auf dem Heimweg aus Konstantinopel just hier in einem Schneesturm erfror. Der fromme Mann habe, so die Legende, ein Fläschchen mit einigen Tropfen vom Blute Christi bei sich getragen. Sein Leichnam sei gefunden worden, weil aus dem Schnee, der ihn bedeckte, drei Weizenähren wuchsen. Zum Gedenken an die wundersame Begebenheit erbauten die Einheimischen über seinem Grab eine Kapelle. Alsbald blühte die Wallfahrt. Im Laufe des 15. Jh. entstand die heutige Kirche. Schmuckstück des schlank-eleganten, dem hl. Vinzenz geweihten Baus ist der Hochaltar, ein dreiflügeliges Meisterwerk der Spätgotik aus der Nachfolge Michael Pachers. Außerdem beachtenswert: das steinerne, 13 m hohe Sakramentshaus mit der Heiligblutreliquie, die Krypta und, auf dem Friedhof, das »Eiserne Buch«, in dem seit Mitte des 19. Jh. alle Bergtoten verewigt sind.

Mannigfaltig sind die Ausflugsziele und Wandertouren in der Umgebung. Zu den beliebtesten zählen der Naturlehrpfad zum **Gössnitzfall** und **Kachlmoor** (ca. 2 Std.), der Weg zum Goldgräber-Camp und Waschplatz im **Fleißtal** und weiter zum Alpengasthof Alter Pocher (knapp 1 Std.) sowie die Fahrt mit der – auch für Wintersportler essentiellen – Bergbahn auf das Schareck (2604 m) und von dort der **Geotrail** zum Hochtor (ca. 2 Std.).

Die Glocknerstraße

Reiseatlas: S. 234, A/B 1
Die alles überragende Attraktion ist freilich die **Glocknerstraße** (s. S. 175 und S. 178f.). Entlang ihrer 48 km langen, serpentinenreichen und teilweise recht steilen Trasse, die von Heiligenblut über den Alpenhauptkamm bis in das Salzburgische Fuscher Tal führt, kann jedermann das Faszinosum Hochgebirge hautnah erleben. Ob der weite Talboden von Ferleiten mit seinen bewaldeten Lehnen unterhalb des Hohen Tenns und des Großen Wiesbachhorns, das Hochmais mit dem von Wasserfällen umkränzten Käfertal oder das Unternaßfeld mit dem wilden Bergsturzgebiet der Hexenküche, ob die Stichstraße zur Edelweißspitze (2571 m), das den Scheitelpunkt der Transitstraße bildende Hochtor (2504 m) oder die Kaiser-Franz-Josefs-Höhe (2369 m), wo einem der Großglockner direkt gegenüber und der Pasterzen-Gletscher in seiner ganzen, 10 km langen, in Zeiten des Treibhauseffekts allerdings zunehmend schmelzenden Pracht zu Füßen liegt – von jeder Kehre tun sich neue, atemberaubende Perspektiven auf, die gerade-

0-143.171
C900

DIE GROSSGLOCKNER-STRASSE – EIN MYTHISCHES JAHRHUNDERTBAUWERK

Der Wunsch, die Schönheit der Hochgebirgswelt rund um den Großglockner breiteren Bevölkerungsschichten zugänglich zu machen, war bereits im 19. Jh. erwacht. So hatte etwa schon 1889 ein gewisser Heinrich Schröder um die Vorkonzession für eine Adhäsions- und Zahnschienenbahn angefragt, die auf der Salzburger Seite von Bruck-Fusch bis zum Glocknerhaus führen sollte. Auch wälzte der ehrgeizige Ingenieur Pläne, mit einer Seilbahn die Pasterze zu queren und von dort durch eine Stollenbahn die ›vorläufige Endstation‹ Adlersruhe zu erreichen. Wenig später tauchte gar der Plan einer Seilbahn auf den Fuscherkarkopf auf. Kaum waren diese Ideen dank ihrer Unfinanzierbarkeit verworfen, errichtete man auf Kärntner Seite in achtjähriger Bauzeit ein einspuriges Mautsträßchen, auf dem Touristen in Zweispännern für kurze Zeit bis zum Glocknerhaus gelangen konnten. Es wurde jedoch 1917 durch mehrere Erdrutsche zerstört.

Verkehrspolitisch frischer Wind blies erst wieder zu Beginn der 20er Jahre durch die Täler. Im Sommer 1922 hatten sich hohe Beamte getroffen, um, wie man auf Amtsdeutsch stelzte, »die technische Überprüfung der Ausbauwürdigkeit einer seitens des Bundesministeriums für Verkehrswesen angeregten fahrbaren Wegverbindung von Fusch nach Heiligenblut« zu erörtern – vor der düsteren Kulisse des österreichischen Wirtschaftsdesasters ein geradezu verwegenes Unterfangen. Erwartungsgemäß ließ die vom Völkerbund verordnete Sanierung der Staatsfinanzen den Vorschlag in den Schubladen der Behörden verschwinden. Doch im Hintergrund bastelten die Länder Salzburg und Kärnten an dem Projekt zielstrebig weiter. Zwei Jahre später tauchte in der Gegend ein gewisser Dipl. Ing. Franz Wallack auf, der von einem Ausschuss zur Erbauung einer Großglockner-Hochalpenstraße den Auftrag erhalten hatte, generell eine Fahrverbindung vom Salzach in das Mölltal zu planen. Binnen zwei Monaten legte der forsche Landesbaurat ein detailliertes Konzept für die Trassierung vor. Doch obwohl ihm »allgemein Anerkennung gezollt wurde«, musste er noch sechs Jahre lang um Zustimmung und vor allem Geld kämpfen, ehe am 30. September 1930 in Ferleiten die erste Sprengung krachen und damit den Baubeginn signalisieren durfte.

Wie es auf der Baustelle zuging, zeigt ein Blick in alte Fotoarchive: Gläserne Schwarz-Weiß-Dias zeigen zerwühlte Berghänge, ärmliche Holzbaracken am Fuße mächtiger Geröllhalden, schwitzende Männer, in Felswänden hängend, bohrend, martialisch schwere Hämmer schwingend, archaische Walzen, Fuhrwerke, schneeschaufelnde Arbeiterkolonnen; aber auch Menschenmassen bei Eröffnungen, Politiker, Reden haltend und Hände schüttelnd.

Ausschlaggebend für den Baubeschluss war zweifellos die verheerende Massenarbeitslosigkeit gewesen, die man mit Infrastrukturprojekten zu bekämpfen trachtete. Auch sollte die Straße helfen, eine nationale Kränkung zu lindern. Denn nach dem Verlust Südtirols durch den Friedensvertrag von St. Germain war die Verbindung von Nord- nach Osttirol und nach Kärnten nur über das Ausland oder immense Umwege möglich. Dementsprechend mutierte das ehrgeizige Bauprojekt rasch zum nationalen Anliegen, ja zum Sinnbild der kraftvollen Selbstbehauptung des kleinen Staates Österreich gegenüber dem bedrohlich lauernden Hitler-Deutschland.

Nicht ohne Grund stilisierten Regierung und Medien die über 3000 ›Glockner-Baraberer‹, die unter extrem harten Bedingungen in bis zu 2500 m Seehöhe schufteten, zu ›Helden der Arbeit‹. Und nicht ohne Grund beschwor Bundeskanzler Kurt Schuschnigg bei der Eröffnung der Nordrampe im Frühherbst 1935 Österreich als »klassisches Land der Harmonie« und die Straße als Ausdruck einer »neuen Harmonie von Kunst und Natur, der der Technik gelang«. Der Mythos des Pionierwerks überdauerte sogar die 1000-jährige Katastrophe: »Vom Willen gemeißelt« hieß ein 1951 erschienener Roman über die am Bau Beteiligten. Und das flotte Signet mit dem Automobil und dem Glocknergipfel in einem großen ›G‹ wurde, an Windschutzscheiben klebend, zum Statussymbol der Wiederaufbauzeit, das Modernität und Dynamik signalisierte.

Freilich war schon bei Planungsbeginn klar gewesen, dass »die Einnahmen aus dem Fremdenverkehr um ein Vielfaches höher sein würden, als der anderweitige Nutzen«, weshalb sich die Straße »nicht nur harmonisch in das Landschaftsbild einfügen, sondern – im Interesse des zögernd erwachenden Massentourismus – gleichzeitig möglichst viele schöne Aussichtspunkte direkt berühren sollte«.

Eine Fahrt über die fast 50 km lange Straße verlangt denn auch sechs Jahrzehnte nach ihrer Fertigstellung dem Benützer immer noch höchste Anerkennung für das Geschick ihrer Schöpfer ab. Rund 60 Brückenbauten, 600 Rohrdurchlässe, zwei Straßentunnels, 26 Kehren, eine Höhendifferenz von 2000 m, eine halbe Million Kubikmeter gesprengter Fels, ein etwa ebenso großes Volumen bewegter Erde und eine Rekordbauzeit von nur 28 Monaten bescheinigt die Statistik. Mindestens ebenso bewundernswert sind freilich die Anmut, mit der sich das Bauwerk in die Landschaft schmiegt, und die Panoramen, die sich von hier aus eröffnen.

Schon im Eröffnungsjahr 1935 erklommen, übrigens noch im Linksverkehr, 12 900 österreichische Autos, das waren rund 60 Prozent aller im Lande zugelassenen Privat-Pkws, die Straße. 1938, der Großglockner war inzwischen zu ›Deutschlands höchstem Berg‹ aufgestiegen, erhöhte sich die Benutzerfrequenz um das Zweieinhalbfache und 1955, im Jahr des Staatsvertrags, erneut um 40 Prozent. Heute zählt man an den Mautkassen in Roßbach und Ferleiten pro Saison weit über eine Million Besucher. Deren Gesamtzahl seit der Eröffnung hat schon längst die 50-Millionen-Grenze überschritten. An Schönwettertagen sind auf der je nach Schneelage von etwa Anfang Mai bis Anfang November geöffneten Strecke an die 10 000 Personen unterwegs.

zu reflexhaft den Griff zum Fotoapparat auslösen. Über den genauen Streckenverlauf und sämtliche Attraktionen wie Museen, Lehrpfade, Aussichtspunkte informiert ein Faltblatt, das man bei der Entrichtung der Maut überreicht bekommt.

Tourismusverband Heiligenblut: 9844 Heiligenblut, Tel. 048 24/20 01-21, Fax 20 01-43, www.heiligenblut.at.
Nationalpark-Information (im Ortskern hinter dem Gästehaus Schober): Tel. 048 24/27 00, www.hohetauern.at.

Kärntnerhof: 9844 Heiligenblut, Winkl 3, Tel. 048 24/20 04-0, Fax 20 04-89, www.hotel-kaerntnerhof.com. Vier-Sterne-Familienhotel abseits des Ortszentrums, Dampfbad, Massagen, Anfang Juni–Anfang Okt. und Mitte Dez. bis Mitte April, DZ ab 150 €.
Hotel Post: 9844 Heiligenblut, Hof 1, Tel. 048 24/22 45, Fax 22 45-81, www.landhotel-post.com. Nettes Familienhotel direkt an der Seilbahn, tadellose Mittelklasse-Ausstattung, angeschlossen: Gästehaus Schober, DZ ab 104 €.
Pension Bergkristall: 9844 Heiligenblut, Hof 71, Tel. 048 24/20 05, www.bergkristall-heiligenblut.at. Freundliche Frühstückspension neben Talstation der Schareck-Bahn, sehr ruhig, preisgünstig, grandioser Bergblick, DZ ab 42 €.

Glocknerhof: Heiligenblut/Zentrum, Tel. 048 24/22 44, Mitte Juni–Ende Sept., Anfang Dez.–Mitte April. Mittags und abends warme, zwischendurch kleine Küche; gediegenes Hotel-Restaurant, beste Küche, sehr gut sortierte Vinothek, gehoben.
Alter Pocher: Kleines Fleißtal, Tel. 048 24/246 57, Mai–Okt. ganztägig. Uriger Ausflugsgasthof auf den Fundamenten mittelalterlicher Erzkammern (sehenswert: revitalisierte Gold-Aufbereitungsanlage), ca. einstündiger Spaziergang von der Fleißkehre/Anfang Glocknerstraße, günstig.
Kräuterwandstube: Winkl, Tel. 048 24/21 12, in Sommer- und Wintersaison tgl. 10–19 Uhr. Urige Jausenstation, 3 km vom Ortskern Richtg. Bricciuskapelle (per pedes oder per Pkw), günstig.

Kreatives Kunsthandwerk: Knopfmacherstube im Sturm-Arche-Hof, ca. 2 km Richtung Talende, Tel. 048 24/23 27, in der Sommersaison tgl.
Webstube: Heiligenblut, Fleiß 3, Tel. 048 24/24 40. Wollprodukte, Teppiche, diverses Kunsthandwerk (Selbstweben möglich).

Mühle: Winkl, Tel. 06 64/44 48 21, Sommer- und Wintersaison tgl. 18–4 Uhr. Urgemütliche, kleine Bar in umgebauter Mühle, gute Imbisse.

Glocknerlamm-Fest: Kulinarisches, Handwerkliches und Musikalisches rund um das Lamm am 3. Sept.-Wochenende.
Glockner-Berglauf: um den 20. Juli, Distanz: 14 km, über 1100 Höhenmeter.

Goldwaschen: Abenteuer für Jung und Alt im Goldgräberdorf Heiligenblut, Juni–Sept. tgl.10–17 Uhr, eintäg. Lehrgang inkl. Leihgeräte für Erw. plus Kind 6 €; Tel. 048 24/20 01.

Postbus-Linienverkehr zwischen Heiligenblut und Franz-Josefs-Höhe bzw. FJH und Zell am See/Sbg.; an Hochsaisontagen: **Gratis-Shuttlebus** zwischen Glocknerhaus und FJH.

LIESERTAL, MALTATAL & NOCKBERGE

Das Tal der Lieser zwischen Katschberg und Spittal ist seit alters eine wichtige Nord-Süd-Transitroute. In jüngster Zeit hat es sich als Familien-Ferienparadies einen Namen gemacht. Vom hübschen Hauptort Gmünd führt das Maltatal in die Welt der Wasserfälle und 3000er-Gipfel. Sanfter geht's im östlich angrenzenden Nationalpark Nockberge zu, auf dessen Graskuppen sich bestens wandern und Ski fahren lässt.

Des einen Freud, des anderen Leid: Mehr als 1500 Jahre lang hatte die steile, enge Straße durch das Liesertal, über Katschberg und Radstädter Tauern den Säumern und Fernreisenden zwischen Kärnten und Salzburg, dem deutschen und dem Adria-Raum, als zwar zeitraubende, aber dennoch direkteste Nord-Süd-Verbindung gedient und vielen Anrainern dauerhaften Wohlstand gebracht. In den 1970er Jahren jedoch, nach Ausbruch des Zeitalters der Massenmobilität, baute man die Tauernautobahn. Es wurde ein Wunderwerk der Ingenieurskunst, das mithilfe kilometerlanger Brücken und Tunnel das bautechnisch ungemein schwierige Gelände elegant überwindet. Die Fahrzeit zwischen Villach und München beträgt seither kaum mehr als drei Stunden. Doch das Betonband und seine mächtigen Stelzen haben das Antlitz des malerischen Tales für immer verändert. Seine Bewohner fanden sich vor die Wahl gestellt zwischen Neuorientierung oder touristischer Resignation. Und ihnen kam die rettende Idee: Sie modelten das Image ihrer Heimat, einer bis dahin trotz aller landschaftlichen Reize vom Fremdenverkehr eher stiefmütterlich behandelten, dafür an Bergbautraditionen reichen Region, radikal um: ›Europas baby- und familienfreundlichstes Tal‹ lautet seither ihr Markenzeichen. Die Verjüngungskur hat sich – auch dank eines faszinierenden Kulturerbes und der unmittelbaren Nachbarschaft zweier Nationalparks, der Nockberge und der Hohen Tauern – als sehr erfolgreich erwiesen.

Gmünd und das Liesertal

Reiseatlas: S. 235, E/F 2

Erste Station auf dem Weg von Spittal Richtung Norden und seit alters der Hauptort des Liesertals ist **Gmünd.** Die uralte Handelsstation an der Mündung des Maltabaches in die Lieser hat wie kaum eine andere Kärntner Stadt ihr mittelalterliches Aussehen bewahrt. Um die Wende vom 12. zum 13. Jh. von den Salzburger Erzbischöfen planmäßig angelegt, ist sie bis heute in ihrer Gesamtheit von Mauern umgürtet und gegen alle vier Himmelsrichtungen durch Stadttore ›geschützt‹. Die wuchtige Burgruine, die über ihren Dächern thront, blickt auf eine turbulente, gut 700-jährige Geschichte zurück und wurde Anfang der 1990er Jahre von privater Hand liebevoll und mit Mut zu innenarchitektonischen Kontrasten restauriert. Sie lohnt wegen des gemütlichen Café-Restaurants (prächtige Aussicht vom Balkon) sowie der dort in der warmen Jahreszeit veranstalteten Kunstausstellungen und Theaterabende einen Besuch.

Ein Spaziergang von der Maltabrücke durch das von einem geschwungenen Giebel bekrönte Untere Tor über den lang gestreckten Hauptplatz mit seinen stattlichen Gasthöfen und Bürgerhäusern zum Oberen Tor, dem Neuen Schloss und durch die angrenzenden Gassen offenbart, womit das Städtchen seit geraumer Zeit für sich wirbt: einer angesichts seiner Kleinheit wundersamen Dichte an Museen, Galerien und – häufig zugänglichen – Ateliers. Die ›Kultur- & Künstlerstadt Gmünd‹ ist ein Magnet für kreative Köpfe.

Diesbezüglich ein Pionier war, wenn auch auf anderem Gebiet, Ferdinand Porsche. Der berühmte Autobauer unterhielt in Gmünd von 1944 bis 1950 ein Konstruktionsbüro, in dem er gemeinsam mit 300 Mitarbeitern u. a. den Prototyp des legendären 356er-Modells entwarf. Manch seiner rasanten Raritäten sind im örtlichen Porsche-Automuseum ausgestellt (Liesertratten 49, Mitte Mai–Mitte Okt. tgl. 9–18, das restliche Jahr über 10–16 Uhr). Kunsthistorisch nähere Beachtung lohnen die spätgotische Pfarrkirche Maria Himmelfahrt samt ihrem Karner, die Kalvarienberg- und die Kreuzbichlkapelle (beide östlich der Altstadt). Ein sehenswertes Kuriosum ist das am nördlichen Ortsausgang oberhalb der Katschberg-Bundesstraße von einem Feldweg in zwei Teile geteilte Kirchlein.

Der südliche Nachbarort **Trebesing** war noch in den 1980er Jahren ein wenig attraktiver Kurort für eine alternde Klientel. Heute ist er als ›Europas 1. Babydorf‹ sommers wie winters vorwiegend von Kleinkindern und ihren Eltern bevölkert, die sich von den ›Wi-Wis‹, den Windel-Wirten, verwöhnen lassen. Eine Märchenwandermeile mit der längsten Hängebrücke der Alpen (175 m), Indianerdorf, Ponyranch, Hexenhaus, ein Kinderklettergarten und jede Menge Spiel-Spaß-Sport-Programme, vom actiongeladenen Formel-Drei-Rad-Rennen bis zum Lausbubenfischen, sorgen für Kurzweil. In **Eisentratten,** 4 km nordöstlich von Gmünd, zeugen ein denkmalgeschützter Hochofen und ein Knappenweg, der über die Zollstation Kremsbrücke bis zum begehbaren Stollen in Innerkrems führt, von der montanistisch bedeutsamen Vergangenheit des Ortes.

Tourismusverband Lieser-Maltatal: 9853 Gmünd, Rathaus, Tel. 047 32/22 22, Fax 3978, www.familiental.com.

1. Baby- & Kinderhotel: 9852 Trebesing, Bad 1, Tel. 047 32/23 50,

Fax 23 50-415, www.babyhotel.at. Pionierbetrieb mit schnullergerechter Ausstattung und Führung, 10 000 m^2 gesichertes Hotelareal, acht Kinderbetreuerinnen, reiches Programmangebot für alle Altersklassen, Gourmet-Küche, In- und Outdoor-Pool u. v. m., Familienappartements ab 98 €.

Gasthof Prunner: 9853 Gmünd, Hauptplatz 15, Tel. 047 32/21 87, Fax 39 25, www.members.aon.at/prunner. Traditionsgasthof am Unteren Tor, gutbürgerlich in Ausstattung, Preis und Küche, DZ ab 50 €.

Kohlmayr: Gmünd, Hauptplatz 7, Tel. 047 32/21 49, tgl. 7–24 Uhr. Traditionsreicher Stadtgasthof mit gutbürgerlich-bodenständiger Küche und schön-altmodischem Interieur, mittel.

Café-Restaurant Alte Burg: Gmünd, Tel. 047 32/36 39, www.alteburg.at (s. o.), günstig–mittel.

Café-Konditorei Nußbaumer: Gmünd, Hauptplatz 23, Tel. 047 32/21 45, Mo–Do 7.30–22, Fr, Sa 9–2, So, Fei 9–22 Uhr. Spezialität: Trüffelkonfekt.

Toni Bleyer: Gmünd, Unterbuch 20 (im Maltator). Holzmalerei – bäuerliche Szenen auf Scheiben, Schatullen etc.

Miklautz: Gmünd, Hintere Gasse 32, Tel. 06 64/20 11 255. Hochwertige Kunst und Antiquitäten.

Kunsthandwerksverein: Hintere Gasse 33. Allerlei Handgefertigtes mit Charme.

Rudi's Büro: Gmünd, Hauptplatz 23, Tel. 047 32/21 45, Sept.–Juni Fr, Sa und vor Fei 21–2 Uhr. Nette Kellerbar, Jugendtreff mit Tanzmöglichkeit.

Eva-Faschaunerin-Heimatmuseum: Im Loch, Juni–Sept. tgl. 10.30 bis 12, 14–17 Uhr.

Galerie Gmünd: Hintere Gasse 36, Di–Sa 10–12, 16–18 Uhr. Wechselausstellungen zeitgenössischer Künstler.

Regelmäßig Ausstellungen weiters im Stadtturm, in der Alten Burg, im Kunst- & Handwerkshaus und in der Hausgalerie F. Russ & L. Tomassetti (Kirchgasse 44); Auskünfte im **Kulturbüro** des Rathauses, Hauptplatz 20, Tel. 047 32/22 15, Fax 22 15-13.

In Gmünd: mittelalterliches **Stadtfest** (Anfang Aug.) und **Kunsthandwerksmarkt** (Mitte Aug.) sowie **Sommertheater** auf der Alten Burg.

Pankratium Gmünd: »Wasserwelt des Staunens«, interaktive Ausstellung mit Experimentierstationen für alle Sinne, Mitte Mai–Mitte Okt. tgl. 10–18, Führungen 11 u. 15 Uhr, Tel. 06 76/84 78, www.pankratium.at.

Ein Erlebnis für Kinder: Die Fahrt mit der **Tschu-Tschu-Bahn** von Rennweg in das hintere Pöllatal; Pfingsten bis Anfang Okt., Tel. 047 34/33 00.

Das Maltatal

Reiseatlas: S. 235, E 1/2

Ein Landschaftserlebnis der besonderen Art verspricht ein Ausflug in das ›Tal der stürzenden Wasser‹. Zum einen wegen der Dreitausender-Kulisse der Reißeck-, Ankogel- und Hafnergruppe, von deren steilen Flanken dutzende Wasserfälle in die Tiefe gischten (diesbezüglich größte Attraktionen: die Wanderung durch die **Malteiner Wasserspiele** und zu den drei **Gößfällen** bei Koschach); zum anderen wegen der **Kölnbreinsperre,** der mit 204 m

höchsten Staumauer Österreichs. Von der Mautstelle bei Koschach windet sich die 18,3 km lange **Malta-Hochalm-Straße** durch Tunnel und über Spitzkehren 1000 Höhenmeter hinauf zu jenem imposanten Betonriegel, der 200 Mio. Kubikmeter Wasser aus einem 132 km^2 großen Einzugsgebiet zu einem bis zu 4,5 km langen See zu stauen vermag (befahrbar Anf. Mai bis Ende Okt. tgl. 7–18 Uhr, ca. 15,50 € pro Pkw). Der Panoramaturm birgt neben einem Café-Restaurant und Sporthotel eine multimediale Ausstellung zu den Themen Hochgebirgsnatur, Mineralien und Strom aus Wasserkraft.

Im Hauptort **Malta** lohnt die gotische Pfarrkirche mit sehenswerten Fresken und schönem Barockaltar einen Besuch. Außerdem nett: ein Rundgang durch den **Wild- & Tierpark Diana** (ganzjährig tgl. 8–18 Uhr) und ei-

Talsperre im Maltatal

ne Wanderung über den Maltataler **Bienenlehrpfad** (Führungen von Mai bis Sept., Anmeldung unter Tel. 047 33/ 654).

Kerschhackl: 9854 Malta, Brandstatt 30, Tel. 047 33/362, Fax 362-8, www.kerschhackl.at. Erster Baby-Alpengasthof mit Riesen-Spiellandschaft, Hallenbad, Kinderbetreuung u. v. m., All-Inclusive-Prinzip, DZ ab 98 €.

Pension Hochalmspitze: 9854 Malta 55, Tel. 047 33/211, www.eselgestuet.at. Familienbetrieb (April–Okt.) mit gutbürgerlicher Atmosphäre, Ruhelage, großer Garten, Zusatzattraktion für Kinder: das zugehörige Eselgestüt, DZ ab 54 €.
Familien-Campingplatz Malta: 9854 Malta 6, Tel. 047 33/234-0, www.maltacamp.at. Vielfach ausgezeichneter Terrassen-Campingplatz in Panoramalage, beste Infrastruktur (beheiztes Schwimmbad), äußerst kinderfreundlich.

Malteinerhof: Malta 39, Tel. 047 33/ 206, www.malteinerhof.at. Regionale Feinschmeckerküche im auf Kinder u. Biker spez. Vier-Sterne-Hotel, mittel.
Gasthof Faller: Malta, Brandstatt 9, Tel. 047 33/317. Kulinarische Schmankerln aus der eigenen Landwirtschaft (Wildspezialitäten), Traumlage am höchsten Wasserfall des Tales, günstig.

Entlang der Nockalmstraße

Reiseatlas: S. 235, D/E 1
Östlich des Liesertales erstrecken sich die **Nockberge,** eine ganz unverwechselbare Mittelgebirgslandschaft, deren weite, von sanften Tälern durchzogenen Höhenzüge einen reizvollen Gegensatz zu den schroffen Gipfeln der benachbarten Bergmassive bilden. Bis Mitte der siebziger Jahre hat sich das Interesse an dieser nahezu unbesiedelten Region in Grenzen gehalten. Ein Stausee war geplant, und Investoren träumten von einer skitouristischen Erschließung. 1980 kam es deshalb zu einer Volksbefragung, in der sich 90

Prozent der Bevölkerung gegen diese Verschandelung aussprachen. 1987 erklärte die Kärntner Landesregierung das 187 km^2 große Gebiet zum Nationalpark.

Die sanften Kuppen, die von den Kärntnern als ›Nocken‹ bezeichnet werden, weil sie wie die Nockerln (Klößchen) in den Pfannen der heimischen Küchen aussehen, erreichen Höhen bis über 2400 m. Sie geben ein ideales Familien-Wandergebiet ab, in dem sich lange, wenig angestrengt und gefahrenfrei ausschreiten lässt. Dementsprechend dicht ist das Netz markierter Wege und auch Mountainbike-Strecken. Im Winter stehen, von Bad Kleinkirchheim aus (s. S. 188), über 100 km präparierte Skipisten und 30 km Langlaufloipen zur Verfügung.

Erschlossen wird der Nationalpark, in dem übrigens die größten Fichten-, Lärchen- und Zirbenbestände der Ostalpen wachsen, von der **Nockalmstraße,** einer gebührenpflichtigen, ob ihrer geringen Steigungen und gut einsehbaren Kurven auch bei Rad- und Motorradfahrern beliebten Panoramastrecke. Sie führt von **Innerkrems,** einem vor allem für seine Schneesicherheit und das alpine Leistungszentrum bekannten Ort, in dem sich Österreichs Skiathleten auf die Rennsaison vorbereiten, 35 km weit nach Osten – erst durch Wälder, später jenseits der Baumgrenze über Almen und durch Hochtäler, vorbei an zahlreichen Almhütten und Aussichtspunkten (geöffnet Anfang Mai–Ende Okt., 18–8 Uhr Fahrverbot für Motorräder, Infos: Tel 047 36/265 bzw. www.nockalmstrasse.at; ein Gratis-Faltblatt, das man an den Mautstellen erhält, informiert über die Lehrpfade, Ausstellungen, Kinderspielstationen etc. entlang der Strecke).

Von **Ebene Reichenau,** dem östlichen Ausgangs-/Endpunkt der Straße, führt die B95 Richtung steirische Grenze auf die **Turracher Höhe,** ein weiteres wunderschönes Wander- und Wintersportgebiet, das u. a. mit dem höchstgelegenen Badesee des Landes (1780 m) und einem faszinierenden Kristall- und Edelsteinmuseum (ganzjährig Mo–Sa 9–17 Uhr) aufwartet.

Nationalparkverwaltung Nockberge: 9565 Ebene Reichenau, Tel. 042 75/665, Fax 70 89, www.nationalparknockberge.at.

Hotel Hochschober: 9565 Turracher Höhe 5, Tel. 042 75/82 13, Fax 83 68, www.hochschober.at. Leitbetrieb und Urlaubsoase auf 1780 m Seehöhe, Vier-Sterne-Standard mit Spitzenküche, geheiztes Seebad, Hammam, weitläufige Bade- und Saunawelt, hoteleigene Almhütte, DZ mit HP ab 243 €.

Almdorf Seinerzeit: 9564 Patergassen, 042 75/72 01, Fax 72 01-6, www.almdorf.com. Autofreies Chalet-Resort für Nostalgiker mit 24 Komfort-Hütten und moderner Infrastruktur, exzellentes Restaurant, Hütte für 2 Pers. ab 250 €.

Heidi-Hotel Falkertsee: 9564 Falkert-Patergassen, Tel. 042 75/72 22-0, Fax 72 22-40, www.heidi-hotel.at. Vier-Sterne-Kinder- und Familienhotel im Herzen des Nationalparks, umfassendes Wellness- und Aktivprogramm im Sommer und Winter, DZ ab 160 €.

Zechneralm: Innerkrems, Nockalmstr., Tel. 047 36/304, Anf. Mai bis Allerheiligen 9–18 Uhr. Gemütliches Almgasthaus in unberührter Nationalparkna-

DAS ERDÖL DER ZUKUNFT – KÄRNTENS WASSERREICHTUM

Kärntens Gewässer üben seit langem schon eine veritable Anziehungskraft auf Urlauber aus. Und auch auf Künstler – Gustav Mahler und Johannes Brahms, um nur die beiden prominentesten zu nennen, pflegten in den höchsten Tönen von der die Phantasie beflügelnden Aura des Wörthersees zu schwärmen. An der Faszination des Wassers hat sich nichts geändert. Aktuelle Studien belegen, dass unser aller flüssiges Lebenselixier nach wie vor einen wesentlichen Faktor für die Wahl des Ferienortes darstellt. Wobei die Urlauber bei ihrer Entscheidung nicht alleine auf vielfältiges Bade- und Schwimmvergnügen achten, sondern auch und gerade auf Heilquellen, intakte Wasserlandschaften und die Qualität des Trinkwassers – Anforderungen, denen Kärnten mehr als nur gerecht wird.

Von seinen über 1270 Seen und stehenden Gewässern weisen gut 1000 Trinkwasserqualität auf – was schluckfreudige Wasserratten freut. Dazu kommen noch mehr als 1000 fließende Gewässer, rund zwei Dutzend Heilquellen sowie die hochalpinen Kraftwerksspeicher am Ende mancher Gletscher.

Wert und Vielfalt der Ressource Wasser sollen nun in Kärnten über die nächsten Jahre Einheimischen wie Gästen gezielt ins Bewusstsein gebracht werden. Als Initialzündung dient der Ausstellungszyklus ›Wasser-Erlebnis Kärnten 2004 bis 2009 – Wasser in allen Aggregatzuständen‹ (www.wasserreich.at). Mit dem Themenschwerpunkt ›Wasser und Gold‹ startete er im Oberen Mölltal, wanderte in den Jahren darauf unter dem Motto ›WasserKraft‹ in das Lieser- und Maltatal sowie nach Gmünd und schließt 2008/09 mit einem Wassererlebnis-Angebotspaket am Millstätter See ab. Eingebunden in das ›Wasser-Erlebnis‹ sind kärntenweite Maßnahmen in den Bereichen Fremdenverkehr und Umwelt, Natur und Freizeit, Bildung und Regionalentwicklung.

Sich alleine auf die Seen, Flüsse, Gebirgsbäche und Gletscher zu konzentrieren, hieße freilich, einen wesentlichen Faktor außer Acht zu lassen: die Kärntner Heilthermen, von denen die radonhaltige in Bad Kleinkirchheim und jene in Warmbad Villach europaweit Bekanntheit genießen. Energie wird anderweitig indes nicht für den Leib, sondern auch für die Wirtschaft gewonnen: Dank seines Wasserreichtums zählt Kärnten nämlich zu den wichtigsten Stromproduzenten Österreichs. Am eindrucksvollsten sind die Speicherkraftwerke von Malta und Reißeck-Kreuzeck, die pro Jahr 1,2 Mrd. Kilowattstunden Spitzenstrom ins Exportnetz einspeisen. Eindrucksvoll auch im Hinblick auf den Bau selbst: Die Kölnbreinsperre in Malta zählt mit ihrer 200 m hohen Bogenmauer zu den größten Anlagen ihrer Art in Europa.

Hier im Maltatal bieten übrigens geführte Touren durch das Kraftwerk Einblicke in die Welt der Wasserenergie und des Kraftwerkbaus.

tur, Hausmannskost aus eigener Landwirtschaft, Kinderspielplatz, Almwirtschaftsmuseum u. Bauernmarkt, günstig.

Reptilienzoo Nockalm: Patergassen, Vorwald 83, Tel. 042 75/231 65, tgl. 10–18, Juli/Aug. ab 9 Uhr, Nov. nur auf Anfrage.
Heidi-Alm auf dem Falkert: 50 Figuren aus der gleichnamigen Zeichentrickserie, Ende Mai–Ende Okt. tgl. 10–17 Uhr, Zufahrt von Patergassen.
Sommerrodelbahn auf der Turracher Höhe und auf dem Hochrindl.

Nockbergebus für autofreien Wandergenuss: verkehrt Anf. Juli bis Anf. Sept. Mo–Fr alle 2 Std. entlang der Nockalmstraße (innerhalb der beiden Mautstellen gratis); Postbus-Anschluss u. a. von Klagenfurt u. Bad Kleinkirchheim.

Kuren wie Großopa

Im **Karlbad** an der Nockalmstraße scheint die Zeit seit 200 Jahren stehen geblieben: In dem archaischen ›Gasthaus und Heilbad‹ auf 1630 m Seehöhe tankt man in Holztrögen liegend, die mit schwefel- und eisenhaltigem, durch glühende Steine erhitztem Wasser gefüllt sind, Gesundheit.

Badebetrieb: Mai–Okt., nur morgens; empfohlene Kurdauer: drei Wochen, DZ ohne Stromanschluss, tägliches Bad, Hausmannskost und Höhenluft inklusive, 55 € pro Tag und Person, schriftliche Vorbuchung ratsam, c/o Georg Aschbacher, 9545 Radenthein, St. Peter 2, Tel. 042 46/34 30 (erreichbar Nov.–Mai).

Bad Kleinkirchheim

Reiseatlas: S. 236, B 2
Der 1100 m über dem Meer gelegene touristische ›Nabel‹ des Nockgebiets empfiehlt sich für eine Kombination aus Wander- beziehungsweise Wintersport- und Wellnessferien. Im Mittelpunkt stehen die zwei aufwendig gestalteten, öffentlichen Thermen – St. Kathrein und das Römerbad. Die Heilkraft ihrer radonhaltigen Wässer war bereits vor 500 Jahren bekannt (die spätgotische Katharinenkirche mit ihrem kostbaren Flügelaltar ist eine Art Quellheiligtum). Dennoch blieb **Bad Kleinkirchheim** bis vor zwei Generationen ein bescheidenes Bauerndorf. Inzwischen hat es sich zwar zu einem Musterbeispiel eines zeitgemäßen Kur- und Wintersportorts mit drei Fünf- und 26 Vier-Sterne-Hotels und einer Infrastruktur gemausert, die, vom 18 Loch-Golfplatz über die Halfpipe mit Flutlicht bis zu modernsten Bergbahnen, alle Register zieht. Seinen sympathisch-dörflichen Charakter hat es freilich nicht verloren. Besonders urtümlich präsentiert sich der Kern des ein paar Kilometer hangaufwärts gelegenen Ortsteils St. Oswald. Dort versetzt, rund um die spitztürmige Pfarrkirche aus dem frühen 16. Jh., ein Ensemble wettergegerbter Blockbauhöfe mit gezimmerten Giebeln den Betrachter in eine extrem malerische Vergangenheit

Therme in Bad Kleinkirchheim

Innovation im Detail

Seit kurzem bietet Bad Kleinkirchheim seinen Gästen an ›berauschenden Wasserplätzen‹ zum Relaxen Hängematten aus Holz. Am Ufer des Speichersees auf 2000 m Höhe verströmen Strandkästen südliches Flair. Und in Vollmondnächten bleiben sämtliche Bergbahnen bis spätabends in Betrieb.

(empfehlenswert: ein Spaziergang entlang dem ›Kulturweg‹).

Bad Kleinkirchheimer Tourismus: 9546 Bad Kleinkirchheim, Dorfstr. 30, Tel. 042 40/82 12, Fax 85 37, www.badkleinkirchheim.at.

Ronacher: 9546 Bad Kleinkirchheim, Thermenstr. 3, Tel. 042 40/282, Fax 282-606, www.ronacher.com. Einer der Rolls Royce der örtlichen Hotellerie – Fünf-Sterne-Thermenhotel mit 2500 m² großer Thermen- und Wohlfühlwelt, Beauty-Farm, Gourmet-Restaurant u. v. m., DZ mit HP ab 222 €.
Hotel Prägant: 9546 Bad Kleinkirchheim, Kirchheimer Weg 6, Tel. 042 40/452-0, Fax 453 17, www.harmony-hotels.at. Stilvolles Haus für Individualisten, viel Freiraum, großer Garten, Sonnenlage, Themenzimmer mit Wintergarten, DZ mit HP ab 158 €.
Hotel Kapeller: 9546 Bad Kleinkirchheim/St. Oswald, Schartenweg 8, Tel. 042 40/48 20, Fax 482 40, www.tiscover.com/kapeller. Kleines, familiäres Vier-Sterne-Haus, rustikal, absolute Ruhelage, DZ mit HP ab 140 €.

Loystub'n: Bad Kleinkirchheim, Thermenstr. 4, Tel. 042 40/744, tgl. 12–13.30, 18–21.30 Uhr, April, Nov. geschl. Haubengekröntes Restaurant des Hotels Pulverer, regionale Küche vom Feinsten in altem Holzbauernhaus, gepflegte Tischkultur, gehoben.
Dalnig: Bad Kleinkirchheim, Dorfstr. 84, Tel. 042 40/228, Mi–Mo 11.30–14, 17.30 bis 21 Uhr, mit Tanzbär »King« im historischen Gewölbe. Gehobenes Wirtshaus mit traditionell-österr. Küche (Forellenspezialitäten aus eigenem Teich), mittel.
Drage: Bad Kleinkirchheim, Rottenstein 16, Tel. 042 40/277, 12–14, 17.30–21, So ab 17 Uhr, Mo, Di Ruhetag, Juni geschl. Uriger Gasthof in uraltem Bauernhaus, kreative, gesunde Kärntner Kost, mittel.

Wolfram Ortner: Untertscherner-weg 3, Tel. 042 40/760, www.wob.at. Edle Brände und Schnäpse aus eigener Destillerie.
Mallhof: Dorfstr. 31. Bäuerliche Bio-Lebensmittel und Geschenkartikel.

Zwei urige Pub-Bars mit später Sperrstunde: **Die Tränke** (St. Oswalderstr. 59, Tel. 042 40/83 33, gute Küche, u. a. Pizza, So, Mo geschl.) u. **Peso** (Maibrunnenw. 5, Tel. 06 99/12 03 79 93).

Internationale Österreichische Alpenfahrt: Oldtimer-Rallye, Mitte Sept.
Franz-Klammer-Golfturnier: Jet-Set-Treff, Anfang Aug.
Wenn di Musi spielt: TV-kompatibles Volksmusik-Mega-Event, letztes Juliwochenende, **Winter-Musi:** Mitte Jan.

Thermalbad St. Kathrein und Römerbad: beide tgl. 8–20 Uhr, Tel. 042 40/82 82, -301 (St. Kathrein) bzw. -201 (Römerbad).

SPITTAL, MILLSTÄTTER SEE UND OBERE DRAU

Von der Hauptstadt Oberkärntens an den Millstätter See und drauaufwärts Richtung Osttirol – ein weltberühmtes Stift, eine Römersiedlung, das schönste Renaissanceschloss des Landes und kirchliche Kleinodien sonder Zahl harren in dieser Ferienregion der Entdeckung. Nicht zu vergessen eine ungemein vielgestaltige Natur, deren Pracht Wanderer, Skiläufer und Sonnenanbeter gleichermaßen jauchzen lässt.

Spittal an der Drau

Reiseatlas: S. 235, E 3

Am Zusammenfluss von Lieser und Drau, dort wo die uralte Transitroute aus dem Norden über Radstädter Tauern und Katschberg das Drautal erreicht, liegt **Spittal,** der politische, wirtschaftliche und kulturelle Mittelpunkt Oberkärntens. Seine Geschichte ist untrennbar mit den Ortenburgern verbunden, jenem mächtigen, aus Freising stammenden Geschlecht, dessen Herrschaftsbereich im Hochmittelalter ganz Oberkärnten und weite Teile der Krain, des heutigen Westsloweniens, umfasste. Dessen kolossale Stammburg wacht bis heute – allerdings als Ruine – westlich der Stadt, in **Baldramsdorf,** über das Drautal (schöner Spaziergang). Zwei Ortenburger Grafen waren es, die 1191 an der Brücke über die Lieser ein Hospital gründeten, in dem Arme versorgt wurden und die zahlreich durchziehenden Pilger und Händler übernachteten und Brot mit Biersuppe bekamen. An der Stelle des geschichtsträchtigen Hospizes steht seit dem 16. Jh. das Hofspital, ein mittlerweile zeitgemäß adaptierter, vom Volksmund aber immer noch ›Spittl‹ genannter Renaissancebau, in dem heute das Technikum Kärnten und eine Fachhochschule untergebracht sind und dessen überdachter Arkadenhof als Veranstaltungsort dient. Vis-à-vis, am westlichen Flussufer, stößt man in der Bogengasse auf eine bemerkenswerte spätbarocke Fassade – das einstige Brauhaus alias Petzlbräu, das heute das Stadtarchiv beherbergt. Die nahe Pfarrkirche erweist sich nach etlichen brand- und erdbebenbedingten Umbauten und Modernisierungen trotz ihrer altehrwürdigen Vorgeschichte – sie ruht auf den Fundamenten der Ortenburg'schen Kapelle – als kunsthistorisch wenig ergiebig.

All diese Gebäude, wie überhaupt der kleine Stadtrundgang sind freilich

Schloss Porcia

bloß ein Vorspiel zur Besichtigung der alles überragenden Sehenswürdigkeit der Stadt: dem das Westende des Hauptplatzes dominierenden **Schlosses Porcia.** Die Geschichte des dreigeschossigen, vierflügeligen Prachtbaus, den Kenner als schönste architektonische Schöpfung der Renaissance in ganz Österreich bezeichnen, beginnt Anfang des 16. Jh. Gut hundert Jahre zuvor war die örtliche Herrschaft von den Ortenburgern an die Grafen von Cilli und wenig später an die Habsburger gefallen. Und 1524 hatte Ferdinand I., wie so viele Landesherrn in Geldnöten, den ehemals Ortenburg'schen Besitz samt ›Markt und Mauth zu Spittal‹ an seinen spanischen Generalschatzmeister Gabriel von Salamanca verliehen. Dieser, ein Finanzgenie seiner Zeit, holte italienische Baumeister ins Land und ließ sich eine für Kärntner Verhältnisse geradezu schamlos glanzvolle Residenz errichten.

Das zwei Generationen später vollendete Ergebnis: eine Kombination aus einem städtischen Palazzo mit straßenseitiger Schaufassade und einem venetischen Vorbildern nachempfundenen, inmitten eines weitläufigen Parks frei stehenden Schloss. Die Liste seiner prominenten Gäste – sie reicht von Karl V. bis Franz Joseph I. – ist so lang, wie seine Chronik turbulent: So wurde es etwa 1690 durch ein Erdbeben und 1797 von den Franzosen ein weiteres Mal fast zur Gänze zerstört. Und 1919 tagte in ihm ein halbes Jahr lang die Kärntner Landesregierung.

Die Bedeutung des Schlosses verdeutlicht bereits sein Portal, prangen über ihm doch stolz die Wappen der Ortenburger und auch jener Fürsten von Porcia, die von 1662 bis 1918 in dem bis heute nach ihnen benannten Bau residierten. Architektonisches Glanzstück ist freilich der Innenhof – ein dreigeschossiges, an drei Seiten von Loggien mit grazilen Balustraden eingefasstes Geviert (beachtenswert: die kunstvollen Schmiedegitter). Es dient allsommerlich als herrliche Kulisse für die weithin bekannten »Komödienspiele Porcia« (s. S. 194), aber auch für Chorkonzerte und Volkstanzfeste. Die historische Innenausstattung ist so gut wie vollständig verloren gegangen. In den Räumlichkeiten lädt auf insgesamt 6500 m² Schaufläche ein famoses, vielfach preisgekröntes **Museum für Volkskultur** zu einem Streifzug durch die Geschichte Oberkärntens, sein Brauchtum, Handwerk, den Bergbau, bäuerlichen Alltag u. v. m. (Mitte April bis Ende Okt. tgl. 9–18, sonst Mo–Do 13–16 Uhr). Im Schlosskeller hat eine Galerie ihr Zuhause. Dort finden auch regelmäßig Literatur- und Jazzabende statt.

Ein Hinweis noch auf drei Sehenswürdigkeiten im Nahbereich: auf das gegenüber dem Schloss vermutlich vom selben Baumeister ebenfalls im Renaissancestil errichtete ehemalige **Vicedomgebäude** und heutige Rathaus (Wandbilder im 2. Stock), auf den so genannten **Malbaum** am oberen Ende des Neuen Platzes, dessen Bilder die Geschichte der Stadt illustrieren, und auf die **Altdeutsche Weinstube** mit sehenswerter künstlerischer Ausstattung aus der Zeit um 1900 (Haus Nr. 17).

Molzbichl – Fresach – Ferndorf

Reiseatlas: S. 235, F 3

4 km südöstlich von Spittal, in **Molzbichl,** hat man unter der Pfarrkirche die Reste eines karolingischen Klosters (8./9. Jh.) ausgegraben. Die Kirche, das archäologische Freigelände und das Museum Carantana, in dem Flechtwerksteine und andere Zeugnisse dieses ältesten baierischen Missionszentrums auf Kärntner Boden ausgestellt sind, bilden gemeinsam den wohl landesweit wichtigsten Brennpunkt frühmittelalterlicher Geschichte (Mai bis Sept., So–Fr 10–12, 13–17 Uhr). Religionshistorisch Interessierten sei ein Abstecher nach **Fresach** bei Paternion-Feistritz ans Herz gelegt. Dort wurde in einem ehemaligen Toleranzbethaus ein Evangelisches Diözesanmuseum eingerichtet, das anhand von Bibeln, Gebetbüchern, Schriften u. v. m. die 400-

Aufs Goldeck!

Der Hausberg von Spittal ist als Wander-, Ski- und Aussichtsberg gleichermaßen attraktiv. Auf seinen 2142 m hohen Gipfel führen sowohl eine 14,5 km lange Mautstraße (Zufahrt von Zlan, Mitte Mai–Mitte Okt. tgl. 8–17 Uhr) als auch, in zwei Teilstrecken, eine Seilbahn (Talstation am Südwestrand der Stadt, in Betrieb von Anfang Juni bis Ende Sept. tgl. 9 bis 17.30 Uhr), Auskünfte zu beiden unter: www.goldeck-spittal.at.

jährige Geschichte des Protestantismus in Österreich dokumentiert (1. Juli–30. Sept., Do 9–12, 14–17, So 11–12 Uhr, Tel. 042 45/61 49). Etwas näher bei Spittal, in **Ferndorf,** macht man sich die ungewöhnlich starke energetische Schwingung, die der nahe gelegene Berg Mirnock ausstrahlt, zunutze. Stressgeplagte Menschen sollen an speziellen ›Orten der Kraft‹ innere Ruhe finden. Ein Kneipp-Panorama-Rundweg hilft zusätzlich das Wohlbefinden steigern.

Tourismusbüro: 9800 Spittal/Drau, Schloss Porcia, Burgplatz 1, Tel. 047 62/56 50-220, Fax 32 37, www.spittal-drau.at.

Kleinsasser Hof: 9800 Spittal/Drau, Kleinsass 3, Tel 047 62/22 92, Fax 22 43, www.kleinsasserhof.at. ›Geheimtipp‹ für Individualisten und (Lebens) Künstler inmitten unberührter Wald- und Wiesenlandschaft (4 km ab Autobahnabfahrt Spittal-Ost), sehr orginell-schräges Ambiente, Bauerngarten, Haustiere, exzellentes Haubenrestaurant mit Künstler-Touch, DZ ab 110 €.
Ertl: 9800 Spittal/Drau, Bahnhofstr. 26, Tel. 047 62/20 48-0, Fax 20 48-5, www.tiscover.com/ertl. Gepflegtes Mittelklassehaus, Pool, Garten, zentrale Lage nahe Bahnhof und Goldeck-Bahn, DZ ab 78 €.

Alte Post: Hauptplatz 13, Tel. 047 62/22 17-0, tgl. 11.30–14.30, 18–21.30 Uhr (Herbst–Frühjahr So, Mo Ruhetag). Stilvolles Restaurant im Traditionshotel, gutbürgerliche österreichische Küche, mittel–gehoben.
Rabl-Keller: Bogengasse 14, Tel. 047 62/25 54, So–Do 17–2, Fr, Sa 18–4 Uhr. Gemütlich, ausgezeichnete Küche, mittel.
Grebmer: Baldramsdorf 19, Tel. 047 62/71 13, Mi–Sa 11–14, 17–21 Uhr, So, feiertags durchgehend Küche. Uraltes, wunderschönes Wirtshaus inmitten von Gärten, Aussichtsterrasse, bodenständige Küche, mittel.
Café-Konditorei Moser: Kirchplatz, Tel. 047 62/25 79, tgl. 7–23 Uhr. Sündenbabel für Schleckermäuler, lauschiger Garten.

Stadtbuchhandlung: Tiroler Str. 4. Großes Sortiment.
Nest: Hauptplatz 2. Bücher, Papier-, Leder-, Geschenkwaren.
Konditorei Lienbacher: Schillerstr. 10. Süße Mitbringsel, z. B. Spittaler Törtchen.

K&K: Hauptplatz 3, Tel. 047 62/365 20, Do–Sa 20 bis 2 Uhr. Stilvolles Café-Pub im Hof der ehemaligen Porcia'schen Kräuterstube, Imbisse, gelegentlich (Jazz)Livekonzerte.
b2: Bernhardtg. 2, Mo–Do 10–2, Fr, Sa 10–4, So 19–24 Uhr. Stimmungsvolle Café-Bar im Rathaus-Hof.
Gerry's Bernstein: Ebnerg. 14, Tel. 06 76/556 37 29, Mo–Fr 7.30–24, Sa 9–14, 19–24, So 19–24 Uhr. Gemütliches Pub in hübschem Innenhof, gute Weine.

Komödienspiele Porcia: Lustspiele der Weltliteratur auf hohem Niveau, Kartenres. Mai/Juni unter Tel. 01/960 96, danach: 047 62/420 20-10/20, www.komoedienspiele-porcia.at.
Handwerksmuseum: Baldramsdorf/Unterhaus, Tel. 047 62/711 40, Mai–Sept. tgl. 10–17 Uhr. Über 40 Handwerksstuben bzw. Gewerbeabteilungen (in der örtlichen Kirche hängt vor Ostern ein berühmtes **Fastentuch).**

Abenteuer-Freizeitpark Fresach: Gocart-Bahn, Moto-Cross-Verleih, Hupfburg u. v. m., Tel. 042 45/24 25, www.moser-kart.at.

WO HERZEN SCHMELZEN: ÜBER DAS KÄRNTNER LIED

»Drei Kärntner sind schon ein Gesangsverein«, ist eine in Österreich gängige Feststellung. Und der Kärntner Dichter Josef Friedrich Perkonig schrieb: »Nimm dem Kärntner sein Lied und er müsste welken wie eine Blume ohne Tau.« Die Kärntner und ihre Lieder, das ist mehr als nur ein Klischee. Rund 670 Chöre zählt das Land, zwischen 20 000 und 30 000 Sänger tummeln sich in Männergesangsvereinen, in gemischten, Kirchen- und anderen Chören. Bisweilen entspricht in Kärntner Dörfern die Zahl der Mitglieder in den unterschiedlichen Chören gar jener der Einwohnerzahl.

»Dass das Kärntner Lied ein Bestandteil unseres Lebens ist, steht, glaube ich, außer Zweifel«, schreibt Dieter Fleiss in der Zeitschrift des Kärntner Bildungswerks. »Es wird gesungen in ungezwungener (feucht)fröhlicher Runde im Gasthaus, bei Festen, bei Feiern.« Und es sind tatsächlich typisch Kärntner Lieder, mit einem eindeutig Kärntner Klang, die so gepflegt werden.

Im Grunde genommen ist das Kärntner Lied zuallererst ein Liebeslied. Es geht um die Liebe zu den ›Dirndalan‹, zur Heimat oder, allgemeiner, zu den Menschen. Und selbst wenn andere Themen auftauchen, bleibt die humane Grundtendenz eindeutig. Was Kenner- wie Laienohren nach wenigen Takten feststellen: Das Kärntner Lied klingt irgendwie anders. Es zeichne sich, erklären Kompositionstheoretiker das Phänomen, durch einen verspielten Umgang mit dem Dreiklang aus, wobei statt der ›linearen‹, aufbauenden Melodie eher die harmonische Mitte vorherrsche. Daraus ergebe sich die unverwechselbare, leicht zu singende Mehrstimmigkeit, die den Kärntner Gesang beinahe einzigartig mache.

Woher diese Eigenheiten rühren, ist ungewiss. Dieter Fleiss ortet den Ursprung in der Landschaft. Harmonisch sei sie, vielfältig, und nicht, wie anderswo, dominiert von den Ehrfurcht einflößenden Berggiganten. Das ist nicht von der Hand zu weisen. So sagte einmal Gustav Mahler zu Richard Strauss, der den Anblick des Höllengebirges im Salzkammergut bewunderte: »Bemühen Sie sich nicht, das habe ich alles schon wegkomponiert.« ›Wegkomponiert‹ hat Mahler auch in Kärnten. So wie Johannes Brahms und Alban Berg sich von Kärnten, seiner Landschaft und seinen Klängen beeinflussen ließen. Und namhafte Jazzmusiker der Gegenwart immer wieder das alte und neue Kärntnerlied in ihre Kompositionen einfließen lassen.

Wie das Neben- und Miteinander in der Musik klingt, kann man sich besonders repräsentativ alljährlich im Juli beim Internationalen Chorwettbwerb im Schloss Porcia oder zwischen Mai und Oktober bei den Musikwochen Millstatt zu Gemüte führen. Großer Beliebtheit erfreut sich in Kärnten auch der ›Tag des Kärntner-Liedes‹, der alljährlich am 19. Oktober in stets einer anderen Gemeinde veranstaltet wird (www.millstatt-see.co.at oder www.musikwochen.com).

Kleinsasser Hof bei Spittal

Millstätter See

Reiseatlas: S. 235, E/F 3
Kärntens zweitgrößter, aber tiefster und wasserreichster See bietet, eingebettet zwischen drei Zweitausendern, dem Tschiernock, der Millstätter Alpe und dem Mirnock, sowie jenem Waldrücken, der ihn vom Drautal trennt, eine ideale Synthese aus Badesee und Mittelgebirgslandschaft. Während sein Südufer dicht bewaldet und weitgehend unverbaut ist, reihen sich entlang dem sonnigen Nordufer Feriendörfer dicht an dicht. Deren größtes ist, ganz im Westen, **Seeboden** – ein quirliger Badeort mit entsprechender touristischer Infrastruktur und zwei sehenswerten Museen – einem, nahe dem See gelegenen, für Fischerei, wo sich u. a. in einem 7000-Liter-Großaquarium sämtliche heimische Fischarten tummeln (Ende Mai–Ende Sept. tgl. 10.30 bis 18.30 Uhr), und einem, das in einem über 3000 m^2 großen Zen-Garten wunderschöne, generationenalte Bonsai-Bäumchen präsentiert. Über den Ort verstreut, erinnern kesse, bunt bemalte Puppen an das alljährlich Ende Juli stattfindende Europäische Bodypainting Festival. Und auf **Burg Sommeregg,** die seit dem 13. Jh. auf einem nahen Felshügel thront, zeugt Europas angeblich größtes Foltermuseum von gar nicht so fernen, grausamen Zeiten (s. S. 201). Zwei Tipps für Kunstfreunde: Die St. Leonhardskirche im Nachbarort **Treffling** birgt einen der ältesten gotischen Flügelaltäre des Landes mit Bildern von Meister Thomas von Villach. Und einen äußerst feinen Flügelaltar nennt auch die im Kern über 1000

Jahre alte Pfarrkirche von **Lieseregg** ihr Eigen. Mit keinen nennenswerten Sehenswürdigkeiten, aber schönen Stränden, weitläufigen Campingplätzen und zahlreichen Hotels warten **Dellach** und **Döbriach** in der östlichen Ecke des Sees auf.

Millstatt

Den kulturellen Mittelpunkt der Region bildet **Millstatt.** Und zwar schon seit dem ausgehenden 11. Jh. Damals gründeten die Brüder Aribo und Poto aus dem baierischen Geschlecht der Aribonen hier nach dem Vorbild der Klöster am Längsee und in Ossiach eine **Benediktinerabtei.** Wenig später schon betrieben die Mönche an dem idyllischen Flecken nicht nur eine blühende Landwirtschaft, Brauerei und Weinbau inbegriffen, sondern auch eine weithin bekannte Schreib- und Malschule. Nach einer Phase des Verfalls bekam 1469 der St.-Georgs-Ritterorden, den Kaiser Friedrich III. zwecks geistigem Kampf gegen die Türken gestiftet hatte, das Kloster überantwortet. Dieser baute es aus, befestigte es, verlor jedoch nach dem Tod von Kaiser Maximilian I. im Laufe des 16. Jh. sukzessive an Einfluss und löste sich schließlich auf. 1598 übergab Kaiser Ferdinand im Zuge der Rekatholisierung des weitgehend protestantischen Landes Millstatt an die Jesuiten. In jenen konfliktreichen Jahren wirkte das Kloster als ein Zentrum der Gegenreformation. In seinen Katakomben indes hielten – was in heutigen, ökumenischen Zeiten harmlos scheinen mag, aber seinerzeit ein enormes Wagnis bedeutete – Krypto-Protestanten insgeheim ihre Messen. Die Jesuiten sponserten mit den Einkünften des Klosters die Universität in Graz und belegten dafür die Einheimischen mit hohen Steuern. Diese rächten sich 1737 mit einer Rebellion. Eine Generation später wurde das Kloster verstaatlicht.

Im Zentrum der ehemaligen Benediktinerabtei, die zu den kostbarsten Sakralbauten in Kärnten zählt, steht die ehemalige **Stifts-** und heutige **Pfarrkirche.** Sie beherrscht mit ihren zwei im späten 12. Jh. errichteten, 500 Jahre später mit barocken Zwiebelhelmen bekrönten Türmen bis heute das Ortsbild und besitzt trotz mehrmaliger Restaurierungen und Zubauten eine überwiegend romanische und gotische Bausubstanz. Was an der dreischiffigen, ursprünglich flach gedeckten, in der Spätgotik eingewölbten Pfeilerbasilika besonders fasziniert, ist ihre reiche, an oberitalienische Vorbilder gemahnende, romanische Bauplastik. Eine Unmenge von menschlichen und tierischen Wesen bevölkert, umrahmt von üppigem Ornamentschmuck, den Bau – viele von ihnen mit Angst einflößenden Fratzen, die, so hoffte man seinerzeit, die Dämonen bannen sollten. Ihren Höhepunkt erreicht diese symbolträchtige Formenvielfalt im berühmten Stufenportal, dem um 1170 entstandenen Westtor in der Vorhalle. Es zeigt, im Tympanon, Christus Salvator, der einen Mönch samt Kirchenmodell segnet (davor beachtenswert: das Kirchhofportal mit spätgotischen Fresken). Seitlich davon, an den Kapitellen, starren strenge Gesichter die Kirchgänger an. Ihre Augen waren einst

Millstätter See mit Millstatt

mit Granatsteinen besetzt, wie man sie heute noch zuhauf im Schiefergestein der Millstätter Alpe finden kann, und pflegten, von der untergehenden Sonne beschienen, tiefrot zu funkeln. Mindestens ebenso phantasievoll und kostbar ist der Figurenschmuck an den Würfelkapitellen und Basen der Säulchen sowie an der Mönchspforte im **Kreuzgang.** Das Kircheninnere mit seinem 60 m langen Mittelschiff, das aufgrund seiner famosen Akustik im Rahmen der Musikwochen regelmäßig als ›Konzertsaal‹ dient, ist von schönen, mit Wappen verzierten Schlusssteinen versehenen Sternrippen überwölbt. Darunter entfaltet eine Barockausstattung aus der Jesuitenzeit – Glanzstücke: der Hochaltar mit der »Verehrung der Hl. Dreifaltigkeit« und darüber »Christus Salvator« – ihre Pracht. Weitere Höhepunkte: mehrere in die Wände eingemauerte Grabplatten aus der Zeit des Ritterordens, das 6 x 4 m große Weltgerichts-Fresko von Urban Görtschacher, das als eines der wichtigsten Wandgemälde der frühen Renaissance im deutschen Sprachraum gilt (1519; im rechten Seitenchor), und, unmittelbar dahinter, die **Domitiankapelle.** In ihr ruhen die Gebeine jenes heidnischen Karantanenherzogs gleichen Namens, der sich, so will es zumindest die Legende, zum Christentum bekehrt, daraufhin einen Tempel mit tausend Statuen (›mille statue‹ = Millstatt) im See versenkt und an dessen Stelle eine erste Kirche gebaut haben soll. Abschließend empfiehlt sich der Besuch des an die Kirche grenzenden **Stiftsmuseums.** Es hilft anhand zahlreicher Faksimile und Exponate, darunter eine der drei berühmten Hochzeitstruhen der Paola Gonzaga, das Verständnis für die überragende Bedeutung des Ortes zu vertiefen (Juni, Sept. tgl. 14–18, Juli, Aug. auch 10–12 Uhr, das restl. Jahr über nur nach Voranmeldung, Tel. 047 66/20 23 33).

Durch den von zweistöckigen Arkaden gesäumten Stiftshof mit seiner 500-jährigen Linde und durch einen

zweiten Hof, in dem eine angeblich gar über 1000-jährige Linde eine uralte Richtstätte markiert, führt der Fußweg, am Hochmeisterschloss vorbei, hinab Richtung See. Dessen Uferpromenade lädt zum ausführlichen Spaziergang, ist sie doch von zahlreichen Villen und Hotels aus der Gründerzeit gesäumt, als eine Sommerfrische in Millstatt beim k & k-Adel und Großbürgertum als très chic galt. Ebenfalls lohnenswert: die Fahrt von Seeboden auf die **Sonnenterrasse der Millstätter Alpe** über Laubendorf, Obermillstatt (Heimatmuseum), Lammersdorf (Märchenarena für Kinder) und Sappl (Traumblick auf See und Stift) hinunter nach Dellach.

Millstätter See Tourismus: 9872 Millstatt, Marktplatz 14, Tel. 047 66/37 00-0, Fax 37 00-8, www.millsee.info.

Seefischer am See: 9873 Döbriach, Fischerweg 1, Tel. 042 46/77 12-0, Fax 70 93, www.seefischer.at.

Stiftskirche in Millstatt

Vier-Sterne-Standard, Ruhelage direkt am See, große Liegewiese, Vitalzentrum, Hallen-/Freibad, eigener Bootshafen, DZ ab 144 € mit Halbpension.

Koller: 9871 Seeboden, Seepromenade 2, Tel. 04762/81500, Fax 81500-40, www.strandhotel-koller.at. Modernes Wellness-Hotel direkt am See, Vier-Sterne-Komfort, freundlich, familiär, Hallenbad und beheizter Außenpool, DZ (mit Halbpension ab 3 Tagen) ab 118 €.

Hotel See-Villa: 9872 Millstatt, Seestr. 68, Tel. 04766/2102, Fax 2221, www.see-villa-tacoli.com. Um 1900 erbaut, war die Seevilla schon seinerzeit eine der allerersten Adressen, nur 42 Zimmer, hervorragende Küche, tolle Lage direkt am See und doch mitten in Millstatt, DZ ab 74 €.

BioBauern: Kooperative von sieben Bauernhöfen, die Erholung für Körper, Geist und Seele bieten, familiär, sehr kinderfreundlich, vielfältiges Aktivprogramm, nähere Infos: www.7biobauern.com.

Bachlwirt: Seeboden, Wirlsdorfer Str. 19, Tel. 047 62/812 54, Mi–Mo 10.30–23 Uhr, winters Mo, Mi–Sa erst ab 16.30 Uhr. Gemütliches Gasthaus in Wirlsdorf mit bodenständiger kärntnerischer und internationaler Küche sowie frischem Fisch aus dem Millstätter See; zugehörig: bestens ausgestattete Ferienwohnungen für 2–6 Personen.
Brugger: Millstatt/Dellach 7, Tel. 047 66/25 06, Mi–Mo durchgehend 12.30–21 Uhr warme Küche, Sept.–Juni wochentags nur 16–21 Uhr. Familiengasthof seit mehr als 160 Jahren, Fischspezialitäten, fangfrisch aus den eigenen, 50 ha großen Seelehen, schöner Ausblick auf See und Berge, mittel.
Postwirt: Seeboden, Hauptstr. 64, Tel. 047 62/811 37, tgl. außer So abends und Mo 10.30–22 Uhr. Dorfgasthaus für Einheimische und Treffpunkt für Urlauber, qualitätvolle Küche, beste Weine und Schnäpse, günstig–mittel.
Lammersdorfer Alm: zu Fuß oder per Pkw von Lammersdorf, Tel. 047 66/35 96, www.lammersdorferhuette.at, Mai–Nov. Gemütliche Hütte, Käsespezialitäten, Panoramablick.

Geräucherte Renke: ein schmackhaftes Mitbringsel vom Gasthof Brugger in Dellach (s. o.)

Point: Seeboden, Golfweg 3, Tel. 047 62/817 08, Mai–Okt. tgl. 15 bis ca.1 Uhr. Gemütliches Promenaden-Café (und -Bar) in Seenähe.
Monte Christo: Millstatt, Kaiser-Franz-Joseph-Str., Tel. 06 64/394 03 52, Mai bis Okt. tgl. 11–mind. 24 Uhr (bei trockenem Wetter). Apero-Bar direkt am See, Imbisse, Eisspezialitäten, Snacks, Cocktails.

Burg Sommeregg: Seeboden, Tel. 047 62/813 91, www.sommeregg.at. Ritterspiele, Foltermuseum und Ritteressen im Burgrestaurant.
Frei zugänglicher **Rosen- und Wassergarten** im Garten- & Floristik-Center Winkler, Seeboden, Seehofstr. 36, Tel. 047 62/812 03-0, Mitte Juni und Sept. Dichterlesung und Musik.
Millstätter Statuenweg bzw. Villenweg: Broschüren im Tourismusbüro erhältlich.

Musikwochen Millstatt: Mitte Mai bis Anfang Okt., Tel. 047 66/20 22-35, www.musikwochen.com. Kammer-, Chor- und Orchestermusik, auch Rock und Jazz.
Nockalmfest mit dem Nockalm Quintett und weiteren Stars der Volksmusik, jeweils Mitte Sept.

Klettergarten Breitwand: 20 Routen in allen Schwierigkeitsgraden, ca. 20 Gehminuten von Döbriach; Tel. 042 46/78 78.

Linienschiffsverkehr auf dem Millstätter See: Anfang Mai bis Mitte/Ende Okt., Tel. 047 66/20 75 (beliebt z. B. die Überfahrt von Millstatt zur Schlossvilla).

Oberes Drautal

St. Peter im Holz und Teurnia

Reiseatlas: S. 235, D 3
Nach dem Zollfeld nördlich von Klagenfurt stellt das Lurnfeld, das sich westlich von Spittal bis zur Mündung der Möll in die Drau erstreckt, Kärntens zweite historische Kernlandschaft dar. Ihren – für uns weitgehend imaginären

– Mittelpunkt bildet das heutige Dörfchen **St. Peter im Holz** bei Lendorf. Denn auf dem Waldrücken, der sich dort rund 60 m über dem nahen Fluss erhebt, wurde bereits in der späten Bronze- und Hallstattzeit und verstärkt in keltisch-norischer Zeit gesiedelt. Vor allem aber errichteten die Römer dort (um 50 n. Chr.) eine autonome Stadt, **Teurnia** mit Namen, von der aus sie ganz Oberkärnten, den Lungau und weite Teile des Kanaltals verwalteten. Dieses planmäßig angelegte *municipium* umfasste zwei ausgedehnte Wohnbezirke und auf höher gelegenen Terrassen, wie es sich gehört, ein Forum samt Marktbasilika, einen Kapitolstempel, eine große Therme sowie ein Heiligtum einer keltischen Gottheit, die Apollo ähnelte – insgesamt ein 17 ha großes, von mindestens 7000 Menschen bevölkertes Gebiet, das gemeinsame Grenzen mit *Virunum* (s. S. 102ff.), *Aguntum* (bei Lienz) und *Iuvavum* (Salzburg) hatte. Im 4. Jh. wurde die Stadt Sitz einer Diözese und wenig später sogar anstelle von Virunum Verwaltungszentrum der Provinz Binnen-Noricum. Kein Wunder also, dass sich der Holzerberg eineinhalb Jahrtausende später für Archäologen als Fundgrube ersten Ranges entpuppte.

Die Besichtigung beginnt oben auf der Hügelkuppe nahe der Pfarrkirche mit dem Römermuseum Teurnia. Im Jahr 2000 eröffnet, veranschaulicht es anhand von Inschriften, Statuen, Büsten, Altären und zahlreichen anderen Fundstücken die örtliche Kultur der (Spät)Antike (1. Mai–Mitte Okt. Di–So 9–17 Uhr). Die Grundmauern, die man dahinter, im Wald, frei gelegt hat, sind für Laien wenig attraktiv. Umso ansehnlicher ist jene Ruine einer dreischiffigen, knapp 27 m langen Bischofskirche, die man ein Stück weiter westlich, rechts der Straße Richtung Tal, zu Tage gefördert und vor wenigen Jahren mit einem ausgesprochen ästhetischen Überbau gegen Wind und Wetter geschützt hat. Die Reste eines weiteren frühchristlichen Gotteshauses sind unten, am westlichen Fuße des Hügels, zu besichtigen. Hier ist sogar aus der Zeit um 500 n. Chr. ein hervorragend erhaltenes Bodenmosaik zu bewundern (Schlüssel, auch zum zugehörigen kleinen Museum, von der Kassa des Römermuseums mitnehmen).

Gerlamoos – Irschen – Oberdrauburg

Reiseatlas: S. 234, B/C 3
Vorbei an **Pusarnitz,** das in die Geschichtsbücher einging, weil 1460 hier Friedrich III. und Graf Johann von Görz ihren erbitterten Kampf um das Erbe der Grafen von Cilli beilegten, was die Position des Habsburgers in Kärnten maßgeblich stärkte (Gedenktafel auf dem Dorfplatz), vorbei auch an der weithin sichtbaren Ruine **Hohenburg** und dem gleichnamigen Wallfahrtskirchlein, in dem die Drau-Flößer einst die hl. Jungfrau um sichere Flussfahrt zu bitten pflegten, führt die B100 westwärts in das Oberdrautal.

Eingebettet zwischen den schroffen Gipfeln der Gailtaler Alpen beziehungsweise Lienzer Dolomiten im Süden und den deutlich sanfteren Abhängen der Kreuzeck-Gruppe im Norden, bildet das über lange Strecken recht breite Talbecken seit alters ein viel befahrenes Durchzugstal. Die Landschaftsterrassen, vor allem jene an der sonnigen Nordseite, bieten vielfältige Möglichkeiten zum Wandern und auch Mountainbiken. Und manch ebenso abgelegenes wie anmutiges Bergdorf birgt kunsthistorische Kostbarkeiten ersten Ranges. Diesbezüglich das wohl verblüffendste Beispiel bietet der Weiler **Gerlamoos.** Sein Georgskirchlein wartet, halb im Wald versteckt und nur über einen Fußpfad zu erreichen, mit grandiosen Wandmalereien auf: einem Hauptwerk des Thomas von Villach, der hier um 1470 auf über 30 Bildfeldern die Georgslegende sowie Kindheit und Leiden Christi farbenreich verewigt hat. Das spätgotische Kirchlein von **Gajach** am Südhang vis-à-vis besitzt gleich drei hervorragende Flügelaltäre. Ähnlich entzückend gelegen und erlesen ausgeschmückt sind die Gotteshäuser von **Berg** (romanische und gotische Fresken, auch nebenan im Karner) und von **Zwickenberg** (Wandmalereien außen und innen, vortrefflicher Flügelaltar). Und auch **Irschen** lockt nicht nur mit seiner besonders lieblichen Landschaft und der Natur- und Kräuterwerkstatt, sondern gleichfalls mit einem Kirchlein voller wertvoller Fresken (um 1330).

Bei aller Begeisterung für die Kunstschätze in luftiger Höhe sollte man allerdings die Talorte nicht außer Acht lassen. Auch dort, in **Steinfeld** etwa, einem alten Zentrum für Gold- und Silberbergbau, in **Sachsenburg** oder **Greifenburg,** stößt man auf manch mächtige Burg oder mittelalterliche Häuserzeile. Wegen seines hübschen, homogenen Ortsbildes und gleich zweier Burgruinen speziell hervorhebenswert ist **Oberdrauburg,** der strategisch bedeutsame Schnittpunkt jener Fernverkehrswege, die entlang der Drau Richtung Villach und Lienz beziehungsweise nach Süden über Gailbergsattel und Plöcken ins Italienische führen.

Bioferien Mandlers Landhaus: 9973 Irschen, Stresweg 8, Tel. 047 10/24 71, Fax 24 71-130, www.landhaus-mandler.at. Modernes Bio-(Nichtraucher-) Hotel in Sonnenlage, helle, große Zimmer, Naturholzmöbel, gute, hauptsächlich vegetarische Küche, Generalthema: alles rund um Kräuter, DZ ab 130 € inkl. HP.

Gasthof Post: 9781 Oberdrauburg, Marktplatz 4, Tel. 047 10/22 57-0, Fax 22 57-16, www.gasthofpost.at. Historischer Gasthof im Ortskern, sehr gemütlich, gute Küche, DZ ab 66 € inkl. HP.

Zum Goldenen Rössl: Sachsenburg, Marktplatz 18, Tel. 047 69/ 25 56, www.goldenes-roessl-sachsenburg.at, tgl. 6–24 Uhr. Traditionsgasthof mit regionaler Spezialitätenküche, je nach Saison Frischzubereitung (DZ ab 56 €).

Zur Linde: Oberdrauburg, Ötting 9, Tel. 047 10/22 13, Do–Di 12–22 Uhr. Gemütlicher Gasthof mit Kärntner Kost, Gastgarten mit 600-jähriger Linde, Spezialität: ›Törggelen‹ mit Kastanien und Wein, günstig–mittel.

Bergbauernmuseum: Greifenburg, Gnoppnitz, Mitte Mai–Mitte Okt. tgl. 10–18 Uhr.

Kräuterhaus Pfarrstadel: Irschen, ganzjährig Mo–Fr 9–12 Uhr, Tel. 047 10/23 77, www.irschen.at.

WEISSENSEE, GAIL- UND LESACHTAL

In der Karnischen Region, wie dieses landschaftlich atemberaubend schöne Gebiet vor seiner Umbenennung in ›Naturarena Kärnten‹ hieß, sucht man die hektische Betriebsamkeit touristischer Hochburgen vergeblich. Aktivsportler finden hier gerade deshalb alle Träume erfüllt – sei es entlang der Gail, auf den sie flankierenden Bergketten oder am Weissensee. Trotz seiner Prachtnatur noch ein Geheimtipp ist im äußersten Südwesten das Lesachtal.

Gailtal

Reiseatlas: S. 235, E/F 4

Über 1000 km markierte Wanderwege, 800 km Mountainbike-Routen, 150 km Fahrradwege im Tal, dazu zwei herrliche Badeseen, ein Fluss als Fischrevier von europäischem Rang, ein Wintersport-Eldorado mit mehr als 100 km Pisten und 300 km Loipen – und über all dem eine Phalanx kühner Gipfel ... Angesichts eines so reichhaltigen Aktivangebots vor einer so spektakulären Bergkulisse ist der Beiname ›Naturarena Kärnten‹, den sich der südwestlichste Landesteil vor ein paar Jahren zugelegt hat, in der Tat angebracht. Gleichsam das Rückgrat dieser Region bildet das Gailtal. Es erstreckt sich, parallel zur italienischen Grenze, von Villach über 100 km weit bis nach Osttirol und ist aufgrund einer speziell turbulenten, nahezu eine halbe Milliarde Jahre währenden Entstehungsgeschichte der angrenzenden Gebirgsketten insbesondere für (Hobby)Geologen von großem Interesse. Für sie hat man entlang dem Kamm der Karnischen Alpen spezielle Geo-Trails angelegt (s. S. 205).

Doch auch auf Kunstfreunde wartet in der Gegend vielerlei Ergötzliches. Gleich hinter Villach, nahe dem Dreiländereck Österreich-Slowenien-Italien an der Straße Richtung Kanaltal zum Beispiel, in **Thörl-Maglern:** Dort hinterließ Thomas von Villach, der große Tafel- und Wandmaler der Gotik, im späten 15. Jh. in einer nach außen hin schlichten Kirche eines seiner Hauptwerke – Chorfresken von berückender Formenvielfalt und Qualität. Im Zentrum des vielschichtigen ikonographischen Programms steht ein ›lebendes Kreuz‹, das den Gläubigen seinerzeit die Geschichten von Himmel und Hölle, Sünde und Erlösung, Altem und Neuem Testament eindrucksvoll nahe brachte. Nördlich der Gail, am Fuße der Villacher Alpe, liegt **Nötsch.** Das Dorf ist dank einer im frühen 20. Jh. hier ansässigen Gruppe expressionistischer

Maler, dem so genannten Nötscher Kreis, in die Kunstgeschichte eingegangen (s. S. 44). Ein kleines, feines Museum im Ortskern zeigt – neben Dokumenten zu Leben und Werk – zahlreiche Originalbilder und regelmäßig auch themenverwandte Sonderausstellungen (Mi–So, feiertags 14–18 Uhr, Tel. 042 56/36 64, www.noetscherkreis.at). Zu den verschiedenen Wirkstätten der Künstler führt ein ausführlich beschilderter Kulturwanderweg.

Anton Kolig, ein führender Vertreter der ›Nötscher‹, hinterließ übrigens an der Außenmauer der Pfarrkirche im Ortsteil **Saak** ein beeindruckendes Marienfresko. Von außen ebenfalls sehenswert ist in Saak **Schloss Wasserleonburg.** Es geriet 1937 in die Schlagzeilen, als der Herzog von Windsor nach seiner Abdankung als Eduard VIII. hier mit Mrs. Wallis Simpson seinen Honeymoon verbrachte. Ein Stückchen talaufwärts, in **St. Stefan,** stehen eine spätgotische, besonders schön mit Netzrippen und Reliefs verzierte Kirche und, südlich davon, ein Prachtexemplar von einem freskierten Bildstock.

Die Bezirks- und Einkaufsstadt **Hermagor** liegt an der Einmündung des Gitschtales ins Gailtal und blickt auf eine mindestens 850-jährige Geschichte zurück. Ihr Kern ist infolge zahlreicher Brände und Kriege kunsthistorisch jedoch wenig interessant. Umso attraktiver ist allerdings ihr Umland: Keine 5 km östlich bürgt der **Pressegger See,** ob seiner seltenen Fauna und Flora unter Naturschutz gestellt und ob seiner hohen Wassertemperaturen gerne als ›Badewanne Kärntens‹ bezeichnet, für feuchtfröhliche Erholung. In Schloss **Möderndorf,** einem über 500 Jahre alten, burgartigen Bau am Südrand der Stadt, ist das **Gailtaler Heimatmuseum** untergebracht. Es dokumentiert mit seiner reichhaltigen Sammlung das volkskundliche Erbe der Region (Mai, Sept./Okt. Di–Fr, Juli/Aug. Di–So 10–17 Uhr).

Von Kennern unter die schönsten Schluchten Österreichs gereiht wird die nahe gelegene, an die 600 m tiefe **Garnitzenklamm.** Der tour-retour 12 km lange Steig ist als Geo-Trail gestaltet und verlangt einiges an Trittsicherheit und Kondition. Belohnt wird die rund viereinhalbstündige Mühe jedoch mit unvergesslichen Eindrücken. Von Tröpolach, wenige Autominuten weiter westlich, führt der Millenium-Express,

Kochen lernen und genießen

Sissy Sonnleitner preisen, hieße Eulen nach Athen tragen. Die Lobeshymnen in- und ausländischer Gourmets für die Kochkünste der vielfach preisgekrönten Hohepriesterin des guten Geschmacks sind ungezählt. In ihrem Landhaus Kellerwand in Kötschach-Mauthen kann man nicht nur fürstlich tafeln und logieren, sondern in mehrtägigen Kochkursen den Raffinessen der kärntnerisch-friulanischen Küche auch selbst hinter dem Herd nachspüren (9640 Kötschach, Mauthen 24, Tel. 047 15/269, Fax 269-16, www.sissy-sonnleitner.at).

die mit 6 km längste Seilbahn der Alpen, auf die **Sonnenalpe Nassfeld.** Dort, hart an der Grenze zu Italien und 800 bis 1200 m über dem Gailtal, finden Wanderer und, intensiver noch, Wintersportler ihr Glück (s. S. 210).

Seit alters als eine wichtige Station an der Nord-Süd-Route vom Drautal Richtung Oberitalien fungiert die Zwillingsgemeinde **Kötschach-Mauthen.** Schon von weitem fällt ihr wichtigstes Kunstdenkmal ins Auge: die Pfarrkirche von Kötschach. Der spätgotische Hallenbau, ein Werk Barthlmä Firtalers aus dem frühen 16. Jh., der weithin als ›Gailtaler Dom‹ bekannt ist, besitzt wunderschöne Fresken und darüber ein einzigartiges Netzgewölbe aus so genannten Schlingrippensternen. Ein ähnlich entzückendes, extrem phantasievoll dekoriertes Gotteshaus hinterließ der Baumeister aus Innichen übri-

Karnische Alpen
am Wolayer See

gens an der Zufahrt zum Gailberger Sattel, in **Laas.**

Dass die Region bereits in römischer Zeit, ja sogar noch früher, von reichen Eisen-, Blei- und Zinkvorkommen profitierte, haben Ausgrabungen in **Gurina,** oberhalb des Nachbarortes Dellach, offenbart. Um diese besser ausbeuten zu können, aber vor allem wohl zwecks besserer Anbindung Teurnias beziehungsweise Agentums an den Süden, bauten die Römer die Straße über den Plöckenpass aus. Drei Steintafeln mit lateinischen Inschriften bezeugen auf italienischer Seite die frühe ingenieurtechnische Meisterleistung.

Grässliche Erinnerungen weckt der **Plöckenpass** hingegen in Bezug auf den Ersten Weltkrieg, tobte in den umliegenden Gipfelregionen doch von 1915 bis 1918 ein an Grausamkeit und Absurdität kaum zu überbietender Stellungskrieg. An das gegenseitige Hinschlachten von Italienern und Österreichern gemahnt oberhalb des Passes, auf dem sich heute friedlich ein Windrad dreht, ein weitläufiges Freilichtmuseum. Fast noch eindrucksvoller – und unbedingt zu besuchen – ist das unten im Tal, im Rathaus von Kötschach-Mauthen, eingerichtete Antikriegsmuseum (Mitte Mai–Okt., Mo–Fr 10–13, 15–18, Sa, So, feiertags 14–18 Uhr; s. S. 209).

Karnische Tourismus GmbH: 9620 Hermagor, Hauptstr. 14, Tel. 042 82/31 31, Fax 31 31-31, www.naturarena.com.

Hotel Sonnenalpe: 9620 Hermagor, Sonnenalpe Nassfeld 9, Tel. 042 85/82 11, Fax 81 28, www.sonnenalpe.at. Tophotel direkt an der Skipiste, große Bade- und Saunawelt, eigenes Kinderhaus mit Betreuung, exzellentes Restaurant, DZ mit HP 236 €.

Bio-Pension Daberer: 9635 St. Daniel 32, Tel. 047 18/590, Fax 590-310, www.biopension.at. Vier-Sterne-Vitalhotel, großzügig-duftiges Ambiente, diverse

Petri Heil

Weissensee, Pressegger See, die Gail und ihre Zubringer sind dank ihrem glasklaren Wasser allesamt ideale – und international gefragte – Fischreviere. An ihren Ufern haben sich zahlreiche Betriebe auf die Bedürfnisse von Petrijüngern spezialisiert. Sie besorgen Fischerkarten, geben fachkundige Informationen, bereiten das Thermofrühstück zu, haben Tiefkühltruhen, eigene Räume für nasse Kleidung und Gerät und bieten Pauschalen für Fischereiurlaube an.

Näheres erfährt man unter Tel. 042 82/31 31 oder www.fischen.naturarena. com.

Wohlfühl-Programme, grüne Haube für naturfrische Küche, DZ mit HP ab 158 €.
Lenzhofer: 9634 Gundersheim, Landhof 1, Tel. 047 18/33 70, Fax 30 04, www.landhof-lenzhofer.at. Schmuckes Vier-Sterne-Landhotel, 300-m²-Bioteich, direkt an Radweg und Langlaufloipe gelegen, zugehöriges 250-ha-Jagdrevier, 1-A-Küche und -Weinkeller, DZ ab 134 €.
Gut Lerchenhof: 9620 Hermagor, Untermöschach 8, Tel. 042 82/21 00, Fax 21 00-9, www.lerchenhof.at. Gehobene Mittelklasse in denkmalgeschütztem Herrschaftssitz, Grünlage, Obstgarten als Liege- und Spielwiese, Sauna, Dampfbad, gutbürgerliche Küche, DZ ab 76 €.
Erlenhof: 9640 Mauthen 82, Tel. 047 15/444, Fax 444-44, www.erlenhof.at. Familienbetrieb mit freundlicher Atmosphäre und überdurchschnittlich guter Küche, großer Garten, DZ ab 68 €.
Feriendorf Pressegger See: 9620 Pressegger See 7, Tel. 042 82/32 32, Fax 32 32-11, www.familienferiendorf.at. Geschmackvolle Anlage mit 16 Holzhäusern, Ruhelage direkt am See, vielfältiges Kinderprogramm, Appartements mit HP für vierköpfige Familien ab 207 €.
Zwei Campingplätze der Extraklasse: **Schluga Camping** in Vellach bei Hermagor (ganzjährig) und **Naturpark Schluga Seecamping** am Pressegger See (Mitte Mai–Mitte Sept.), Tel. 042 82/20 51 bzw. 27 60, www.schluga.com, Fitness- und Wellness-Center, große Badeanlage am See, Top-Ausstattung, ADAC-prämiert, 2 Erw., 2 Kinder und Stellplatz ab 21,20 €.

Beim Bachmann: Hermagor, Obervellach 33, Tel. 042 82/20 69, tgl. 11.30–14, 17.30–22 Uhr, Nebensaison Mo Ruhetag. Feinschmeckertreff mit saisonaler Küche, offener Grill, Spezialität: Räucherlachs, mittel–gehoben.
Bärenwirt: Hermagor, Hauptstr. 17, Tel. 042 82/20 52, tgl. 11–30–14, 17–21.15 Uhr, Nov.–Mai So Ruhetag. Gemütliches Stadtgasthaus, unprätentiöse Spezialitätenküche mit saisonalen Schwerpunkten, Bildersammlung einheimischer Künstler, günstig–mittel.
Pfeffermühle: Kötschach-Mauthen 331, Tel. 047 15/560, Fax 560-4, tgl. 11.30 bis 22.30 Uhr, winters Mo Ruhetag. Dorfwirtshaus, bodenständige Kost, großer Kinderspielplatz, günstig–mittel.

Delikatessen: Kötschach, Hauptplatz 19, www.kaeseschokolade.at. Schinken, Paste, Käseschokolade, Kärntner Edelbrände und Wein vom Allerfeinsten.
Wurzer-Dirndl: Hermagor, Kühwegboden 30. Klassische Trachten- und Landhausmode.

1915–18: DIE HÖLLE IM PARADIES

Taucht der Plöckenpass heutzutage in den Nachrichten auf, sind dafür in der Regel Verkehrsbehinderungen, ausgelöst durch Autokolonnen von Ausflüglern oder heftigen Schneefall, der Grund. Vor gut 90 Jahren jedoch, während des Ersten Weltkriegs, war die durch eine schöne Berglandschaft führende Passstraße an der österreichisch-italienischen Grenze regelmäßig in den Nachrichten über die Südwestfront zu finden. Am 23. Mai 1915 hatte das bis dahin neutrale Italien Österreich-Ungarn den Krieg erklärt und mit seinen Truppen unverzüglich versucht, die Gebirgsgrenze zu Südtirol und Kärnten beziehungsweise über den Isonzo nach Triest zu überqueren. Den k.u.k.-Truppen freilich gelang, wiewohl sie in der Minderzahl waren, die natürlichen Verteidigungsbarrieren zu halten. Was folgte, war ein jahrelanger erbitterter Stellungskrieg im Karst, der an Absurdität und Grausamkeit den weit berühmteren Schlachten von Verdun in nichts nachstand. Hunderttausende Soldaten beider Seiten fielen den zwölf Isonzoschlachten zum Opfer, abertausende den strengen Gebirgswintern.

Gleich nach Kriegsbeginn kam es auch entlang der kärntnerisch-friulischen Grenze zu ersten heftigen Kämpfen, die im Großen und Ganzen jedoch bald wieder abflauten. Um die Höhenzüge am Plöckenpass jedoch, den Kleinen Pal, den Cellon, die Cellonschulter, den Freikofel und den Großen Pal, loderten in der Folge in einem fort heftige Gefechte, versuchten italienische Einheiten immer wieder Durchbrüche in Richtung Kärnten.

Wiewohl es sich ›nur‹ um einen Nebenkriegsschauplatz handelte, glich die Dramatik der Kämpfe rund um den Plöckenpass jenen am Isonzo oder bei den Sieben Gemeinden. Da wie dort wurde mit ungeheurem Aufwand an Menschen und Material um marginale Geländegewinne gerungen. Und da wie dort entstand im Lauf der Zeit ein geradezu labyrinthisches Stellungssystem aus Tunneln, Kavernen und Stollen.

Der Durchbruch der verbündeten österreichisch-ungarischen und deutschen Truppen bei Flitsch-Karfreit beendete im Oktober 1917 den Gebirgskrieg in den Dolomiten, den Karnischen und Julischen Alpen. Ein Jahr später, nach dem totalen Zusammenbruch der k.u.k.-Armee, überquerten die siegreichen italienischen Truppen den Plöckenpass. Diesmal jedoch ohne einen einzigen Schuss abgeben zu müssen. Die bereits damals verlassenen Gräben, Kavernen und Kasematten haben die Zeitläufe überdauert und sind im Gebiet des Plöckenpasses in der schneefreien Saison bis heute – nunmehr als Freilichtmuseum und Abschnitt der von den Dolomitenfreunden angelegten und instand gehaltenen Friedenswege – zu erkunden (festes Schuhwerk emfpohlen; Vorsicht vor etwaigen noch scharfen Granaten im Gelände!). Ergänzend zum Thema empfiehlt sich der Besuch des reich bestückten ›Museum 1915–1918‹ im Rathaus von Kötschach-Mauthen (Mitte Mai–Mitte Okt. Mo–Fr 10–13, 15–18, Sa, So, feiertags 14–18 Uhr).

Gailtaler Heimatmuseum: Schloss Möderndorf, Anf. Mai–Anf. Okt. Di–Fr 10–17, Sa 13–17 Uhr, Mitte Juli–Anf. Sept. auch Sa, So 10–17 Uhr.
Hydro-Solar: Wasser- und Energieerlebniswelt, Schaukraftwerk, Mitte Mai–Ende Sept. Mi–Mo 10–17 Uhr, www.aae-energy.com.

Erlebnispark Pressegger See: Tennis, Baden, Riesenrutsche und -rad, Luftschlösser u. v. m., Mai–Sept. 9–18 Uhr, www.mamilade.at.
Skiarena Nassfeld: Kärntens größtes Skigebiet – mit 30 Liftanlagen und Seilbahnen, 100 km Pisten, 55 km Schneewanderwegen, Twinpipe, Bordercrossparcour u. v. m. Tel. 042 85/82 41, www.skiarena.at.
Gaumenfreuden im Gailtal: Speckfest (Anf. Juli), Käsefest (Ende Sept.), Polentafest (Anf. Okt.), Besuche bei einschlägigen Gasthöfen, Bauern, Fleischern etc., www.kaernten.at.

Auskünfte zu den Fahrplänen sämtlicher öffentlicher Verkehrsmittel in der Region Naturarena (und zu Sammeltaxen) im **Mobil Büro Hermagor,** Tel. 042 82/252 25, www.mobilbuero.com.

Weissensee

Reiseatlas: S. 235, D/E 3
Er ist Kärntens viertgrößter und höchstgelegener (930 m) Badesee und gilt als einer der reinsten und fischreichsten der Alpen. Schmal, aber 11,6 km lang, liegt er wie ein nordischer Fjord zwischen den dichten Bergwäldern der Gailtaler Alpen und der Latschurgruppe eingebettet. Doch wird sein türkisblaues Wasser im Sommer sehr wohl bis zu 24 °C warm. Und für gewöhnlich den ganzen Winter über ist er von einer dicken, 6,5 km² großen Natureisfläche bedeckt, was ihn für alle Arten von Eissport prädestiniert. Zudem ist der **Weissensee,** den man von Greifenburg im Drautal oder von Hermagor durch das Gitschtal und über den nur 1077 m hohen Kreuzbergsattel bequem erreicht, nicht rundherum befahrbar. Sein Ostteil lässt sich, mit Ausnahme einer schmalen Stichstraße, nur per pedes oder Boot erkunden. Zwei Drittel der im Osten wildromantisch steilen, im Westen lieblich flachen Ufer sind unverbaut. Kein Wunder also, dass der See im Ruf eines Naturidylls par excellence steht und seine Anrainer für Ihr Bestreben, Fremdenverkehr und nachhaltiges Wirtschaften vernünftig unter einen Hut zu bringen, 1995 mit dem Europäischen Preis für Tourismus und Umwelt ausgezeichnet wurden. In der Tat bieten seine Ufergemeinden, von **Oberdorf** über **Gatschach,** den Hauptort **Techendorf,** wo seit 800 Jahren schon eine Brücke den an dieser Stelle flaschenhalsengen See überspannt, bis **Neusach** und **Naggl** Erholung pur. Und das Aktivprogramm, das neben Wandern, Mountainbiken und allen Arten von Wassersport (außer Motorbootfahren) unter anderem Fischen, Jogging auf markierten Parcours, Wandertauchen, Schnupperklettern und Schlauchkanadiertouren umfasst, ist ganz auf Natur erleben ausgerichtet.

Weissensee Info: 9762 Techendorf-Weissensee, Tel. 04713/222 00, www.weissensee.com.

Rudern bei Techendorf auf dem Weissensee

Alpenhof: 9762 Weissensee, Naggl-Panoramaweg 1, Tel. 047 13/21 07-0, Fax 21 07-15, www.beautyfarmhotel.at. Vier-Sterne-Wohlfühlhotel auf kleiner Anhöhe über dem See, Wellness- und Beauty-Programm, ausgezeichnete Küche, Panoramablick, DZ ab 124 €.

Ferienhotel Weissensee: 9762 Neusach 18, Tel. 047 13/22 19, Fax 23 05, www.weissenseehotel.at. Vier-Sterne-Komfort direkt am See, Sonnenterrasse, Liegewiese, Kinderstrand, großes Sportangebot, vorzügl. Küche, DZ ab 156 € inkl. HP.

Kärntnerhof: 9762 Techendorf 56, Tel. 047 13/22 12, Fax 22 12-3, www.kaerntnerhof.at. Familiäres Seehotel, eigener Badestrand, große Liegewiese, DZ ab 77 €.

Die Weissenseer Naturnahen: 5 Drei-Sterne-Häuser bieten im Verbund gemeinsam organisierte Aktivitäten wie Sonnenaufgangswandern mit Almfrühstück oder Kajakfahrt, Infos: Tel. 047 13/222 00, www.naturnahe.at.

Nagglerhof: Naggl 2, Tel. 047 13/21 06, Mi–Mo 11.30–13.30, 17.30 bis 20.30 Uhr. Gutbürgerliche Kärntner Küche, Produkte aus eigener Bio-Landwirtschaft, Panoramablick, Themenwochen (Fisch, Wild, Steak etc.), mittel.

Kreuzwirt: Kreuzberg 2, Tel. 047 13/ 22 06, tgl. 12–20.30 Uhr, Mitte März–Anf. Mai u. Nov. geschl. Wunderschönes Wirtshaus mit gehoben-bodenständiger, saisonaler Küche, kinderfreundlich, mittel.

Ronacherfels: Neusach 40, Tel. 047 13/21 72, Di–So 12–15, 18–21 Uhr. Café-Restaurant mit Seeterrasse an der Schiffsanlegestelle, ideales Ausflugsziel zu Fuß oder per Schiff, gute Küche, Fisch- und Wildspezialitäten, günstig–mittel.

Aktiv Fitness Park: Nordic Walking, Laufen und Mountain Biking, geführte/betreute Fitnessprogramme ... Treffpunkt: Weissensee Info/Techendorf Süd. Mo, Mi, Do, Fr, Teilnahme für Gästekarten-Inhaber gratis, sonst 8 €.

Marienwallfahrt im Lesachtal

Lehr- und Themenpfade: Feuchtwiesenwanderweg, ›Von Fischen und Fischern‹ (beide: Techendorf–Praditz), Märchenweg (Techendorf-Süd– Naggl).

Weissensee-Schifffahrt: Mitte Mai bis Mitte Okt. von 10–18, Juli/Aug 9.45–19 Uhr, Auskünfte: Tel. 047 13/ 22 67, www.weissensee-schifffahrt.at. **Weissensee-Bahn** auf die Naggler-Alm.

Lesachtal

Reiseatlas: S. 234, A/B 4
Westlich von Kötschach-Mauthen windet sich eine enge Straße in zahllosen Kurven und Kehren in ein Hochtal hinauf, das bis heute abseits der großen Verkehrs- und Tourismusströme liegt: Das **Lesachtal**, das im Westen, jenseits der Grenze zu Osttirol, in das Hochpustertal mündet, galt unter Kärntnern lange Zeit als eine Art hinterwäldlerischer Herrgottswinkel. Mittlerweile preist man es als ein ›Zukunftsmodell für Alpenregionen‹. Die Ernennung zum ›naturbelassensten und umweltfreundlichsten Tal Europas‹ ist nur eine von mehreren Auszeichnungen für seine sorgsam gepflegte Unversehrtheit (s. S. 214). Knapp 25 km ist dieser Oberste Abschnitt des Gailtales, den der Volksmund früher

›Tal der 100 Mühlen‹ nannte und dessen Name sich aus dem Slawischen Wort für ›Wald‹ ableitet, lang, zwischen 900 und 1500 m hoch gelegen, und an seinem Grund sehr eng. Den Süden mauern die kühnen Gipfel und Grate der Karnischen Alpen ab, den Norden die Lienzer Dolomiten. Tief unten schäumt grün und kalt der junge Fluss. Mehr als 70 Wildbäche stürzen ihm entgegen und zerfurchen dabei die steilen Flanken so sehr, dass sich die Hauptstraße, mancher Begradigung und neuen Brücke zum Trotz, immer noch gehörig die Abhänge entlang kringeln muss. Auf halber Höhe schmiegen sich fünf Dörfer malerisch an die schmalen Sonnenterrassen. Beiderseits der Talschlucht über die stets sattgrünen Wiesen gestreut: ein paar Dutzend alte oder im alten Stil neu gebaute Weiler und Einzelhöfe.

Eine Sehenswürdigkeit hält gleich der erste größere Ort nach Kötschach, **St. Jakob,** bereit: einen überaus stimmungsvollen Kalvarienberg. Von hier führt ein Fahrweg (für die Benützung berappt man einen kleinen Obolus) auf die **Mussen** – ein Almgebiet, das für seine besonders reiche und ungewöhnliche Flora bekannt ist. Weil dort seit Jahrhunderten zwar gemäht, aber nie geweidet wurde, gedeihen unter anderem Tüpfelenziane, Alpenazaleen sowie äußerst rare Orchideen- und Lilienarten. **Birnbaum** ist der Ausgangspunkt für Wanderungen durch das **Wolayertal** zum gleichnamigen, äußerst malerisch am Fuß der Hohen Warte (2780 m) gelegenen See. Einen grandiosen Blick auf die Karnische Gipfelkulisse genießt man vom Weiler **Kornat** oberhalb von Birnbaum aus. In der Nähe von **St. Lorenzen,** wo etliche besonders stattliche Exemplare des Lesachtaler Hofes mit den charakteristischen, breiten Satteldächern den Ortskern umstehen, findet sich das älteste Bauwerk im Tal: die 1085 geweihte Kirche St. Radegund. In einem Seitental hat man kürzlich anstelle des altehrwürdigen, aber ziemlich unzeitgemäßen **Tuffbades** eine moderne Kuranlage samt Wellness-Hotel (s. S. 215) errichtet. In **Maria Luggau** klappern noch fünf 200 Jahre alte Wassermühlen, denen man entlang einem hübschen Wanderweg beim Getreidemahlen zusehen kann. Vor allem aber lockt die Wallfahrtskirche Maria Schnee bis heute scharenweise Pilger und

›Mega dive‹, die Riesenschaukel

Adrenalinstoß garantiert: Wer seinen ganz persönlichen Beschleunigungsrekord aufstellen will, kann dies seit kurzem auf Europas größter Schaukel tun. Sie hängt an 70 m langen Stahlseilen unter einer Brücke bei Birnbaum und bietet drei Wagemutigen im Fallschirmgurt Platz, um, nach der ›Bergfahrt‹ an einer Seilwinde, mit 100 km/h über die Baumwipfel zu sausen.

Nähere Auskünfte, auch über Kajak- & Raftingtouren, Goldwaschen, Edelsteinschürfen u. v. m., bei: Fit & Fun Outdoor, St. Lorenzen, Tel. 047 16/597, 06 76/ 504 91 69, www.fitundfun-outdoor.com.

ENTWICKLUNGSINITIATIVE LESACHTAL

Das Lesachtal war stets ein wenig später dran als andere Regionen Kärntens. Elektrisches Licht kam erst 1957 in das 25 km lange Tal. Erst seit 1993 ist die Siedlung Aigen auch mit dem Auto erreichbar. Und während in den 70er Jahren die meisten Regionen Kärntens vom Tourismusboom profitierten, blieb der entlegene Landstrich an der Grenze zu Italien und Osttirol von dieser Entwicklung ausgeschlossen. Mit gravierenden Folgen. Mitte der 80er litten die 34 Dörfer und Weiler des Tals unter massiver Abwanderung. Bis der Verein Eigeninitiative Lesachtal die Nachteile in Vorteile umzuwandeln begann.

Dorferneuerungen, Vermieterringe, die den Urlaub am Bauernhof professionell vermarkten, und der gemeinsame Vertrieb bäuerlicher Produkte – das Lesachtaler Lamm ist mitllerweile kärntenweit unter Spitzengastronomen gefragt – sind das eine Standbein. Sanfter Tourismus bildet das zweite. Auf einen Talbewohner kommt nur ein Fremdenbett, das Gros davon in Bauernhöfen. Dieses Konzept, von vielen Einheimischen zunächst scheel angesehen, erwies sich als Erfolg. 1995/96 kürte die Naturfreunde-Internationale mit 600 000 Mitgliedern das Lesachtal zur ›Landschaft des Jahres‹ und pries sie als ein Zukunftsmodell für Alpenregionen. Gleichzeitig wurden die Lesachtaler mit dem ›Ford European Conservation Award‹ ausgezeichnet. Was gestern noch als Region ohne Zukunftsaussichten galt, war mit einem Mal zum Vorbild geworden.

Gerade unter zahlungskräftigen Erholungssuchenden erfreuen sich Konzepte wie dieses großer Beliebtheit. Umso mehr, wenn sie, im Verbund mit Wellness-Angeboten und einer grandiosen Bergwelt, ein klug gestricktes Netz aus gemütvollen Promenadenwegen, lehrreichen Themenpfaden, anspruchsvollen Bergrouten und hochalpinen Klettersteigen bieten.

Es gibt indes auch kritische Stimmen, die dem Idyll des Lesachtals misstrauen und die völlige Abhängigkeit vom Fremdenverkehr befürchten. Die Erfolge des Vereins (Tel. 047 16/242 12, Fax 242 20, www.lesachtal.com) sind freilich unbestreitbar. Mit »kleinen Schritten, ohne Großmannsucht«, ziehen seine Vertreter Zwischenbilanz, habe man das Tal wach geküsst. Jedes Dorf habe begonnen, seine Eigenart herauszustreichen. In Maria Luggau zum Beispiel hat man die alten Mühlen restauriert, in St. Lorenzen das Tuffbad zu einem zeitgemäßen Kur- und Wellness-Zentrum ausgebaut. In Liesing wurde jüngst erst vom Kärntner Bildungswerk die Erste Alpenländische Volksmusik-Akademie ins Leben gerufen, an der das ganze Jahr über professionelle Lehrer Kurse für Instrumentalmusik und Gesang abhalten. Und Birnbaum hat sich erfolgreich als Wildwasser- und Bergsteiger-Eldorado etabliert. Freilich gebe es sehr wohl hie und da auch etwas zu kritisieren: die Einschränkung der Postbusdienste etwa oder die Einsparungen bei den Gendamerieposten. Gegen manche negative Entwicklungen der Welt ›draußen‹ ist eben nicht einmal ein Bilderbuchidyll wie das Lesachtal immun.

Kunstfreunde an. Sie wurde im 16. Jh. erbaut, im 18. innen glanzvoll barockisiert und wird heute von Mönchen des zugehörigen Servitenklosters betreut. Wer von hier auf die **Samalm** steigt, darf sich auf einen Traumblick freuen, der bis zum Glocknermassiv und zu den Sextener Dolomiten reicht.

Verkehrsamt Lesachtal: 9653 Liesing 29, Tel. 047 16/242 12, Fax 242 20, www.lesachtal.com.

1. Almwellness-Hotel: 9654 St. Lorenzen, Tuffbad 3, Tel. 047 16/622, Fax 622-55, www.almwellness.com. Nagelneues Wohlfühl-Haus fernab der Hauptstraße, Vier-Sterne-Komfort, Mineralschwimmbad, bäuerliche Kurmittel wie Brechel-, Steinöl-, Brotbad u. v. m., DZ ab 188 € mit HP.
Wander-Niki: 9653 Liesing, Obergail 3, Tel. 047 16/294, Fax 294-8, www.wanderniki.at. Idyllisch gelegener Komfort-Gasthof, naturnahe, sehr gute Küche, Panoramablick, auch schöne Suiten, Gratis-Mountainbike-Verleih, DZ ab 67 €.
Alpenhof Wolayersee: 9652 Birnbaum, Wodmaier 5, Tel. 047 16/727, Fax 727-8, www.alpenhof-wolayersee.at. Qualitätvoller Familienbetrieb, gehoben-rustikal, Sauna, ›Raum der Stille‹ mit Bergaussicht, DZ ab 55 €.
Im gesamten Lesachtal: Besonders viele Angebote für ›**Urlaub am Bauernhof**‹.

Badstub'n: Liesing, Klebas 30, Tel. 047 16/690 00, tgl. 10–22 Uhr, sonst Mo Ruhetag. Gediegenes Restaurant, Kärntner und internationale Küche, Lesachtaler Menüs, benachbart öffentliches Schwimmbad, mittel–gehoben.
Paternwirt: Maria Luggau 30, Tel. 047 16/288. Typisches Dorfgasthaus mit heimischen Schmankerln (Lammbratl!), Nachmittagsjause im Panorama-Wintergarten, günstig–mittel.
Lahnerhof: Liesing, Obergail 8, Tel. 047 16/239, Anfang Mai–Ende Okt. tgl. 12–21 Uhr. Ein Berggasthof aus dem Bilderbuch, Spezialitäten-Bio-Küche, günstig.
Löwen: St. Jakob 12, Tel. 047 15/88 18, ganzjährig tgl. 6–22 Uhr. Alter, traditioneller Dorfgasthof, ›gestandene‹ Hausmannskost, günstig.

Bauernladen: Maria Luggau. Schmackhafte Bioprodukte und nettes Kunsthandwerk von 70 örtlichen Betrieben, Mai–Okt. tgl. 10–18 Uhr, jeden 1. und 3. Fr im Monat 9.30–13 Uhr **Bauernmarkt.**
Jöhrer-Hof: Liesing, Tscheltsch 4, Tel. 047 16/283. Schafskäse und Wollprodukte.

Dorf- und Brotfest: Blasmusikapellen aus ganz Europa, traditionelle Kost, Handwerk, Brauchtum, Anfang Sept., www.brotfest.at.
Almfest mit Fußhakel-Meisterschaft: Steineckenalm, 2. Sept.-Wochenende.
Kulturinitiative Lesachtal: St. Lorenzen, Tel. 047 16/548. Regelmäßig Lesungen, Konzerte u. ä., Ausstellungen in der Galerie Stabulum.

Wanderopening im Lesachtal: alljährlich zu Pfingsten/2. Juniwoche.
Erlebniswanderweg St. Radegund (in St. Lorenzen) und **Mühlenweg** (in Maria Luggau): s. S. 213.

Abenteuer-Alpen-Card: günstige Rabatte und für Nächtigungsgäste der ›Naturarena Kärnten‹ zwei Gratis-Gutscheine für 60 spannende Abenteuer-Angebote; Info-Hotline: Tel. 042 82/31 31-14, www.abenteueralpen.at.

REISEINFOS VON A BIS Z

Alle wichtigen Informationen rund ums Reisen auf einen Blick – von A wie Anreise bis Z wie Zeitungen

Das Lesachtal nach einem Gewitter

REISEINFOS VON A BIS Z

Anreise .219
... mit dem Auto .219
... mit der Bahn .219
... mit dem Flugzeug .219
Apotheken .220
Ärztliche Versorgung .220
Behinderte auf Reisen .220
Diplomatische Vertretungen .221
Einreise- und Zollbestimmungen .221
Feiertage .221
Geld .221
Informationsstellen .222
Infos im Internet .222
Karten .222
Literaturtipps .223
Notruf .223
Öffnungszeiten .224
Post & Telefon .224
Radio & Fernsehen .224
Reisekasse & Preise .224
Souvenirs & Lebensmittel .225
Telefonieren .225
Trinkgeld .225
Unterkunft .226
Unterwegs in Stadt und Land .226
Mietwagen .227
Schifffahrt auf Fluss und Seen .227
Bergbahnen .227
Fahrrad .228
Wetterbericht/Lawinen/Badeseen 228
Zeitungen & Zeitschriften .228

Register .229

Reiseatlas .233

Anreise

... mit dem Auto

Von Deutschland kommend, bietet sich die Anfahrt über die A8 von München nach Salzburg und von dort auf der Tauernautobahn A10 über Spittal und Villach als direkteste Strecke an. Auto- und Motorradfahrer, nicht vergessen: Vor Fahrtantritt (beim ADAC) oder spätestens beim Grenzübertritt unbedingt die gesetzlich vorgeschriebene Autobahnvignette besorgen. Als gemütlichere und längere Alternative steht die Route aus dem Raum München über Rosenheim und Kufstein (Inntal-Autobahn), ab dort über Kitzbühel und Mittersill durch das Gasteiner Tal per Bahn mit der Autoverladung nach Mallnitz ins Mölltal oder, im Sommer bei trockenem Wetter, über die landschaftlich atemberaubende Großglockner-Hochalpenstraße (Maut) zur Auswahl. Anreise aus der Schweiz: via Autobahn über Innsbruck bis Kufstein (von dort: s. o.). Innerhalb Österreichs führen die Autobahnen von Wien und Graz (A2) sowie Salzburg (A10) direkt nach Villach bzw. Klagenfurt.

Generell entsprechen die Straßenverkehrsregeln und Verkehrszeichen in Österreich jenen in Deutschland und der Schweiz. Hierzu zählt auch die Pflicht, Sicherheitsgurte anzulegen. Die Geschwindigkeitsbegrenzungen liegen auf Autobahnen bei 130 km/h und auf Landstraßen bei 100 km/h. Im Ortsgebiet gilt, wenn nicht anders angezeigt, die Beschränkung von 50 km/h.

Die Blutalkoholgrenze liegt bei 0,5 Promille. Ihre Überschreitung wird mit einer Geldstrafe ab etwa 580 € oder dem Führerscheinentzug geahndet.

Nähere Informationen auch über die Homepages der beiden Autofahrerclubs: ÖAMTC (www.oeamtc.at) und ARBÖ (www.arboe.or.at).

... mit der Bahn

Klagenfurt und Villach liegen an der Haupt-Nord-Süd-Verbindung von Deutschland nach Italien bzw. Slowenien und auf den Balkan. Etliche Direktzüge verbinden täglich beide Städte u. a. mit München (Fahrzeit: von Klagenfurt: knapp 5 Std.), Laibach (2,5 Std.), Zürich (je nach Route mind. 9 Std.), Wien (4,5 Std., im 2-Std.-Takt).

Informationen über die wichtigsten Zugverbindungen erteilt die Österreichische Bundesbahn (ÖBB) von 0 bis 24 Uhr unter Tel. 05 17 17; mit der Durchwahl -1 (also: 05 17 17-1) gelangt man zur Stelle für Reisebuchungen, mit -2 erhält man Auskünfte zum Fernverkehr im In- und Ausland, mit -3 solche über den Busverkehr, mit -4 solche über regionale Verbindungen im Inland.

Autoreisezüge verkehren derzeit zwischen Villach und Düsseldorf bzw. Frankfurt (ganzjährig) sowie in der Sommersaison zusätzlich zwischen Villach und Dortmund, Köln, Hamburg und Berlin. Hierüber informieren die Deutsche Bahn AG, Reisebüros und die Automobilclubs.

... mit dem Flugzeug

Der Alpen-Adria-Flughafen Klagenfurt liegt 3 km nördlich des Stadtzentrums und wird täglich mehrmals direkt von Wien und Frankfurt (Austrian) angeflogen. Außerdem bestehen Direktverbindungen mit Köln/Bonn (tgl.), Hannover (je 3x wöchentl., alle mit Hapag-Lloyd Express) bzw. London (Ryanair) und Zürich (Styrian Spirit). Auskünfte unter Tel. 04 63/415 00-0 bzw. www.klagenfurt-airport.com.

Apotheken

Öffnungszeiten: Mo–Fr 8–12.30, 14.30–18, Sa 8–12 Uhr; Mittags-, Nacht-, Wochenend- und Feiertagsdienst. Bei jeder geschlossenen Apotheke finden sich Hinweise auf die nächste geöffnete.

Ärztliche Versorgung

Das Niveau des Gesundheitssystems entspricht jenem in Deutschland. Die elektronische Krankenversicherungskarte (e-card) ist in sämtlichen EU- und EWR-Staaten gültig. Sie ersetzt sowohl bei Arzt- als auch bei Spitalbesuchen den bisher üblichen Auslandskrankenschein.

Ärzte, Zahnärzte etc. sind in allen größeren Orten leicht zu finden. Für Akutfälle siehe Telefonnummer unter dem Stichwort ›Notruf‹.Wer sich viel in Wäldern aufzuhalten plant, sollte eine Impfung gegen die in Österreich weit verbreitete, durch Zecken übertragene FSME (Frühsommer-Meningoencephalitis) in Erwägung ziehen.

Krankenhäuser
in Klagenfurt:
Landeskrankenhaus,
St. Veiter Str. 47,
Tel. 04 63/538-0;
Unfallkrankenhaus,
Waidmannsdorferstr. 35,
Tel. 04 63/589-0

in Villach:
Landeskrankenhaus,
Nikolaig. 43,
Tel. 042 42/208-0

in St. Veit:
Krankenhaus, Spitalg. 26,
Tel. 042 12/499-0

in Wolfsberg:
Landeskrankenhaus,
Paul-Hackhofer-Str. 9,
Tel. 043 52/533-0

in Spittal/Drau:
Krankenhaus, Billrothstr. 1,
Tel. 047 62/622-0

in Lienz:
Allgemeines Krankenhaus,
Emanuel-v.-Hiblerstr. 5,
Tel. 048 52/60 60

Behinderte auf Reisen

Die Broschüre »friendly«, aufgelegt vom Klagenfurt Tourismus, liefert vielerlei nützliche Tipps für Gäste mit Handicap in der Landeshauptstadt, so etwa ein Verzeichnis aller behindertengerecht geführten Hotels und Restaurants, Museen und Freizeiteinrichtungen, aber auch Parkplätze und WC-Anlagen. Die Hotelkataloge der Kärnten Information geben Auskunft, welche Nächtigungsbetriebe im Land auf einschlägige Bedürfnisse abgestimmt sind. Auf die Begleitung von Behinderten bei Ausflügen spezialisiert haben sich u. a.:

Alpinschule Nationalpark Hohe Tauern,
9843 Großkirchheim, Döllach 146,
Tel. 048 25/593, 06 64/240 49 01 (Hr. Rieger), bzw.

Reisedienst für Behinderte,
9020 Klagenfurt,
Krasniggstr. 60/5/22,
Tel. 04 63/578 36 (Fr. Speiser).

Einschlägige Fahrtendienste sind unter Tel. 04 63/31 84 07 zu buchen, Rollstühle mieten kann man in Klagenfurt u. a. unter 04 63/414 69, 38 11 00 oder 578 25. Allgemeine Auskünfte gibt der Österreichische Zivilinvalidenverband in Klagenfurt (Tel. 04 63/5870-306) bzw. Villach (Tel. 042 42/232 94).

Diplomatische Vertretungen

Deutsche Botschaft in Wien
1030 Wien, Metternichg. 3,
Tel. 01/711 54
Schweizer Botschaft in Wien
1030 Wien, Prinz-Eugen-Str. 7,
Tel. 01/795 05
Honorarkonsulat der Schweiz
9020 Klagenfurt, Pierlstr. 33,
Tel. 042 32/23 40

Einreise- und Zollbestimmungen

Seit Österreich Mitglied der EU ist, gelten die Ein- und Ausfuhrbestimmungen des Binnenmarktes. Waren für den persönlichen Bedarf unterliegen keinen Einfuhrbeschränkungen. Folgende Richtmengen werden pro Person ab 15 bzw. 17 Jahren akzeptiert: 800 Zigaretten, 400 Zigarillos, 200 Zigarren oder 1kg Pfeifentabak; 10 l Spirituosen, 20 l so genannte Zwischenerzeugnisse, 90 l Wein oder 110 l Bier. Erst bei Mitnahme größerer Mengen muss u. U. nachgewiesen werden, dass diese für den privaten Gebrauch bestimmt sind. Für Reisende aus Nicht-EU-Ländern gelten geringere Mengen.

Devisenvorschriften: Euro und andere Zahlungsmittel dürfen in unbeschränkter Höhe eingeführt, ebenso Euro ausgeführt werden. Ab einer Summe von ca. 7000 Euro muss die Aus- bzw. Einfuhr jedoch, so sieht es das Gesetz vor, an die Österreichische Nationalbank gemeldet werden.

Feiertage

1. und 6. Januar, Karfreitag, Ostermontag, 1. Mai, Christi Himmelfahrt, Pfingstmontag, Fronleichnam, 15. August, 26. Oktober (Nationalfeiertag), 1. November, 8. (Mariä Empfängnis), 25. und 26. Dezember.

Geld

Gesetzliches Zahlungsmittel ist der Euro (1 € = ca. 1,65 sFR). Bezahlen kann man außer mit Bargeld vielerorts auch mit Kreditkarten oder Maestro-Karte. Mit Letzterer kann man an Bankomaten bis zu 400 € pro Tag abheben. Wechselmöglichkeiten in vielen Hotels, Wechselstuben und Banken.

Kreditkartenorganisationen (jeweils Wiener Vorwahl 01; 24-Stunden-Service): **Access, Eurocard, Mastercard:** Tel. 717 01-0; **Airplus, Diners Club:** Tel. 501 35-0; **American Express:** 515 11-0; **Visa**: 711 11-0.

Wo erfährt man was?

Eine Fülle von Informationen und Broschüren zu allen nur erdenklichen Aspekten eines Kärnten-Urlaubs erhält man über das Büro der **Kärnten Information** in: 9220 Velden, Casinoplatz 1, Tel. 04 63/ 30 00, Fax 042 74/521 00-50, info @kaernten.at. Ihr Gegenstück, die Landeshauptstadt betreffend, ist **Klagenfurt Tourismus:** 9010 Klagenfurt, Rathaus, Neuer Platz, Tel. 04 63/537-22 23, Fax 537-62 18, tourismus@klagenfurt.at. Beide Stellen sind selbstverständlich auch bei der Buchung von Hotelzimmern, geführten Touren, Rundfahrten, pauschalen Reisearrangements etc. gerne behilflich.

Informationsstellen

... in Deutschland
Österreich Information,
Aus ganz Deutschland zum Ortstarif:
Tel. 018 02/ 10 18 18,
Fax 018 02/ 10 18 19,
urlaub@austria.info,
www.austria.info.

... in der Schweiz
Österreich Information,
Tel. 08 42/10 18 18,
Fax 08 42/10 18 19.
urlaub@austria.info,
www.austria.info.

Infos im Internet

Im Internet liefern www.kaernten.at bzw. www.kaernten.info jeweils geballte Ladungen an Informationen. Touristische Offerte und News aus dem gesamten Land bietet auch www.tiscover.at. Über die beiden größten Städte findet man unter www.info.klagenfurt.at bzw. www.villach.at Wissenswertes in Hülle und Fülle.

Sämtliche Gemeinden, von Afritz bis Zwickenberg, präsentieren unter www.gde.at ihre Angebote und Attraktionen.

Umfangreiche Informationen rund um Kärntens **Kunst- und Kulturangebot** finden sich auf www.artgoes public.com aufgeblättert.

Wer sein **Urlaubsquartier** von daheim aussuchen und buchen will, kann dies bequem per Telefon über die Kärnten Information oder – eventuell auch im Rahmen von Pauschalarrangements – bei den im Reiseteil ab S. 64 jeweils angeführten örtlichen Tourismusbüros bzw. Regionalverbänden.

Online stehen dafür u. a. folgende Webadressen zur Verfügung: www.kaernten.at (= Homepage der Kärnten Information, Link: Hotels/Unterkünfte), www.roomquest.com, www.kvi.at, www.urlaubinkaernten.at (Privatquartier), www.urlaubambauernhof.com oder www.campsite.at/kaernten.

Karten

Sehr gute Übersichtskarten haben sowohl Freytag & Berndt als auch Hölzel (inkl. Steiermark-West) im Programm. Mit einem Maßstab von 1:50 000 bieten sie einen detaillierten Blick auf das Straßennetz.

Zur Vorbereitung von Wanderungen zu empfehlen sind die Wanderkarten im Maßstab 1:50 000 von Freytag & Berndt bzw. Kompass.

Radfahrern seien die Bikeline-Radkarten Kärnten Ost bzw. West ans Herz gelegt. Für Kombinierer bestens geeignet: die Karte für Mountainbiker und Bergwanderer in Kärnten & Osttirol (Steirische Verlagsanstalt, 1:20 000).

Zahlreiche Spezialkarten sind bei der Kärnten Information erhältlich (s. S. 222).

Lesetipps

Anthologien

Klaus Amann (Hg.): Kärnten. Literarisch (Drava, 2003). Vergnüglich-provokante, äußerst umfangreiche Anthologie voll der »Liebeserklärungen. Kopfnüsse. Denkzettel.« bekannter und unbekannter Autoren.

Lojze Wieser (Hg.): Kärnten (Wieser, 1998). Von Artmann und Bachmann bis Turrini und Zernatto – handliche, hübsch gestaltete Sammlung von mehr als 100 literarischen Texten über das Land.

Belletristik

Ingeborg Bachmann: Das dreißigste Jahr (Piper, 2003).

Alois Brandstetter: Hier kocht der Wirt (dtv, 1997).

Egyd Gstättner: Nachrichten aus der Provinz (Edition Atelier, 1997); Servus oder Urlaub im Tauerntunnel (Hanser, 1994).

Peter Handke: Wunschloses Unglück (Suhrkamp, 1972/2001).

Barbara Higgs & Wolfgang Straub (Hg.): Wegen der Gegend. Literarische Reisen durch Kärnten (Eichborn, 2004).

Uwe Johnson: Eine Reise nach Klagenfurt (Suhrkamp, 1974).

Gert Jonke: Geometrischer Heimatroman (Jung und Jung, 2004).

Werner Kofler: Guggile. Vom Bravsein und Schweinigeln. Eine Materialsammlung aus der Provinz (Deuticke, 1995).

Gustav Janus: Wenn ich das Wort überschreite. Gedichte (Residenz, 1988).

Christine Lavant: Die Bettlerschale. Der Pfauenschrei – zwei Gedichtbände (beide: Otto Müller, 1986).

Florjan Lipus: Der Zögling Tjaz, Die Beseitigung meines Dorfes. Zwei Romane (Wieser, 1997).

Paolo Santonino: Reisetagebücher 1485–87 (Nachdruck der Buchhandlung Magnet in Völkermarkt, 1988).

Josef Winkler: Der Ackermann aus Kärnten (Suhrkamp, 1980).

Text-Bildbände

Humbert Fink: Kärnten (Pinguin, 1984).

Hans Petschar: Kärnten in alten Fotografien (Ueberreuter, 2003).

Marion Unterbircher/Martin Assam: Kärnten – Bilder einer Landschaft (Carinthia, 2003).

Notruf

Feuerwehr: Tel. 122

Polizei: Tel. 133

Rotes Kreuz (Rettungsdienst): Tel. 144
Euro-Notruf: Tel. 112
Ärzte-Bereitschaftsdienst: Tel. 141 (Fr 19 Uhr bis Mo 7, feiertags 7 Uhr bis zum nächsten Tag 7 Uhr)
Flugrettung: 04 63/17 77
Vergiftungszentrale: Tel. 01-406 43 43-0
Bergrettung: 140

Öffnungszeiten

Banken: Mo–Fr 8.30–12, 14–16.30 Uhr
Geschäfte: Mo–Fr 8–18 Uhr, größere Geschäfte und Supermärkte in den Stadtzentren auch bis 19 oder 19.30 Uhr (ein- bis zweistündige Mittagspausen in kleineren Geschäften gelegentlich üblich), Sa 8–12, größere Geschäfte und Supermärkte in den Stadtzentren bis 17 Uhr.

Post & Telefon

Porto: Standardbrief/Postkarte in EU-Länder und innerhalb Österreichs 0,65 €.

Radio & Fernsehen

Der Österreichische Rundfunk (ORF) war im audiovisuellen Medienbereich bis vor kurzem noch Monopolist. Im **Fernsehen** ist er mit den Sendern ORF 1 und ORF 2 vertreten. Ganztägig sendet auch der Privatsender ATV. Bundesdeutsche Häuser bedienen den rotweißroten Markt stundenweise mit spezifischen Programmen, so genannten Österreich-Fenstern.

Die **Radioprogramme** des ORF sind Ö 1 (z. B. 91,1 oder 89,7 MHz) und Ö 3 (z. B. 86,0 oder 97,0 MHz; s. Autobahnbeschilderung) sowie diverse Lokalprogramme und FM 4. Darüber hinaus gibt es eine Reihe von Privatsendern.

Reisekasse & Preise

Kärnten steht im Ruf, ein Urlaubsland mit überdurchschnittlich hohen Preisen zu sein. Das stimmt nur sehr bedingt. Gewiss, in den klassischen Touristenhochburgen schrauben Quartiergeber ihre Preise während der Hauptsaison (Juli/Aug. und um Weihnachten) oft in beträchtliche Höhen. Andererseits finden sich, moderate Ansprüche vorausgesetzt, selbst dann noch überall durchaus erschwingliche Zimmer. Generell entspricht das Preisniveau sowohl der Hotellerie als auch der Gastronomie in etwa jenem in bundesdeutschen Feriengebieten. Als preisgünstige Alternative zu den Gourmet-Tempeln und gehobenen Restaurants empfehlen sich, vor allem in ländlichen Gebieten, die zahlreichen bodenständigen Wirtshäuser und Buschenschanken.

Die im Reiseteil bei den praktischen Informationen angegebenen gastronomischen Betriebe sind folgenden Preiskategorien zugeordnet (Preise jeweils für Hauptgerichte):

Preiskategorien:
teuer: über 20 €
gehoben: 14–20 €
mittel: 9–14 €
günstig: unter 9 €

Souvenirs & Lebensmittel

Mit die bekanntesten Kärntner Souvenirs sind kulinarischer Art: Kasnudeln, Kräuter, Marmeladen, Honig sowie alle Ingredienzien einer zünftigen Brettljause, wie man sie in den aberhunderten Buschenschanken kredenzt bekommt – vom knusprigen Bauernbrot über Almkäse bis zu ›Gselchtem‹, Schinken und Speck. Nicht zu vergessen die Lebenselixiere der Kärntner, als da sind: Most, diverse einheimische Biere (besonder gerühmt: jenes aus Hirt) und Edelbrände (als Meisterdestillateure gelten u. a. Wilhelm Jesche in Treffen und Wolfram Ortner in Bad Kleinkirchheim). All diese Leckereien werden übrigens auch auf den vielerorts regelmäßig abgehaltenen Bauernmärkten und Kirchtagen feilgeboten. Als besondere Spezialitäten gelten der Lavanttaler Spargel und der so genannte Mölltaler Kaviar, der Rogen von Bachforellen und Saiblingen.

Auf der Liste potentieller Mitbringsel ganz oben stehen, obgleich in der wünschenswert hohen Qualität nicht ganz billig, Loden-, Leinen- und Trachtenstoffe beziehungsweise die daraus gefertigten Trachten, Kleider und Tücher, Joppen, Anzüge und Mäntel.

Charmante Erzeugnisse des örtlichen Kunsthandwerks sind weiters Trockenblumen (z. B. Edelweiß vom Gasthof Waldheim in Mörtschach), bemalte Bauernmöbel und Lederhosen.

Zwar nicht jedermanns Sache und, gelinde gesagt, auch nicht gerade ein Schnäppchen, aber von Kennern viel begehrt und ob ihrer Tradition und überaus kunstvollen Ausführung eine Erwähnung wert, sind die Jagd- und Sportwaffen der Ferlacher Büchsenmacher.

Telefonieren

Von Deutschland und der Schweiz wählt man nach Kärnten die 00 43, gefolgt von der Ortsvorwahl ohne Null (für Klagenfurt z. B. 00 43/463) und der Teilnehmernummer. Die **Landesvorwahl** für Deutschland lautet 00 49, die der Schweiz 00 41.

Gesprächsgebühren: Ortsgespräche kosten je nach Tageszeit ca. 3 € pro Stunde; Ferngespräche im Inland bzw. ins europäische Ausland sind je nach Tageszeit und Entfernung sehr unterschiedlich gestaffelt (Deutschland und Schweiz pro Minute ca. 0,45 €).

Ziemlich unterschiedlich sind auch die Gebühren der derzeit sechs Mobilfunkbetreiber (Mobilkom/A1, T-Mobile, One, Telering, Hutchinson/3 und Tele2 Mobil), die gemeinsam ein dichtes Versorgungsnetz über das gesamte Land gezogen haben.

Trinkgeld

Im gastronomischen Betrieb werden die Rechnungen, wie auch etwa im Taxi oder beim Friseur um 5–10 Prozent des Rechnungsbetrages aufgerundet. Das Servicepersonal im Hotelzimmer erwartet ca. 1–2 €. Andere Dienstleister, etwa Gepäckträger oder Tankwarte, bekommen von ca. 50 Cent bis 1,50 €.

Unterkunft

Allein die Stadt Klagenfurt hat, gewerbliche und private Quartiere zusammengefasst, 100 Nächtigungsbetriebe mit über 4500 Betten aller Arten zu bieten. Naturgemäß um ein Vielfaches höher ist die Zahl der Hotels, Pensionen und Gasthöfe aller Preiskategorien im gesamten Land. Wobei während der Haupturlaubssaison unzählige Privatvermieter hinzukommen. Hier wie dort sind die hygienischen Standards durchweg hoch. Was Komfort und Ausstattung betrifft, reicht die Palette von luxuriösen (Schloss)Hotels über gutbürgerliche Traditionshäuser im Drei- und Vier-Sterne-Bereich bis zu einfacheren, aber in der Regel tadellosen Quartieren für kostenbewusste Gäste.

Insbesondere für vielköpfige Familien oder größere Freundesgruppen bieten **Ferienwohnungen,** von denen es in Touristengemeinden für gewöhnlich viele gibt, eine praktische und preisgünstige Alternative. Über das Land verstreut finden sich zudem etliche ganzjährig geöffnete **Jugendherbergen** sowie, in der warmen Jahreszeit, zahlreiche bestens ausgestattete **Campingplätze.** Wild zu campieren ist übrigens – vor allem aus landschafts- und umweltschützerischen Gründen – strikt verboten.

Besonderen Reiz hat – speziell für Familien – ein **Urlaub am Bauernhof.** Diesbezügliche Informationen liefert die Gratis-Broschüre »Urlaub am Bauernhof«, erhältlich über die Kärnten Information (s. S. 222) oder den Landesverband Urlaub am Bauernhof, 9020 Klagenfurt, Viktringer Ring 5, Tel. 04 63/ 33 00 99, Fax 33 00 99-33, www.urlaubambauernhof.com.

Auch zum Thema ›Campingland Kärnten‹ gibt es eine eigene Gratis-Broschüre.

Die Kärnten Information sowie die Tourismusbüros der einzelnen Regionen und Orte (Details siehe im jeweiligen Adressanhang) sind bei der Buchung von Hotelzimmern selbstverständlich gerne behilflich. Dabei lohnt es, nach günstigeren Wochen(end)pauschalen beziehungsweise Nebensaison-Rabatten zu fragen.

Buchungsmöglichkeiten übers Internet s. S. 222.

Verkehrsmittel

Unterwegs in Stadt und Land

Natürlich kann man theoretisch – fast – alle Wege im eigenen Pkw zurücklegen. Doch speziell für die Klagenfurter Innenstadt empfiehlt es sich, den fahrbaren Untersatz am Stadtrand oder in einer Garage zu parken. Per pedes oder eventuell mit einem Leihfahrrad erreicht der Besucher in der fußgänger- und radlerfreundlichen Stadt meist schneller sein Ziel als im Auto. Denn der Kernbereich ist Fußgängerzone und kann problemlos in wenigen Minuten zu Fuß durchquert werden. Vor allem jedoch steht ein bestens ausgebautes Netz von einem Dutzend öffentlicher Buslinien zur Verfügung, mit dem man alle wichtigen Punkte der Stadt erreicht. Der zentrale Busbahnhof für alle Linien in der Stadt und ins Umland befindet sich auf dem Heiligenplatz. Aufschluss über die Linienführung sowie über Preise und Ermäßigungen der Fahrscheine unter Tel. 04 63/521-0 bzw. www.stw.at/mobilitaet. Allgemein gilt: Einzeltickets, die für 1 Std. als Netzkarte gelten, sind beim Fahrer erhältlich (1,70 €; im Vorverkauf an Automaten in allen größeren Haltestellen oder in Trafiken: per Chipkarte pro Fahrt; 1,40 €, 24-Stunden-Netzkarte 4 €). Diesbezüglich sehr zu empfehlen: die Kärnten Card, mit der man nur die Hälfte zahlt (s. S. 52).

Auch für Fahrten über Land bieten die öffentlichen Verkehrsmittel eine brauchbare Alternative zum eigenen Gefährt. Der Klagenfurter Hauptbahnhof, der, eingebunden in das internationale Eisenbahnetz, über ausgezeichnete Eurocity-, Intercity- und Interregio-Verbindungen verfügt, liegt nur wenige Gehminuten südlich der Altstadt. Von hier erreicht man mit den Zügen der **Österreichischen Bundesbahn** (ÖBB) schnell und mit minimalen Wartezeiten, ohne Stress und Stau die Regionen im Osten und Norden (Glan- und Gurk-, Jaun- und Lavanttal) sowie im (Nord)Westen (Gail-, Drau- und Mölltal). Dabei wird eine ganze Palette von Sondertarifen für Senioren, Junioren, Familien und Gruppen angeboten.

Sämtliche Informationen über Fahrpläne, Preise, Ermäßigungen und Sonderleistungen von Bahn und Bundesbussen erhält man an allen Bahnhöfen in Österreich bzw. über die Fernauskunft (Tel. 05 17 17). Auskünfte über landesweite Bahn- und Busverbindungen auch beim Verkehrsverbund Kärnten (Tel. 04 63/546 18 21 bzw. www.kaerntner-linien.at). Dieselben Auskünfte und zusätzlich solche über Schifffahrt und Tälerbusse bietet die Adresse www.fahrgast.at/kaernten.

Mietwagen

Eine Auswahl guter Verleihfirmen (alle in 9020 Klagenfurt):

Avis,
Villacher Str. 1c,
Tel. 04 63/559 38, www.avis.at

Hertz,
St. Ruprechter Str. 12,
Tel. 04 63/561 47, www.hertz.at

Arac,
Villacher Str. 213,
Tel. 04 63/215 25, www.europcar.at

Buchbinder,
St. Veiter Str. 192,
Tel. 04 63/466 60,
www.buchbinder.co.at

Schifffahrt auf Fluss und Seen

Linienschiffsverkehr existiert auf der Drau, dem Millstätter, Ossiacher und Wörthersee. Informationen über Letzteren unter www.stw.at/schifffahrt.htm, über alle anderen Betreiber unter den jeweiligen Links auf www.schifffahrt.at bzw. bei allen regionalen Tourismusämtern.

Bergbahnen

Die Zahl der Bergbahnen, die sommers wie winters in Betrieb sind, ist enorm. Zu den beliebtesten Gipfelzielen zählen u. a. Kanzel (Talstation: Annenheim), Goldeck (Spittal), Kreuzeck und Reisseck (Kolbnitz), Schareck (Heiligenblut), Ankogel (Mallnitz), Mölltaler Gletscher

(Flattach), Petzen (St. Michael/Bleiburg) und das Dreiländereck oberhalb von Arnoldstein.

Fahrrad

Landesweit existiert ein äußerst dichtes, gut beschildertes Wegenetz für Wander-, Sport- und Mountainbiker. Einschlägige Informationen, auch über auf Radsportler spezialisierte Gasthäuser und Unterkünfte finden sich auf S. 58.

Wer mit dem eigenen Fahrrad anreisen will, kann es von Mai bis Oktober über Nacht im UrlaubsExpress von Deutschland aus mitnehmen (Auskünfte in allen DB-ReiseZentren und Reisebüros mit DB-Lizenz oder unter www.dbnachtzug.de bzw. www.bahn.de). Auf allen Regional- und Eilzügen innerhalb Kärntens (und Osttirols) kann man sein Rad im Gepäckabteil dabei haben. An manchen Bahnhöfen werden Räder verliehen, die man an anderen Bahnhöfen in Österreich retourgeben kann.

Im Großraum Klagenfurt und rund um den Wörthersee betreibt die Firma Impulse rund 20 Verleihstellen (Auskünfte. Tel. 04 63/516 31-0).

Beim Klagenfurt Tourismus liegt die Gratisbroschüre »Radwandern« mit Routen, Kilometerangaben und Wegzeiten im Großraum der Landeshauptstadt aus.

Wetterbericht / Lawinen / Badeseen

Allgemeine **Wettervorhersagen,** relevant insbesondere für Berggeher, sind im Internet unter http://wetter.orf.at (link – Kärnten) ersichtlich. Über das Regionalwetter informieren weiters der Wetterdienst des Alpenvereins, Tel. 05 12/29 16 00 (kostenfrei) oder – gebührenpflichtig (ca. 0,70 €/Min.) – ein Tonbanddienst unter Tel. 09 00/91 15 66 81.

Über die **Lawinensituation** gibt die Website www.lawine.ktn.gv.at Auskunft. Aktuelle Informationen über **Schneelage, Liftbetrieb** etc. bietet im Winterhalbjahr die Website der Kärnten Information (www.kaernten.at).

Ebendort finden sich im Sommer auch die aktuellen Temperaturen der **Badeseen** und das ganze Jahr über aktuelle Wetterinfos.

Zeitungen & Zeitschriften

Kärntens Presselandschaft kennt drei regionale Tageszeitungen, die »Kleine Zeitung«, die »Kärntner Tageszeitung« und, als Regionalausgabe des Wiener Mutterblattes, die »Kärntner Kronenzeitung«.

Als überregionale, einheimische Blätter finden sich in allen Tabaktrafiken und sonstigen Verkaufsstellen u. a. »Kurier«, »Standard«, »Die Presse« und »Wirtschaftsblatt« im Regal. Neben heimischen Zeitschriften wie dem Nachrichtenmagazin »Profil« oder dem Wirtschaftsmagazin »Format« sind vielerorts auch die wichtigsten überregionalen deutschen (und teilweise auch schweizerischen) Medien erhältlich.

REGISTER

Afritzer See 12, 107
Althofen 135f.
Ankogelgruppe 171, 183
Annenheim 106
Arriach 107

Bachmann, Ingeborg 42
Bad Bleiberg 98, 99
Bad Eisenkappel 153
Bad Kleinkirchheim 12, **187ff.**
Bad St. Leonhard 157
Baldramsdorf 191
Baumgartner, Franz 83
Berg 203
Berg, Alban 88, 195
Berg, Werner 44
Berg im Drautal 80
Bleiburg 154
Bodensdorf 106
Bodental 147
Boeckl, Herbert 44
Brahms, Johannes 32, 79, 187, 195
Brandstetter, Alois 43
Brennsee 107
Burg Sommeregg 196
Burg Hochosterwitz 124f.
Burgschloss Niederfalkenstein 167

Dalai Lama 139
Danielsberg 166
Dellach 197
Diex 149
Dobratsch 88, **98f.**
Döbriach 197
Döllach 174
Domenig, Günther 104
Drau 12, 91, 142, 148, 191, 201
Drautal 201ff.

Eberstein 140
Edelweißspitze 176
Eisentratten 182

Faaker See 12, 80, **99**
Feldkirchen 110
Feldsee 107
Ferlach 143ff.
Ferndorf 193f.
Feste Groppenstein 167
Fink, Humbert 12, 32
Finkenstein 100f.
Flattach 168
Flattnitz 133
Fleißtal 176
Fraganttal 168
Fresach 193
Friesach 128ff.
Frög 142
Fromiller, Josef Ferdinand 84, 103
Fürstenstein 120f.

Gail 91, 204, 208
Gailtal 204ff., 212f,
Gailtaler Alpen 210
Gangl, Max 45
Garnitzenklamm 205
Gegendtal 107
Gerlamoos 202ff.
Gerlitzen 98, 103, 106
Glan 111
Globasnitz 153
Glocknergruppe 171
Glocknerstraße 176
Gmünd 80, **181f.**
Goldberggruppe 171
Goldeck 193

Görtschitz 138ff.
Görtschitztal 128ff.
Gössnitzfall 176
Gracarca 40, 153
Grafenbach 149
Granatspitzgruppe 171
Greifenburg 203
Greutschach 149
Griffen 149, 150, 152
Großglockner 12, 175
Großglockner-Hochalpenstraße 24f., **178f.**
Gurina 207
Gurk 133ff.
Gurktal 12, **128ff., 133ff.**
Gurktaler Alpen 12, 88

Hafnergruppe 183
Hafnersee 89
Haider, Jörg 13, 29
Haimburg 149f.
Handke, Peter 42f., 151
Harrer, Heinrich 138, 139
Heft 138
Heiligenblut 12, **175**
Hemma, Heilige 133, 135
Hemmaberg 40, 153
Herzogsstuhl 121
Hirt 128
Hochfreistritz 140
Hochtor 176
Hollenburg 147
Hörfeld-Moor 140
Hörzendorfersee 121
Hoke, Giselbert 41f.
Hoke, Tomas 45
Hohe Tauern 12
Hüttenberg 111, 138

Innerkrems 186
Irschen 202ff.

Jaunfeld 142ff.
Jauntal 12
Jonke, Gert 42f.

Kachlmoor 176
Kärntner Slowenen 33
Kaiser-Franz-Josefs-Höhe 176
Kalkalpen, Südliche 14
Kaning 109
Kanzianiberg 101
Karawanken 12, 88, 142
Karlbad 188
Karnburg 120f.
Karnische Alpen 12, 213
Katschberg 181
Keutschach 89
Keutschacher Seental 89f.
Keutschacher See 89
Khevenhüller, Georg 84, 124
Klagenfurt 12, **64ff.**
Klagenfurter Becken 63ff.
Klein St. Paul 140
Klopeiner See 12, 142, **152ff.**
Kmölinger, Elisabeth 45
Knappenberg 138
Kölnbreinsperre 183, 187
Kötschach-Mauthen 206
Kolbnitz 166
Kogelnik, Kiki 44
Kolig, Cornelius 44f., 95
Koralpe 12, 88, 157
Krastal 109
Krawagna, Suse 45
Kreuzeckbahn 166
Krumpendorf 78f.

Längsee 114
Landskron 103, 105
Lassnig, Maria 44
Lavant, Christine 42f.
Lavanttal 157ff.
Lesachtal 12, 204ff., **212ff.**, 214

Lieding 136
Lieser 181, 191
Lieseregg 197
Liesertal 181ff., 187

Magdalensberg 40, **118f.**
Mahler, Gustav 86, 187, 195
Maiernigg 86
Mallnitz 168
Malta 184
Maltabach 181
Malta-Hochalm-Straße 184
Maltatal 181ff., **183f.,** 187
Maria Elend 142f.
Maria Gail 101
Maria Rain 147
Maria Saal 116
Maria Waitschach 138f.
Maria Wörth 87ff.
Metnitz 132
Metnitztal 12, 128ff., **132f.**
Millstätter See 12, 187, **191ff.,** 196ff.
Millstatt 197ff.
Minimundus 74
Mirnrock 196
Mittagskogel 99
Mittelkärntner Seen 63ff.
Möll 166, 175, 201
Möllbrücke 166
Mölltal **166ff.,** 187
Mölltaler Gletscher 12, 168
Molzbichl 193f.
Moosburg 79
Musil, Robert 43

Nassfeld 12
Nationalpark Hohe Tauern 12, **170f.**
Nationalpark Nockberge 12
Naturarena Kärnten 204
Nockalmstraße 185ff.
Nockberge 181ff., 185
Nötsch 204f.
Nötscher Kreis 44

Oberdrauburg 202ff.
Oberkärnten 165ff.
Obervellach 167
Oberwöllan 107
Obir 152
Oman, Valentin 44
Ossiach 103
Ossiacher See 12, **98ff.**
Ossiacher Tauern 103

Pacher, Michael 161
Pasterzen-Gletscher 176
Perkonig, Josef Friedrich 195
Petzen 154
Plöckenpass 207, **209**
Pöckstein-Zwischenwässern 136
Pörtschach 78, 79
Pressegger See 205, 208
Prunnerkreuz 124
Pusarnitz 202
Pyramidenkogel 88

Radenthein 107, 108
Radstädter Tauern 181
Ragnaschlucht 169
Rangersdorf 173
Reichenfels 157
Reichenspitzgruppe 171
Reifnitz 80, 86
Reißeckgruppe 183
Reißeck-Seenplateau 166
Reuschelesee 89
Rosegg 142
Rosental 12

Sablatnigmoor 152f.
Sachsenburg 203

St. Andrä 158, **159f.**
St. Donat 114
St. Kanzian 152
St. Martin am Techelsberg 83
St. Paul 158, **159ff.**
St. Peter am Bichl 120
St. Peter im Holz 201f.
St. Stefan 205
St. Veit an der Glan 111ff.
Sattnitzzug 142
Saualpe 12, 88, 157
Schaidasattel 147
Schiefling 88
Schloss Frauenstein 114
Schloss Großkirchheim 174
Schloss Porcia 192
Schloss Tanzenberg 121
Schloss Trabuschgen 167
Schloss Wasserleonburg 205
Schloss Wernberg 84
Schobergruppe 171
Seeboden 196
Sonnenalpe Nassfeld 206
Sonnleitner, Sissy 205
Spittal an der Drau 191ff.
Stall 173
Staudacher, Hans 44
Stein im Jauntal 153
Steindorf 106
Steinfeld 203
Sternberg 84
Stift Eberndorf 153
Stift St. Paul 161
Straßburg 135
Strauss, Richard 195
Suetschach 143

Tanzenberg 120f.
Teuchltal 167
Teurnia 40, **201f.**
Thörl-Maglern 204
Tirffen 110
Trebesing 182
Treffen 109
Treffing 196
Treibach 136
Trögener Klamm 153
Tscheppaschlucht 147
Tschiernrock 196
Turner See 12, 58, 152
Turrini, Peter 42f.
Twimberg 158

Ulrichsberg 121
Unterkärnten 127ff.

Velden 80, **82ff.**
Vellacher Kotschna 153
Venedigergruppe 171
Viktring 89f.
Villach 12, 80, **91ff.**
Villacher Alpe 29, 204
Virunum 120, **121f.**
Völkermarkt 148ff.

Warmbad Villach 98
Weisbach, Carl Freiherr Auer von 136
Weissensee **204ff.,** 208, 210ff.
Weitensfeld 133
Wildensteiner Wasserfall 153
Winkler, Josef 43
Winklern 173, 174
Wörthersee 12, **78ff.,** 187
Wolfsberg 158f.
Wukonig, Raimo 45

Zell-Pfarre 147
Zentralalpen 14
Zobernig, Heimo 45
Zwickenberg 203

REISEATLAS

LEGENDE

1 : 370.000

0 — 10 km

A11 11 Autobahn mit Nr. und Anschlussstelle	Flughafen; Flugplatz
E 55 Schnellstraße mit Europastraßennr.	Heilbad
91 Fernstraße mit Bundesstraßennr.	Jugendherberge
Hauptstraße	Höhle
Nebenstraße	Bergbau
Pfad	Wasserfall
Schiffsverbindung	Sehenswürdigkeit
Staatsgrenze	Kirche; Schloss
Landesgrenze	Burg; Burgruine
Nationalpark/Naturschutzgebiet	Campingplatz
Berg-/Seilbahn/Lift	Aussichtspunkt

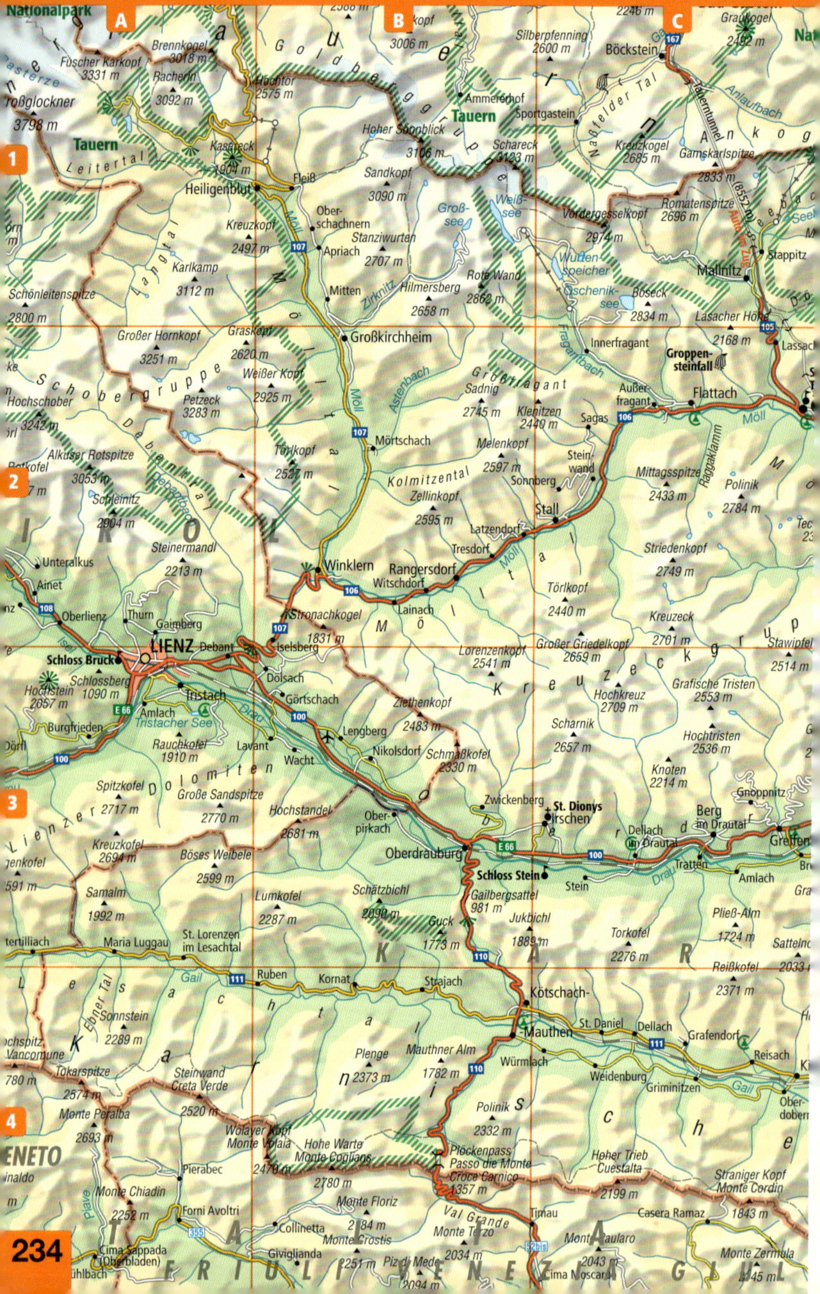

Nationalpark
A
B
C
1
2
3
4
Brennkogel 3018 m
Fuscher Karkopf 3331 m
Racherin 3092 m
Großglockner 3798 m
Tauern
Hochtor 2575 m
Goldberggruppe
Kaserseck 1904 m
Leitertal
Heiligenblut
Fleiß
Ober-schachnern
Apriach
Mitten
Kreuzkopf 2497 m
Karlkamp 3112 m
Langtal
Schönleitenspitze 2800 m
3006 m
Ammererhof
Hoher Sonnblick 3106 m
Sandkopf 3090 m
Großsee
Weißsee
Stanziwurten 2707 m
Zirknitz
Hilmersberg 2658 m
Rote Wand 2862 m
Silberpfenning 2600 m
Böckstein
Sportgastein
Naßfelder Tal
Schareck 3123 m
Kreuzkogel 2685 m
Vordergesselkopf 2974 m
Wurten-speicher
Oschenik-see
Böseck 2834 m
Graukogel 2492 m
Tauerntunnel
Anlaufbach
Ankogel
Gamskarlspitze 2833 m
Romatenspitze 2696 m
Auto am Zug
Stappitz
Mallnitz
Lasacher Höhe 2168 m
Lassach
Seebach
Groppensteinfall
Innerfragant
Fraganter Bach
Außerfragant
Flattach
Großfragant
Sadnig 2745 m
Klenitzen 2440 m
Sagas
Großkirchheim
Astenbach
Möll
Mölltal
Großer Hornkopf 3251 m
Graskopf 2620 m
Weißer Kopf 2925 m
Schobergruppe
Petzeck 3283 m
Hochschober 3242 m
Debanttal
Debantbach
Alkuser Rotspitze 3053 m
Rotkofel
Schleinitz 2904 m
Törlkopf 2527 m
Mörtschach
Kolmitzental
Melenkopf 2597 m
Zellinkopf 2595 m
Sonnberg
Steinwand
Stall
Latzendorf
Tresdorf
Mittagsspitze 2433 m
Raggaklamm
Polinik 2784 m
TIROL
Steinermandl 2213 m
Unteralkus
Ainet
Oberlienz
Thurn
Gaimberg
LIENZ
Debant
Schloss Bruck
Schlossberg 1090 m
Hochstein 2057 m
Isel
Winklern
Rangersdorf
Witschdorf
Lainach
Stronachkogel 1831 m
Iselsberg
Striedenkopf 2749 m
Törlkopf 2440 m
Kreuzeck 2701 m
Kreuzeckgruppe
Stawipfel 2514 m
Lorenzenkopf 2541 m
Großer Griedelkopf 2659 m
Dölsach
Görtschach
Tristach
Amlach
Tristacher See
Burgfrieden
Dörfl
Rauchkofel 1910 m
Lavant
Wacht
Drau
Lengberg
Nikolsdorf
Ziethenkopf 2483 m
Schmaßkofel 2330 m
Hochkreuz 2709 m
Grafische Tristen 2553 m
Scharnik 2657 m
Hochtristen 2536 m
Knoten 2214 m
Gnoppnitz
Lienzer Dolomiten
Spitzkofel 2717 m
Große Sandspitze 2770 m
Hochstandel 2681 m
Ober-pirkach
Zwickenberg
St. Dionys
Irschen
Dellach im Drautal
Berg im Drautal
Greifen
Kreuzkofel 2694 m
Böses Weibele 2599 m
Oberdrauburg
Schloss Stein
Stein
Tratten
Amlach
Gailbergsattel 981 m
Jukbichl 1883 m
Schätzbichl 2090 m
Lumkofel 2287 m
Samalm 1992 m
Guck 1773 m
Pließ-Alm 1724 m
Torkofel 2276 m
Reißkofel 2371 m
Maria Luggau
St. Lorenzen im Lesachtal
Lesachtal
Ruben
Kornat
Strajach
Gail
Kötschach-Mauthen
St. Daniel
Dellach
Grafendorf
Reisach
Ebner Tal
Sonnstein 2289 m
Karnische Alpen
Plenge 2373 m
Mauthner Alm 1782 m
Würmlach
Weidenburg
Griminitzen
Ober-dobern
Tokarspitze 2574 m
Steinwand Creta Verde 2520 m
Monte Peralba 2693 m
Wolayer Kopf Monte Volaia 2470 m
Hohe Warte Monte Coglians 2780 m
Polinik 2332 m
Plöckenpass Passo di Monte Croce Carnico 1357 m
Hoher Trieb Cuestalta 2199 m
Straniger Kopf Monte Cordin 1843 m
VENETO
Pierabec
Monte Chiadin 2252 m
Forni Avoltri
Monte Floriz
Collinetta
Monte Crostis 2251 m
Val Grande
Monte Terzo 2034 m
Timau
Casera Ramaz
Monte Zermula
Mont Paularo 2043 m
Cima Sappada (Oberbladen)
Givigliana
Piz di Mede
Cima Moscarda
ITALIA
FRIULI VENEZIA GIULIA

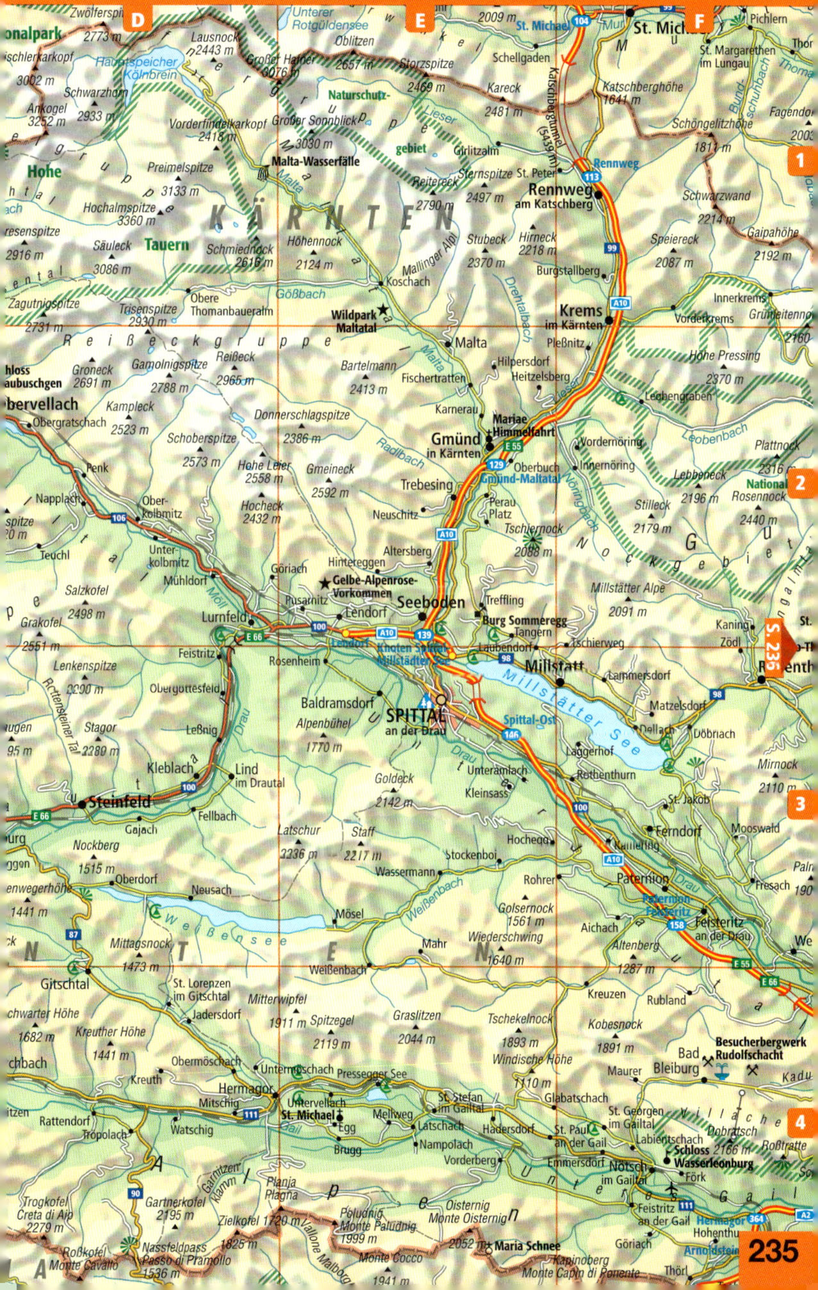
D
E
F
1
2
3
4
S. 235
KÄRNTEN
Hohe Tauern
Reißeckgruppe
Ankogelgruppe
Nockgebiet
Villacher Alpe
Gailtal
Drautal
Naturschutzgebiet
Nationalpark
Hauptspeicher Kölnbrein
Unterer Rotgüldensee
Zwölferspitz 2773 m
Lausnock 2443 m
Großer Hafner 3076 m
Oblitzen 2657 m
Storzspitze 2469 m
2009 m
St. Michael
St. Michael
St. Margarethen im Lungau
Pichlern
Thomatal
Schellgaden
Kareck 2481 m
Katschbergtunnel (5439 m)
Katschberghöhe 1641 m
Fagendorf
Schöngelitzhöhe 1811 m
Bundschuhbach
Schlierkarkopf
3002 m
Schwarzhorn 2933 m
Ankogel 3252 m
Vorderfindelkarkopf 2418 m
Großer Sonnblick 3030 m
Malta-Wasserfälle
Lieser
Gmeinzalm
Sternspitze 2497 m
St. Peter
Rennweg
Rennweg am Katschberg
Reitereck 2790 m
Schwarzwand 2214 m
Gaipahöhe 2192 m
Preimelspitze 3133 m
Hochalmspitze 3360 m
Säuleck 3086 m
Schmiednock 2616 m
Höhennock 2124 m
Mallinger Alpl
Stubeck 2370 m
Hirneck 2218 m
Speiereck 2087 m
Burgstallberg
Drehtalbach
Gößbach
Koschach
Wildpark Maltatal
Obere Thomanbaueralm
Trisenspitze 2930 m
Zagutnigspitze 2731 m
Krems im Kärnten
Innerkrems
Vorderkrems
Grünleitennock
2160
Malta
Pleßnitz
Hohe Pressing 2370 m
Groneck 2691 m
Gamolnigspitze 2788 m
Reißeck 2965 m
Bartelmann 2413 m
Fischertratten
Hilpersdorf
Heitzelsberg
Leobengraben
Schloss Groppenstein
Obervellach
Obergratschach
Kampleck 2523 m
Donnerschlagspitze 2386 m
Karnerau
Mariae Himmelfahrt
Leobenbach
Plattnock 2316 m
Gmünd in Kärnten
Gmünd-Maltatal
Vordernöring
Innernöring
Nöringbach
Lebbeneck 2196 m
Rosennock 2440 m
Schoberspitze 2573 m
Hohe Leier 2558 m
Gmeineck 2592 m
Radlbach
Trebesing
Oberbuch
Perau
Platz
Stilleck 2179 m
Penk
Napplach
Ober-kolbmitz
Hocheck 2432 m
Neuschitz
Tschiernock 2088 m
Unter-kolbmitz
Mühldorf
Göriach
Altersberg
Hintereggen
Gelbe-Alpenrose-Vorkommen
Seeboden
Treffling
Millstätter Alpe 2091 m
Teuchl
Salzkofel 2498 m
Pusarnitz
Lendorf
Burg Sommeregg
Tangern
Tschierweg
Kaning
Zödl
Lurnfeld
Möll
Grakofel 2551 m
Feistritz
Knoten Spittal-Millstätter See
Laubendorf
Millstatt
Lammersdorf
Radenthein
Rosenheim
Millstätter See
Matzelsdorf
Lenkenspitze 2200 m
Obergottesfeld
Baldramsdorf
SPITTAL an der Drau
Spittal-Ost
Dellach
Döbriach
Alpenbühel 1770 m
Drau
Laggerhof
Rothenthurn
Mirnock 2110 m
Leßnig
Stagor 2280 m
Kleblach
Lind im Drautal
Goldeck 2142 m
Unteramlach
Kleinsass
St. Jakob
Steinfeld
Gajach
Fellbach
Latschur 2236 m
Staff 2217 m
Ferndorf
Mooswald
Nockberg 1515 m
Hochegg
Stockenboi
Kamering
Oberdorf
Neusach
Wassermann
Rohrer
Paternion
Fresach
Weißenbach
Golsernock 1561 m
Paternion Feistritz
Feistritz an der Drau
Weißensee
Mösel
Aichach
Mittagsnock 1473 m
Mahr
Wiederschwing 1640 m
Altenberg 1287 m
Gitschtal
Weißenbach
St. Lorenzen im Gitschtal
Jadersdorf
Mitterwipfel 1911 m
Spitzegel 2119 m
Graslitzen 2044 m
Tschekelnock 1893 m
Kreuzen
Rubland
Kobesnock 1891 m
Windische Höhe 1110 m
Kreuther Höhe 1441 m
Obermöschach
Untermöschach
Pressegger See
Maurer
Bad Bleiberg
Besucherbergwerk Rudolfschacht
Kreuth
Hermagor
Mitschig
Untervellach
St. Michael
St. Stefan im Gailtal
Glabatschach
St. Georgen im Gailtal
Rattendorf
Tröpolach
Watschig
Mellweg
Egg
Latschach
Hadersdorf
St. Paul an der Gail
Labientschach
Dobratsch 2166 m
Gail
Brugg
Nampolach
Vorderberg
Emmersdorf
Nötsch im Gailtal
Schloss Wasserleonburg
Förk
Garnitzenklamm
Trogkofel Creta di Aip 2279 m
Gartnerkofel 2195 m
Zielkofel 1720 m
Oisternig Monte Oisternig
2052 m
Maria Schnee
Feistritz an der Gail
Hohenthurn
Göriach
Roßkofel Monte Cavallo
Nassfeldpass Passo di Pramollo 1536 m
Poludnig Monte Paludnig 1999 m
Monte Cocco 1941 m
Kapinoberg Monte Capin di Ponente
Thörl
Arnoldstein
E 55
E 66
A10
A2
100
106
129
139
158
98
99
104
113
111
87
90
364

A
B
C
1
2
3
4
S. 238
S. 235
Grünleitennock
2160 m
Gr. Königstuhl
2336 m
Werchzirbenalm
Nesselbach
Marktkopfl
1845 m
2441 m
Flattnitz
1726 m
Mödringberg
1693 m
Höhe Pressing
2370 m
Leobengraben
Leobenbach
Plattnock
2316 m
Grundtal
Koflernock
2277 m
Turracher Höhe
Rinnsennock
2334 m
Turracher Höhe
1783 m
Gr. Speikkofel
2270 m
Haidnerhöhe
1799 m
Jauernig
Mödritsch
Weißberg
Schleichkogel
1502 m
Glödnitzbach
Tanzenberg
Glödnitz
Lebbeneck
2196 m
Nationalpark
Rosennock
2440 m
Klomnock
2331 m
Nockberge
Falkert
2308 m
Reichenau
Fadenberg
1934 m
Hochkaser
1804 m
Rottrasten
Gurk
Rauscheggen
Deutsch-Griffen
St. Jakob d. Ä.
Messaneggen
Sonnseite
Dörfl
Frankenberg
Sirnitz
Zammelsberg
Stilleck
2179 m
Langalmtal
Moschelitzen
Seebach
Reichenau
Auf der Schön
1690 m
Kruckenspitze
1886 m
Hofern
2091 m
St. Oswald
95
Vorwald
Patergassen
Kaning
Zödl
St. Katharina im Bade
Radio-Thermalbad
Wiedweg
88
St. Margarethen
Knüttelberg
1705 m
Homberg
1256 m
Hart
Aplitschberg
1222 m
Bad Kleinkirchheim
Wiederschwing
Radenthein
Haidenbach
Steuerberg
Zedlitzberg
98
Matzelsdorf
Strohsack
1908 m
Feld am See
Dellach
Döbriach
Brennsee
Wöllaner Nock
2145 m
Mooswald
Dürrenbaumberg
1771 m
Gnesau
Weißenbach
Buchskopf
1865 m
Hoferalmkopf
1631 m
Himmelberg
Poitschach
St. Ulrich
Mirnock
2110 m
Erlach
Afritzer See
Laastadt
95
Flatschach
93
FELDKIRCHEN in Kärnten
St. Jakob
Ferndorf
Mooswald
Afritz am See
Arriach
Klösterle
Grilzgraben
Tiffnerwinkel
Gassen
98
Tanneckwald
Steindorf am Ossiacher See
Sittich
95
Paternion
Drau
Palnock
1901 m
Fresach
Afritzerbach
Gerlitzen
1909 m
Bodensdorf
St. Nikolai
Radweg
Feistritz an der Drau
158
Weißenstein
Äußere Einöde
Ossiach
Leiten
Dellach
Ossiacher See
E 55
E 66
Kanzel
1463 m
Tauerneck
St. Bartlmä
Treffen
94
Köstenberg
Wurzen
Ebenfeld
St. Martin am Techelsberg
Rubland
Töplitsch
Puch
Krastal
Wollanig
1220 m
Niederdorf
178
Villach-Ossiacher See
Heiligen Gestade
Umberg
Gruschitz
Kerschdorf
328
Spitzeck
1332 m
100
172
A10
Ruine Landskron
Ragain
Damtschach
Wernberg
Göriach
Velden-Ost
Pörtschach
Besucherbergwerk Rudolfschacht
Villach-West
Unter-gritschach
Urlaken
Knoten Villach
Wernberg
Velden-West
E 66
332
Bad Bleiberg
Kadutschen
St. Georgen
St. Leonhard
Seebach
182
345
341
Schloss Wernberg
A2
336
Rajach
Velden am Wörthersee
Wörthersee
Unterdellach
Pyramidenkogel
846 m
Heiligengeist
VILLACH
84
3
83
Lind ob Velden
Augsdorf
Schiefling
Villacher Alpe
Dobratsch
2166 m
Roßtratte
Maria Gail
348
Drobollach am Faaker See
Villach Faaker See
E 61
Rosegg
Techelweg
Labientschach
Schloss Wasserleonburg
Förk
Villacher Naturschächte
Schütter Wald
Gailtal
Faaker See
Egg
St. Martin
Wildpark
St. Egyden
Oberschütt
Villach-Warmbad
Finkenstein am Faaker See
84
A11
Unter-ferlach
Mühlbach
Rupertiberg
Oberdörf
Feistritz an der Gail
111
Hermagor
364
A2
E 55
354
85
Faak am See
Pogöriach
11
St. Jakob
Ludmannsdorf
Göriach
Hohenthurn
Arnoldstein
366
Pöckau
Hart
Unterrain
Oberrain
Susalitsch
St. Jakob
Kopein
St. Jakob im Rosental
Drau
Thörl
Arnoldstein
Radendorf
Baumgartner
Gratschützen
1359 m
85
Tschabin
Monte Ciabin
Ofen
1509 m
Krainberg
Rosenbach
Greuth
Oberkrain
A 23
E 55
1272 m
Wurzenpass
1071 m
Techantinger Mittagskogel
Trupejevo poldne
1931 m
Mittagskogel
2143 m
Dürrkogel
1289 m
Matschach
Fusine in Valromana
Rateče
Korensko sedlo
202
Kranjska Gora
Gozd-Martuljek
201
Planica
1508 m
Frauenkogel
1892 m
Karawankentunnel (7865 m)
Kahlkogel
Golica
1836 m
Rutte Piccolo
54
Dovje
Planina
ITALIA
Riglijca
1917 m
Planica
Pišnica
Mojstrana
Hrušica
Javorniški
Picco di Mezzodi
2063 m
Vrtaški vrh
1898 m
Jerebikovec
1593 m
JESENICE (ASSLING)
Zadnje Robičje
1930 m
Kukova spica
2427 m
Bistrica
Hrušica-Jesenice
E 61
A 2
Velika Mojstrovka
Vršič
1611 m
Škrlatica
2740 m
Zgornja Radovna
Lipce
Kočna
202
Jalovec
2366 m
Vrata
Vosni vrh
1621 m
Srednja Radovna
Lipce-Jesenice
Breg
206
Mangartom
Radovna
Podhom
SLOWENIEN

D
E
F
S. 239
1
2
3
4
Strülz
Kraßnitz
Dobersberg
Micheldorf
Metnitz
Schmaritzer-kogel
1364 m
Dielach
St. Jakob
Hausdorf
St. Nikolaus
Straßburg
Lieding
Pöckstein
Schloss Pöckstein
Guttaring
Deinsberg
Kirchberg
Neulucken
Lölling-Graben
Geierkogel
1917 m
Forstwald
Mösel
Maria Hilf
Rabach boden
Kienberg
2050 m
Alpenwiesen
Ladinger Spitz
2079 m
Gunzenberg
St. Peter
Kraßnitz
Dom
Gurk
Osselitzenberg
1122 m
Wattein
St. Egid
Zweinitz
St. Andrä
Weitensfeld
im Gurktal
Mölbling
Althofen
Kitschdorf
Zabersdorf
Welsbach
Silberegg
Klein Sankt Paul
Krön
Pisweg
Leiten
Bergwerks-graben
Meiselding
Kappel
am Krappfeld
Speikkogel
1901 m
Reisberg
Kostmann
1411 m
St. Philippen
Wimitz
Dürnfeld
Lind
St. Oswald
Eggen
Gruska
Innere Wimitz
Kötschendorf
Krappfeld
Eberstein
Frauenstein
Kraig
Dielach
Passering
St. Florian
Gallekogel
Mirnig
Steinbichl
Zietner
Kulm
873 m
Überfeld
Töplach
Breitriegel
Wolfstraten
Wimitz
Schneebauerberg
Längsee
Garzern
1005 m
1553 m
Zojach
1338 m
Obermühlbach
Pölling
St. Georgen
am Längsee
Gösseling
Gretschitz
Rasting
Sankt Veit
an der Glan
Fachau
Thalsdorf
Wiendorf
St. Walburgen
St. Ulrich
am Johannserberg
Untergreutschach
Zirkitz
Sörg
Treffelsdorf
Reipersdorf
Hochosterwitz
Brückl
Diex
Glantschach
Altglandorf
Niederosterwitz
Großeheggerberg
1221 m
Liemberg
Lippe-Kogel
1079 m
Zauberkogel
1213 m
Liebenfels
Hörzendorf
St. Donat
Magdalensberg
Klein St. Veit
Tauchendorf
Karlsberg
1059 m
St. Lamprecht
Kadöll
Glan
St. Michael
am Zollfeld
Gänsdorf
Obertrixen
Glanegg
Rohnsdorf
Dellach
Magdalensberg
St. Martin
Haimburg
Portschach
am Berg
St. Thomas
am Zeiselberg
Mittertrixen
Flatschach
Ulrichsberg
1015 m
Zollfeld
St. Stefan
Klein-St. Veit
St. Peter
am Bichl
Arndorf
St. Michael
ob der Gurk
St. Agnes
Kamburg
Pischeldorf
Windischbach
Tentschach
Ratzendorf
Lassendorf
Maria Saal
Völkermarkt-West
Völkermarkt
Seigbichl
Emmersdorf
Sillebrücke
Peßradin
St. Peter
Seltenheim
Walddorf
Gundersdorf
Lelbsdorf
Isdorf
Klagenfurt Nord
Tultschnig
St. Georgen
Reigersdorf
Poggersdorf
Höhenbergen
Pörtschach
am Wörthersee
Kn. Klagenfurt-West
Falkenberg
Annabichl
Kreuzbergl
Flughafen
Klagenfurt Ost
Hörtendorf
Völkermarkter Stausee
St. Lorenzen
Pribelsdorf
Krumpendorf
St. Jakob
a. d. Str.
Aich
an der Str.
Grafenstein
Thon
Tainach
St. Kanzian
am Klopeiner See
Niederndorf
Froschendorf
Althofen
Martin
Klagenfurt
Krumpendorf
St. Ruprecht
Ebenthal
in Kärnten
Truttendorf
Grafenstein
Stein
im Jauntal
Klopeiner See
Unterburg
Eberndorf
Maria Wörth
Schrottkogel
759 m
Gurk
Möchling
Mokriach
Keutschach
am See
Viktring
Lipizach
Obermieger
St. Veit
im Jauntal
Unsere Frau
Neudorf
Obertöllern
Radsberg
St. Primus
Keutschacher See
Plöschenberg
Rottenstein
Köhldorf
Rückersdorf
Ehrensdorf
Kossiach
Stausee Annabrücke
Gallizien
Vellach
St. Helena
Rosalien-grotte
Köttmannsdorf
Göltschach
Abtei
Sittersdorf
Muschkau
Ferlacher Stausee
Maria Rain
Drau
Trieblach
Wildenstein
Jerischach
Blasnitzenberg
Wellersdorf
St. Margareten
im Rosental
Hassarch
Wildensteiner
Wasserfall
Kirschentheuer
Seidolach
Freibach
Minichoutz
Rechberg
Jegartkogel
1244 m
Topitza
1649
Hundsdorf
Kappl
an der Drau
Freibach Stausee
1623 m
Obir-Tropfsteinhöhlen
Feistritz
im Rosental
Singerberg
Ferlach
Hintergupf
Hochobir
2142 m
Jovanberg
1499 m
Sinacher Gupf
1577 m
Unterloibl
Haller
Windisch-Bleiberg
Waidisch
Freiberg
1922 m
Oberebriach
Terplak
Bad Eisenkappel
Strugarjoch
Ferlacher Horn
Kleiner Loiblpass
1840 m
770 m
Wabutschnik
Terkl
Kazmun
Ebriachbach
Ribitsch
Sereinig
Zell
Scheriau
Rauna
Mitterwinkel
Zell-Pfarre
Koschutnikturm
Košutnikov turn
Kalischnikturm
1568 m
St. Margarethen
Loibltal
Weinasch
Vajnež
2104 m
Vertatscha
2181 m
Loibltunnel
Loiblpass
1369 m
Hainschturm
Kladvo
2133 m
Kärntner Storschitsch
Bad Vellach
Pavličevo
1339m
Logarska Dolina
Hochstuhl
Stol
2238 m
Sv. Ana
Košuta
2093 m
Kl. Grintoutz
1655 m
1759 m
Sadnikar
Seebergsattel
Jezerski vrh
1218 m
Lajb
Medvodje
Podljubelj
Jelendol
Tržiška Bistrica
Stegovnik
1692 m
Spodnje Jezersko
Zgornje Jezersko
Begunjščica
Smokuč
Selo
Dobrča
Senatska Dolina
Mošenik

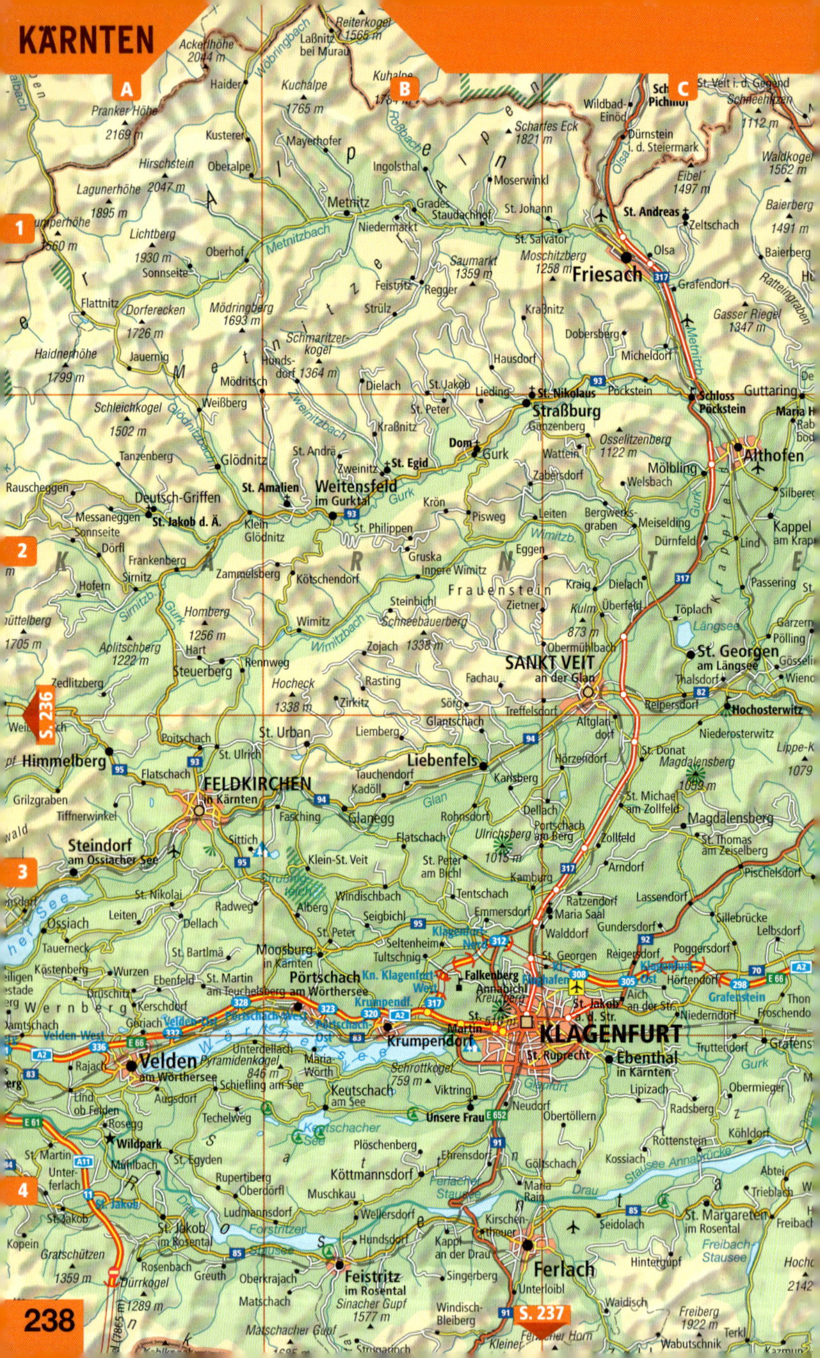
A
B
C
1
2
3
4
Ackerlhöhe 2044 m
Laßnitz bei Murau
Reiterkogel 1565 m
Kuchalpe 1765 m
Kuhalpe
Haider
Pranker Höhe 2169 m
Kusterer
Mayerhofer
Hirschstein
Oberalpe
Ingolstadt
Scharfes Eck 1821 m
Moserwinkl
Wildbad-Einöd
Dürnstein i. d. Steiermark
St. Veit i. d. Gegend
Schneeahtzen
Waldkogel 1562 m
Lagunerhöhe 1895 m
Metnitz
Grades
Staudachhof
St. Johann
St. Andreas
Zeltschach
Baierberg 1491 m
Eibel 1497 m
Lichtberg 1930 m
Sonnseite
Oberhof
Niedermarkt
Metnitzbach
St. Salvator
Olsa
Saumarkt 1359 m
Moschitzberg 1258 m
Friesach
Grafendorf
Flattnitz
Dorferecken 1726 m
Mödringberg 1693 m
Feistritz
Regger
Strülz
Kraßnitz
Dobersberg
Gasser Riegel 1347 m
Haidnerhöhe 1799 m
Jauernig
Schmaritzer-kogel 1364 m
Hunds-dorf
Hausdorf
Micheldorf
Mödritsch
Dielach
St. Jakob
Lieding
St. Nikolaus
Pöckstein
Schloss Pöckstein
Guttaring
Schleichkogel 1502 m
Weißberg
St. Peter
Straßburg
Gunzenberg
Kraßnitz
Osselitzenberg 1122 m
Tanzenberg
Glödnitz
St. Andrä
Dom
Gurk
Wattein
Zweinitz
St. Egid
Mölbling
Althofen
Rauscheggen
Deutsch-Griffen
St. Amalien
Weitensfeld im Gurktal
Zabersdorf
Welsbach
Messaneggen
St. Jakob d. Ä.
Sonnseite
Klein Glödnitz
Krön
Pisweg
Leiten
Bergwerks-graben
Meiselding
Kappel am Krappf
St. Philippen
Dürnfeld
Dörfl
Frankenberg
Gruska
Eggen
Lind
Sirnitz
Zammelsberg
Kötschendorf
Innere Wimitz
Hofern
Frauenstein
Kraig
Dielach
Passering
Steinbichl
Zietner
Überfeld
Töplach
Homberg 1256 m
Hart
Wimitz
Schneebauerberg
Kulm 873 m
Längsee
Garzern
Pölling
Aplitschberg 1222 m
Zojach 1338 m
Obermühlbach
St. Georgen am Längsee
Steuerberg
Rennweg
Sankt Veit an der Glan
Fachau
Thalsdorf
Rasting
Zedlitzberg
Hocheck 1338 m
Zirkitz
Sörg
Treffelsdorf
Reipersdorf
Hochosterwitz
S. 236
Glantschach
Altglan-dorf
Niederosterwitz
Poitschach
St. Urban
Liemberg
St. Ulrich
Himmelberg
Liebenfels
Hörzendorf
St. Donat
Magdalensberg
Lippe-K 1079
Flatschach
Tauchendorf
Kadöll
Karlsberg
1059 m
Feldkirchen in Kärnten
Grilzgraben
Tiffnerwinkel
Glan
Rohnsdorf
Dellach
St. Michael am Zollfeld
Magdalensberg
Fasching
Glanegg
Ulrichsberg 1015 m
Portschach am Berg
Zollfeld
St. Thomas am Zeiselberg
Steindorf am Ossiacher See
Sittich
Flatschach
St. Peter am Bichl
Arndorf
Klein-St. Veit
Kamburg
Pischeldorf
St. Nikolai
Tentschach
Ratzendorf
Lassendorf
Ossiach
Leiten
Radweg
Alberg
Windischbach
Seigbichl
Emmersdorf
Maria Saal
Sillebrücke
Dellach
Walddorf
Gundersdorf
Lelbsdorf
Tauernek
St. Bartlmä
St. Peter
Klagenfurt-Nord
Seltenheim
St. Georgen
Poggersdorf
Reigersdorf
Moosburg in Kärnten
Tultschnig
Köstenberg
Wurzen
Ebenfeld
St. Martin am Teuchelsberg
Pörtschach am Wörthersee
Kn. Klagenfurt-West
Falkenberg
Annabichl
Kreuzberg
Flughafen
Kn. Klagenfurt-Ost
Hörtendorf
Wernberg
Kerschdorf
Krumpendf.
St. Jakob a. d. Str.
Aich an der Str.
Grafenstein
Thon
Goriach
Velden-Ost
Pörtschach-West
Pörtschach-Ost
Krumpendorf
Klagenfurt
Niederndorf
Froschendo
Velden-West
Unterdellach
Pyramidenkogel 846 m
Maria Wörth
St. Ruprecht
Ebenthal in Kärnten
Truttendorf
Gurk
Grafenstein
Velden am Wörthersee
Rajach
Wörther See
Schrottkogel 759 m
Schiefling am See
Keutschach am See
Viktring
Lipizach
Obermieger
Lind ob Velden
Augsdorf
Radsberg
Rosegg
Techelweg
Unsere Frau
Neudorf
Obertöllern
Keutschacher See
Köhldorf
Wildpark
Plöschenberg
Rottenstein
St. Martin
Mühlbach
St. Egyden
Ehrensdorf
Göltschach
Kossiach
Abtei
Unter-ferlach
Rupertiberg
Oberdörfl
Köttmannsdorf
Ferlacher Stausee
Maria Rain
Drau
Stausee Annabrücke
Trieblach
St. Jakob
Muschkau
Ludmannsdorf
Wellersdorf
Kirschen-theuer
St. Margareten im Rosental
Freibach
St. Jakob im Rosental
Forstritzer Stausee
Hundsdorf
Kappl an der Drau
Seidolach
Kopein
Gratschützen 1359 m
Rosenbach
Greuth
Oberkrajach
Feistritz im Rosental
Singerberg
Ferlach
Hintergupf
Freibach-Stausee
Dürrkogel 1289 m
Matschach
Sinacher Gupf 1577 m
Unterloibl
2142
Windisch-Bleiberg
S. 237
Waidisch
Freiberg 1922 m
Matschacher Gupf
Strugarjach
Kleiner
Ferlacher Horn
Terkl
Wabutschnik
Kazmun

D
E
F
1
2
3
4
Reichenfels
Bad St. Leonhard
im Lavanttal
WOLFSBERG
SANKT ANDRÄ
St. Georgen
St. Paul
im Lavanttal
Griffen
VÖLKER-
MARKT
Bleiburg
Eberndorf
Feistritz
ob Bleiburg
Sittersdorf
Bad Eisenkappel
Klein Sankt Paul
Eberstein
Prevalje
Ravne
na Koroškem
Mežica
Črna
na Koroškem
Dravograd
S L O W E N I J A
Völkermarkter Stausee
Klopeiner See
Wildensteiner
Wasserfall
Obir-
Tropfsteinhöhlen
St. Hemma
Rosalien-
grotte
Schloss Eberwein
Ruine
Rabenstein
Maria Himmelfahrt
Packsattel
Preitenegg
Twimberg
Wolfsberg-
Nord
Wolfsberg-
Süd
St. Andrä
Griffen
Völkermarkt-
West
Völkermarkt-
Ost
Saualpe
Koralpe
Jauntal
Lavamünd
Neuhaus
Ruden
St. Kanzian
am Klopeiner See
Diex
Wolfsberg
Schlanderkogel
1442 m
Zöhrerkogel
1874 m
Kienberg
2050 m
Ladinger Spitz
2079 m
Speikkogel
1901 m
Großer Speikkogel
2140 m
Handalpe
1853 m
Moschkogel
1916 m
Hohenwart
1818 m
Peterer Kogel
1843 m
Ochsenkogel
1479 m
Kleinalpl
1759 m
Jauksattel
1611 m
Topitza
1649 m
Feistritzer Spitz
2114 m
Jovanberg
1499 m
Uršlja gora
1699 m
Jegartkogel
1244 m
Obir
Mosinz
Kirchberg
Lading
Reisberg
Pölling
Kollegg
St. Michael
St. Johann
St. Stefan
Rieding
Frantschach
St. Margarethen
im Lavanttal
Forst
Auen
Prebl
Preims
Schiefling
Wiesenau
Erzberg
Raning
Wisperndorf
Kliening
Gaisegg
Mittertrixen
St. Martin
Haimburg
Pustritz
Lichtenwald
Tschrietes
Wölfnitz
Mühldorf
Unterpichling
Anderstorf
Weißenberg
Schwarzenbach
Ettendorf
Greuth
Schwabegg
Oberdorf
Kömmel
Einersdorf
Moos
Mittlern
Edling
Rinkolach
Kleindiex
Peßrading
Globasnitz
Jaunstein
Ruttach
Loibach
Lokovica
Poljana
Leše
Kotlje
Podpeca
Žerjav
Javorje
Pristava

Abbildungsnachweis

Jo Holz, Mönchengladbach: Titelbild, S. 1, 2/3, 8, 10, 15, 30, 36/37, 39, 44/45, 48, 50, 54, 57, 60, 62, 75, 82/83, 86/87, 90, 96, 102, 163, 164, 189, 206/07, 212, 216, Umschlagrückseite, Umschlagklappe hinten

HB-Verlag, Ostfildern: S. 69 (Katja Kreder)

Kurt-Michael Westermann, Hamburg: S. 20/21, 47, 93, 100, 108, 112/113, 115, 118, 122/123, 125, 126, 130, 134, 137, 141, 144, 146, 150, 155, 158, 169, 172/173, 177, 184/185, 192, 196, 198/199, 200, 211

Abbildungen

Titelbild: Sommerfreuden am Weißensee

Hintere Umschlagklappe: Gebirgsdorf in den Karnischen Alpen

S. 1: typische Tracht

S. 2/3: Kreuzeckgruppe, Blick von der Engbergalm

Kartografie

DuMont Reisekartografie, Puchheim

3., aktualisierte Auflage 2008

Grafisches Konzept: Groschwitz, Hamburg
Druck: Rasch, Bramsche
Buchbinderische Verarbeitung: Bramscher Buchbinder Betriebe